最新情報Ⅰ　学習ノート　解答編

1章 情報社会と私たち

01 情報社会 [p.2]

◆教科書の確認

1 ① 出来事 ② 行動 ③ 問題解決
④ 体系化 ⑤ 実験 ⑥ 調査
⑦ 自然 ⑧ ビッグデータ
⑨ コンピュータ ⑩ 情報社会
⑪ インターネット ⑫ 産業構造

2 ① もの ② 形がない ③ こと
④ 残存性 ⑤ 複製性 ⑥ 伝播性
⑦ 価値 ⑧ 個別性 ⑨ 意図
⑩ 目的性

3 ① モラル ② マナー ③ 受信者
④ 送信者 ⑤ 被害 ⑥ 不安
⑦ 依存 ⑧ スマートフォン
⑨ インターネット(ネット)
(①と②，③と④は順不同)

●練習問題

1 (1) ウ (2) ア (3) イ

解説 「データ」とは，事実や事柄を数字や文字，記号を用いて表現したものであり，「情報」はそれらのデータを用いて創られる。「知識」は，情報を分析して問題解決に役立つようにまとめたものである。

2 (1) イ，エ (2) ウ，オ (3) ア，カ

解説 工業社会は，イギリスで蒸気機関による工場が機械化した第1次産業革命で発展する。その技術は，印刷技術で世界へ広まる。情報社会は，20世紀の半ば，コンピュータの発明，さらにインターネットの普及により発展する。新しい情報社会は，人工知能やそれを利用したビッグデータ解析などで，社会の課題解決が進められている。

3 (1) ウ (2) イ (3) ア

解説 情報(こと)は，物(もの)とは異なり，形がない，消えない，容易に複製・伝播する性質をもつ。情報が消えずに残る性質を情報の「残存性」という。また，容易に複製(コピー)できる性質を情報の「複製性」という。さらに，伝わりやすく，広まりやすい性質を情報の「伝播性」という。

4 ア，イ，ウ

解説 エ．SNSなど不特定多数を対象としたコミュニケーションでは，プロフィールに含まれる個人情報やプライバシーが流出したり，悪用されたりする恐れがあるため，公開しないようにする。

5 (1) ○ (2) × (3) × (4) ×

解説 (2) 図書館や美術館などの公共の場所や，映画館内など静寂を保つことが求められる場所では，スマートフォンの電源を切る。
(3) 人を撮影する時には，公開するか否かにかかわらず，肖像権に配慮する必要がある。
(4) 歩行中に，スマートフォンを使用すると危険である。

(考えてみよう)

解答例 自分にとって好ましい情報だけに囲まれて生活をしていると，自分と異なる考えを受け入れにくくなったり，別の考えはないと感じたりするようになってしまうことがある。そこで，意識的に自分の考えとは異なる意見や情報も収集して検討するなど，多様な考えや価値観を受け入れ，知見を広げ，理解を深めるようにする。

02 情報社会の法規と権利(1) [p.4]

◆教科書の確認

1 ① 知的財産権 ② 産業
③ 産業財産権 ④ 文化 ⑤ 著作権
⑥ 特許庁 ⑦ 方式主義
⑧ 無方式主義

2 ① 特許 ② 技術 ③ 高度
④ 20 ⑤ 実用新案 ⑥ 形状
⑦ 早期実施 ⑧ 短い ⑨ 意匠
⑩ 色彩 ⑪ デザイン ⑫ 商標
⑬ サービス ⑭ 図形 ⑮ 音
⑯ 10 (⑭と⑮は順不同)

3 ① 音楽 ② 映画 ③ 感情
④ 著作物 ⑤ 著作権 ⑥ 著作者
⑦ 共同著作物 ⑧ 著作者人格権
⑨ 氏名表示権 ⑩ 同一性保持権
⑪ 著作権者 ⑫ 70
(①と②，⑨と⑩は順不同)

●練習問題

1 (1) **意匠権** (2) **商標権** (3) **特許権**
(4) **実用新案権**

解説 「特許権」は，ものまたは方法の技術面で高度なもの（発明）であり，実用新案権に比べてライフサイクルが長く，開発に比較的時間を要するもの。それに対して，「実用新案権」は，物品の形状や構造など，比較的ライフサイクルが短く，開発に比較的時間を要しない。「意匠権」は，ものの外観としてのデザインに対する権利である。「商標権」は，商品やサービスについて，自他の識別力を有する文字，図形，記号などの使用を独占できる権利である。

いずれも，特許庁に出願あるいは登録する必要がある。

2 **イ，ウ，エ，オ，カ，コ，ス，セ，ソ**

解説 ア．地震速報は，「創作的」に表現したものではなく，事実の伝達にすぎない。

キ．著作物は「表現」されたものが保護の対象なので，アイデアや理論などの抽象的なものは著作物ではない。ただし，そのアイデアや理論を解説した解説書などは，著作物になる。

ク．通常，流行語は著作物として扱われない。ただし，ある程度の長さをもち，創作性が認められる場合には著作物とされた判例もある。

ケ．地名は「思想又は感情を創作的に表現」したものではない。

サ．自動車や電気製品などの工業的に量産される実用品のデザインについては，「文芸，学術，美術又は音楽の範囲に属する」という要件を欠くため，著作物ではない。これらは，意匠権によって保護されるべきものである。

シ．計測したデータは，「思想又は感情」を表現したとはいえないので，著作物ではない。

3 (1) **イ** (2) **ウ** (3) **ア**

解説 これらの著作者人格権は，譲渡や相続することはできない。また，保護期間は著作者の生存期間であるが，死後も原則として，著作者人格権の侵害となる行為をしてはいけない。

4 (1) **創作した** (2) **著作者人格権**
(3) **70** (4) **著作権者**

解説 (1) 著作権は届け出る必要がない，無方式主義である。著作物を創作した時点で自動的に権利が発生する。

(2) 著作者（財産権）とは異なり，著作者の人格的な利益を保護する権利は，著作者人格権である。

(3) 著作権の保護期間は，2018年12月30日，原則として，保護期間がそれまでの50年から70年に変更された。

(4) 著作者は著作権を他人に譲渡することができる。譲渡してしまうと，著作者は著作権者ではなくなる。

(調べてみよう)

解答例 ベルヌ条約や万国著作権条約などの著作権保護に関する国際的な条約には多くの国が加盟しており，日本の作家の小説は，その加盟国の著作物の保護期間が保障される。この考え方を内国民待遇という。ただし，保護期間が日本の保護期間（70年）より長い国の場合，保護期間は70年となる場合が多い。同様に，日本における外国の著作物は，日本の著作権法に基づいて70年間の保護期間が適用される。ただし，その国の著作権の保護期間が50年の場合は，50年まで保証することになる。

03 情報社会の法規と権利(2) [p.6]

◆教科書の確認

1 ① **演奏家** ② **実演家** ③ **放送**
④ **伝達** ⑤ **著作隣接権** ⑥ **創作性**
⑦ **複製** ⑧ **著作権者** ⑨ **許諾**

2 ① **著作権** ② **著作権者** ③ **許諾**
④ **引用** ⑤ **教育機関** ⑥ **福祉**

3 ① **知識** ② **創作物** ③ **創作**
④ **著作物**
⑤ **クリエイティブ・コモンズ**
⑥ **ライセンス** ⑦ **表示** ⑧ **非営利**
⑨ **営利** ⑩**改変禁止** ⑪ **改変**
⑫ **継承**

●練習問題

1 **イ，ウ，エ**

解説 イ．著作物を公衆に伝達する人や事業者を著作隣接権者という。

ウ．著作隣接権は，実演などの行為が行

われた時点で発生するものであり，計画段階では，まだ発生していない。
エ．鳥や虫の鳴き声などは著作物ではないが，録音して公表すると伝達者としての権利（著作隣接権）は付与される。

2 (1) ○ (2) × (3) ○ (4) ×
(5) ○

解説 (1) 江戸時代の絵画は著作権の保護期間を過ぎているため，許諾なしに模写（複製）することができる。
(2) 部活動として共同でキャラクターを複製してTシャツを制作する行為は許されない。
(3) 私的使用のためのコピーにあたり，著作権を侵害しない。
(4) 主人公や脇役などのキャラクターを商品化したグッズは，もとの絵や映像の複製物になる。これをWebページに無断で公開すれば，複製権と公衆送信権の侵害となる。
(5) 裁判の判例は，著作権の保護の対象にはならない著作物であり，裁判所の許諾を得ずに公開しても違法ではない。

3 イ

解説 ア．「友人」のための録画は，「限られた範囲内での私的使用のための複製」に該当しない。
イ．引用は，著作権の例外規定として認められている。
ウ．入場料を取っているので，「営利を目的としない上演等」に該当しない。
エ．「授業」でのコピーではないので，「学校その他の教育機関における複製等」には該当しない。なお，授業には，ホームルーム活動・学校行事などの特別活動も含まれるので，学校行事の合唱祭ではコピーが認められる。

4 ア，ウ

解説 撮影者（著作者）情報の掲載を求めるには，アのマークが必要。また，改変せずに掲載することを求めるには，ウのマークが必要である。営業目的での使用を認めるため，イのマークの掲載は不要である。

04 情報社会の法規と権利(3) [p.8]

◆教科書の確認

1 ① 個人情報保護法 ② 権利
③ 個人情報取扱事業者 ④ 生存
⑤ 住所 ⑥ 性別 ⑦ 学歴
⑧ 識別 ⑨ 身体的 ⑩ パスポート
⑪ 個人識別符号 ⑫ 基本四情報
⑬ 要配慮個人情報 （⑤と⑥は順不同）

2 ① 干渉 ② プライバシー ③ 肖像
④ 判例 ⑤ 肖像権

3 ① 会員 ② ユーザ ③ パスワード
④ フィッシング詐欺
⑤ コンピュータウイルス ⑥ 事業者
⑦ オプトアウト ⑧ オプトイン

●練習問題

1 ア，イ，エ，オ

解説 ウ．個人情報保護法が定める個人情報は，生存する個人に関する情報であり，亡くなった人の情報は，個人情報ではない。

2 (1) ウ (2) ア (3) イ

解説 個人情報を他者に提供することによって流出してしまうことがあるため，個人情報の取得や利用の目的，管理の方法などを自分自身で確認し，納得したうえで提供する。

3 イ，ウ

解説 ア．風景には肖像権は存在しない。
ウ．入場料は，アイドルの肖像権やパブリシティ権使用のための対価に当たらず，アイドルの肖像を無断で撮影する行為は肖像権の侵害にあたる。

4 ウ

解説 ア．はオプトアウトの説明である。
イ．はオプトインの説明である。
ウ．のフィッシング詐欺に遭わないようにするためには，不審なメールやSMS内のURLのリンクを不用意にクリックしないように細心の注意を払う必要がある。

(考えてみよう)

解答例 スマートフォンには，一般に，契約者情報や端末ID，通話や電子メールなどの通信履歴，インターネットでの閲覧・購入履歴，アプリやSNSの利用履歴，アドレス帳，位置情報，ゲーム等の課金情報，動画や写真など，多様で大量の個人情報が記録されている。スマートフォンからこのような情報が流出すると，所有者の情報だけでなく，他人の個人情報も流出させることになるので，細心の注意を払う必要がある。

万一，スマートフォンを紛失した場合は，GPSを使って本体の所在を追跡するサービスや，ロック機能や記録内容消去などのサービスを利用して，被害を最小限にとどめるようにする。

05 情報技術が築く新しい社会 [p.10]

◆教科書の確認

1 ① ネットワーク ② 情報機器 ③ 情報システム ④ 品切れ ⑤ POS ⑥ 気象 ⑦ ATM ⑧ ETC

2 ① 電子マネー ② 電子的 ③ 決済 ④ ICチップ ⑤ ICカード ⑥ 電子決済

3 ① 推論 ② 認識 ③ 人工知能 ④ 機械 ⑤ 音声認識 ⑥ 情報検索 ⑦ IoT ⑧ ビッグデータ (①と②は順不同)

4 ① IoT ② フィジカル ③ センサ ④ サイバー ⑤ 人工知能 ⑥ 価値

●練習問題

1 (1) エ (2) イ (3) ア (4) ウ

解説 POS(Point Of Sale)は，各店舗での売り上げデータを収集し，顧客や商品データと統合して，販売戦略のための有用な情報を得る。

GPS(Global Positioning System)は，位置情報をリアルタイムに取得してカーナビゲーションなどの交通システムで活用されるほか，航空や航海での安全確保，生態調査，防犯，社会調査などにも活用されている。

ETC(Electronic Toll Collection System)は，高速道路入口での自動料金収受による交通渋滞の解消だけでなく，渋滞予測や迂回ルートの提案，災害時の誘導などドライバーへの情報提供も可能になった。

ATM(Automated Teller Machine)は，銀行やコンビニなど数多くの場所に設置され，現金の支払い，預金・通帳記入，振り込みなど，銀行の窓口業務の代替が可能になった。

2 (1) イ，d (2) ウ，e (3) エ，c (4) ア，b (5) オ，a

解説 (1) IoTは，各種センサやカメラなどから多様で大量のデータを収集し，人工知能で解析することで，実世界の課題を解決するための情報を提供する。

(2) 暗号資産は，電子マネーとは異なる。銀行を通さず直接相手に送金でき，決済に使える店舗も増えている。

(3) 人工知能(AI)は，画像認識のほか，音声認識，自然言語処理(翻訳など)，情報検索，問題解決，ビッグデータの解析などに利用され，将来人間の仕事の多くを代替できるようになるといわれている。

(4) 仮想現実(VR)は，利用者は仮想環境の中で行動しながら仮想の世界に働きかけることができる。以前から，フライトシミュレーションなどの訓練や美術館や建造物等のバーチャルツアーなどで利用されている。

(5) 拡張現実(AR)には，物体や画像をカメラで読み取って情報を付加する方法や，GPSが示す位置で情報を提示する方法などがある。現場作業で情報を表示することによる作業の効率化や，観光地の案内自動表示などで利用されている。

3 (1) イ (2) ウ (3) エ (4) ア

解説 POSシステムとは，店舗で商品を販売するごとに商品の販売情報を記録し，集計結果を在庫管理やマーケティング材料として用いるシステムのこと。「販売時点情報管理」などとも訳される。緻密な在庫・受発注管理ができるようになるほか，複数の店舗の販売動向を比較し，天候と売り上げを重ね合わせて傾向をつかむなど，ほかのデータと連携した分析・活用が容易になるというメリットがある。

(調べてみよう)

解答例 人工知能やIoTなどの技術で，交通の渋滞や事故などの課題解決を図る自動走行システム，各種センサや画像診断で，過疎地の医療を支援する遠隔医療，仮想空間(VR)を活用して，オンラインで質の高い文化体験を実現するバーチャルツアー，ビッグデータの収集と解析による自然災害の予知や対策，人工知能で実現する学習者に適応した学習教材の提供，ドローン技術を用いて，陸路での配達が困難な場所への配達・配送，ロボット技術を用いた介護支援などの事例が考えられる。

1章 章末問題 [p.12]

1 (1) **商標権，エ** (2) **実用新案権，ア**
(3) **特許権，イ** (4) **意匠権，ウ**

解説 (1)～(4)は，いずれも自ら特許庁に出願あるいは登録する必要がある。特許権には，医薬品の開発など，安全性確保のため出願から販売まで時間がかかる場合などで存続期間の延長制度がある。また，商標権は更新することができる。

2 (1) **ア，オ** (2) **エ** (3) **ア**
(4) **○** (5) **ウ** (6) **イ，カ**

解説 (4) 学校で授業の過程で，教員および生徒が使用する著作物は，著作権が制限される。著作権者から許諾を得なくても，著作物をコピーして配布することができる。

3 **イ**

解説 クレジットの表示，非営利目的，改変しないことを求めているので，下記の3つのクリエイティブ・コモンズ・ライセンスマークが必要である。

原作者のクレジット(氏名，作品名など)の表示を求める。

非営利目的での利用に限る。

作品(著作物)を改変しない。

4 **イ，カ**

解説 個人情報保護法が定める個人情報は，生存する個人に関する情報と定めているため，亡くなった故人の氏名やグループ名は，個人情報とはいえない。

5 (1) **卒業ソング，振付，録画した映像**
(2) **3年生全員にDVDを配布する行為は，授業における利用の限度を超えており，例外的な使用に該当しない。**

解説 文化祭は授業の過程と認められるが，3年生全員に，流行している卒業ソングを複製して配布する行為は，授業の過程における利用であったとしても，必要と認められる限度を超えていると考えられる。

(3) **【解答例】卒業ソングの著作権者に，歌唱し録画・複製する許諾を得る。あるいは，卒業ソングを使用するための対価を支払う。また，生徒が自作した卒業ソングを使用してもよい。**

6 **ア．人工知能(AI)**
イ．インターネット　ウ．IoT
(1) **ビッグデータ**
(2) **(解答例)自動車の自動走行による交通事故の減少や渋滞の解消　など**

解説 ほかにも，以下の解答が考えられる。

・リアルタイムの自動健康診断などでの健康促進や病気の早期発見
・高齢化に対応するため，医療・介護現場でのロボットによる支援
・災害時の対応，人手不足の解消，多様なニーズの対応
・農業の人手不足解消のための農作業の自動化・省力化
・顧客ニーズに合った生産や発注，在庫管理による食品ロスの解消
・救助ロボットによる被災者の早急な発見や被災建物からの迅速な救助

7 ① **エ**　② **イ**　③**ア**　④**ウ**

解説 全地球測位システム(GPS)，クラウドコンピューティング，無線通信の技術の進展や整備だけでなく，これらの情報技術を使用する利用者の情報活用能力の向上も求められる。

2章 メディアとデザイン

06 メディアとコミュニケーション(1) [p.14]

◆教科書の確認

1 ① **情報メディア**　② **表現メディア**
③ **伝達メディア**

2 ① **口頭**　② **筆記**　③ **印刷物**
④ **電信**　⑤ **電話(④，⑤は順不同)**
⑥ **ラジオ**　⑦ **テレビ**
⑧ **インターネット**　⑨ **電子メール**
(⑥，⑦は順不同)

3 ① 文字 ② 画像 ③ 図形
④ 音声 ⑤ 静止画 ⑥ 動画
⑦ データ量 （②，③は順不同）

●練習問題

1 (1) ア，エ，オ，キ，サ，シ，ス，ソ
(2) ウ，カ，ケ，タ
(3) イ，ク，コ，セ，チ

解説 情報を物理的に伝達する「伝達メディア」に，伝えたい情報を「表現メディア」で表したものが「情報メディア」である。

2 (1) 音声 (2) 動画 (3) 図形
(4) 静止画 (5) 文字

解説 それぞれのメディアには特性があり，それらを組み合わせることによって，伝えたい情報をより効果的に伝達することができる。

3 (1) × (2) × (3) ○ (4) ○
(5) ×

解説 (1) それぞれの表現メディアの特性に合わせて情報を伝達する。
(2) 色や形などの情報は，文字より画像や図形の方が適切かつ簡潔に伝えられる。
(5) 緊急時の情報伝達には，文字や図形を組み合わせて色を工夫すると，瞬時に注意をうながすことができる。

4 (1) ア，ウ (2) イ
(3) ア，イ，ウ，エ (4) ア，ウ

解説 新聞と雑誌は紙面上で伝達する表現メディアが用いられる。ラジオは音で伝達する表現メディア，テレビは音と視覚で伝達する表現メディアが用いられる。

（考えてみよう）

解答例 ちらし，店の看板，Webページ，SNS，地元のフリーペーパー，駅のポスターなど

解説 宣伝の対象や目的，掲載コスト，宣伝効果の及ぶ範囲などの違いに分類し，適切な情報メディアの選択について考えるとよい。解答例以外の情報メディアとして，新聞広告やラジオ・テレビなどがあげられるが，コストはほかの情報メディアと比べると高くなるため，題意に対して適切な解答とはいえない。

07 メディアとコミュニケーション(2) [p.16]

◆教科書の確認

1 ① 記録 ② 通信

2 ① 信憑性 ② 信頼性
③ メディアリテラシー

3 ① コミュニケーション ② 同期性
③ 1対1 ④ 1対多 ⑤ 多対1
⑥ 多対多 ⑦ 直接 ⑧ 間接
⑨ 同期型 ⑩ 非同期型

●練習問題

1 (1) イ (2) ア (3) ア (4) ア
(5) イ

解説 信頼性とは，情報が伝達する過程で情報の精度や正確さが損なわれていない度合いのこと。信憑性とは，内容が正しく確かで，信用できる度合いのこと。

2 (1) 位置関係：ア 同期性：ウ
特徴：A，B
(2) 位置関係：イ 同期性：ウ
特徴：A，B
(3) 位置関係：イ 同期性：エ
特徴：C，D
(4) 位置関係：ア 同期性：ウ
特徴：A，B
(5) 位置関係：イ 同期性：エ
特徴：C，D

解説 情報を的確に伝達するためには，相手と自分との関係を把握し，伝えたい内容を整理したうえで，適切なメディアを選択しなければならない。

3 (1) ウ (2) キ (3) イ (4) カ

解説 発信者と受信者の人数による分類および位置関係で適する情報メディアを判断する。

08 メディアとコミュニケーション(3) [p.18]

◆教科書の確認

1 ① 電子メール ② 宛先 ③ CC
④ BCC ⑤ 同報性
⑥ 電子掲示板 ⑦ メッセージアプリ
⑧ ビデオ通話 ⑨ Q＆Aサイト
⑩ ブログ ⑪ 感想 ⑫ 参照
⑬ SNS ⑭ Webメール
⑮ 動画投稿サイト（動画共有サイト）
⑯ ストリーミング
（③，④は順不同）

●練習問題

1 (1) × (2) ○ (3) × (4) ○
(5) ○ (6) × (7) ○ (8) ×

解説 (1) 本来知られたくない情報を不特定多数の人に知られてしまう危険性があるため，安易に個人情報やプライバシーを公開してはいけない。
(3) 電子メールの送受信は，インターネットを利用しているため，送信先による利用料金に差は生じない。
(6) 個人でも企業でもグループで使用することができる。
(8) 解決案としては回答に期待はできるが，必ずしも回答者全員が専門的知識をもっているとは限らないので，信用できるかできないかの判断は，受信者自身が行う。

2 (1) 宛先
(2) カーボンコピー (Carbon Copy)
(3) メールの写し
(4) ブラインドカーボンコピー (Blind Carbon Copy)
(5) 見える (6) 見える (7) 見えない
(8) 必要 (9) 不要 (10) 不要

解説 電子メールを送る際に注意すべきことをまとめておくこと。特に，To，CC，BCCの区別は複数の人にメールを送る際に重要である。メールアドレス変更通知のように，同じ内容のメールを互いに面識のない人たちに一斉送信する場合は，To欄に自分のアドレス，BCC欄に送信先のアドレスを入力し，「一斉配信のためのBCCで送信しています」などと本文で説明すると丁寧である。

(考えてみよう)

・個人情報や必要以上の情報を公開しない
・相手を誹謗中傷したり，相手が不快に思ったりするような発言をしない

など

09 情報デザイン(1) [p.20]

◆教科書の確認

1 ① 情報バリアフリー
② 音声読み上げ

2 ① ユニバーサルデザイン ② 障壁
③ ピクトグラム

3 ① Webアクセシビリティ
② 代替テキスト

4 ① ユーザビリティ ② ストレス
③ ユーザインタフェース
④ 表示形式

●練習問題

1 ア，イ，オ

解説 ア．マウスの操作ができない人もいるのでキーボードでの入力操作も考慮すべきである。キーボードによるインタフェースは視覚に障がいがあっても操作可能であり，音声入力機器でもキーボードを代替できる。
イ．情報の区別を色だけに依存しないようにする必要がある。
オ．古いブラウザを使っている人もいる。また，Webページは，高齢者や障がいをもった人など幅広いユーザに閲覧してもらえるように，特殊な技術ではなく標準的な技術を基に作成する。

2 (1) エ (2) ア (3) イ (4) ウ
(5) ア (6) イ (7) ウ (8) エ
(9) イ (10) エ

解説 (1)(8)(10)は，ユニバーサルデザインの考え方である。
(2)(5)は，アクセシビリティの考え方である。
(3)(6)(9)は，情報バリアフリーの考え方である。
(4)(7)は，ユーザビリティの考え方である。

(調べてみよう)

・パンくずリスト
・キーワード検索の文字入力時における予測変換など

解説 パンくずリストとは，今開いているWebページがどの場所なのか，ひと目でわかるようにした表示を表す。道しるべとしてパンくずを置いていった童話のストーリーから，Web上で迷わないようにしたものをこのように呼ぶようになったといわれている。

10 情報デザイン(2) [p.22]

◆教科書の確認

1 ① フォント ② 明朝体
③ ゴシック体 ④ ポップ体
⑤ 筆書体 (④，⑤は順不同)

⑥ 大きさ ⑦ 太さ(⑥，⑦は順不同)
⑧ タイトル ⑨ 小見出し(⑧，⑨は順不同)

2 ① 表 ② グラフ

3 ① 色相 ② 彩度 ③ 明度
④ 色合い ⑤ 鮮やかさ ⑥ 明るさ
⑦ 色相環 ⑧ 補色 ⑨ 類似色

4 ① 多様性 ② 色覚バリアフリー

●練習問題

1 (1) ア (2) エ (3) イ (4) ウ

解説 (1) 筆書体は筆で書いたようなフォントで，和食のメニューなどに利用される。
(2) ポップ体は，スーパーなどの特価広告などに利用される。
(3) ゴシック体は，目立たせたいときに使用し，レポートなどのタイトルや小見出しなどに利用される。
(4) 明朝体は，長文でも目が疲れないフォントであるため，文字の量が多い資料などに利用される。

2 (1) × (2) ○ (3) × (4) ○

解説 (1) プレゼンテーションのスライドにはゴシック体を用いる。
(3) タイトルや小見出しなど，強調箇所の文字を大きく太くする。

3 (1) イ (2) ア (3) エ (4) ウ

解説 (1)は構造，(2)は階層，(3)は循環，(4)は手順をそれぞれ表している。

(調べてみよう)

・店の看板，ポスター など

解説 文字と背景色が補色となる組み合わせが用いられている。

11 情報デザインの実践(1) [p.24]

◆教科書の確認

1 ① 図 ② 写真(①，②は順不同)

2 ① 序論 ② 本論 ③ 結論

3 ① 調査方法 ② 参考資料
③ 参考文献 ④ 引用

4 ① フォント ② サイズ
③ スタイル ④ 配置
⑤ ゴシック体 ⑥ センタリング
⑦ 明朝体 ⑧ 表 ⑨ 画像(①，③，④は順不同)

5 ① 構成 ② 配置 ③ タイトル
④ 上 ⑤ 下 ⑥ インデント
(①，②は順不同)

●練習問題

1 (1) オ (2) イ (3) カ (4) ア
(5) ウ (6) エ

解説 文書の構成と項目には，序論がテーマ>目的，本論は方法>調査>結果>考察，結論はまとめの項目がそれぞれある。

2 (1) × (2) × (3) ○ (4) ○
(5) ×

解説 (1) 書き込める文字数を増やすために余白を小さくしすぎないように気を付ける。
(2) 調査に携わっていない人が読んでも内容を把握でき，調査を再現できるようにする。また，わかりやすく簡潔に，かつ詳細に記載する。
(5) 表タイトルは表の上に，図タイトルは図の下に配置する。

3 (1) オ (2) ウ (3) エ (4) ア
(5) キ (6) イ (7) カ

解説 引用の要件は以下の通りである。
・引用する資料などは既に公表されているものであること。
・引用を行う必然性があり，カギ括弧(「 」)などにより引用部分が明確になっていること。
・本文が主で引用文が従であり，引用される分量が必要最小限度の範囲内であること。
・出所の明示が必要なこと。

4 (1) エ (2) ク (3) ウ (4) カ
(5) イ (6) ア (7) コ (8) ケ
(9) オ (10) キ

解説 参考文献の示し方は以下の通りである。
・書籍などの場合…著者名．書名．版表示(初版の場合は省略可)，出版者，出版年，総ページ数，.
・Webページの場合…著者名．“Webページの題名”．Webページの名称．入手先(URL)，入手日付(アクセス日).

12 情報デザインの実践(2) [p.26]

◆教科書の確認

1 ① 情報伝達 ② テーマ ③ 目標
④ 目的 ⑤ 人数 ⑥ 年齢層

⑦ 知識 ⑧ アンケート ⑨ 収集
⑩ 日時 ⑪ 場所 ⑫ 進行
⑬ プランニングシート ⑭ ひな型
⑮ スライドマスタ ⑯ リハーサル
⑰ チェックシート ⑱ 大きさ
⑲ 速さ ⑳ 評価
㉑ フィードバック ㉒ PDCA
㉓ Plan ㉔ Do ㉕ Check
㉖ Action
(⑩，⑪は順不同）（⑱，⑲は順不同）

●練習問題

1 (1) 企画 (2) 作成 (3) リハーサル
(4) 実施 (5) 評価 (6) 改善
((1)〜(3)は順不同)

解説 プレゼンテーションの流れは以下の通りである。
企画・作成・リハーサル→実施→評価→改善

2 (1) ウ (2) カ (3) オ (4) ア
(5) エ (6) イ (7) キ

解説 わかりやすいスライドを作成するために必要な工夫は以下の通りである。
・文章での表現ではなく，キーワードで表現したり，箇条書きや図を利用したりする。
・文字は太く大きくして，行間を詰めない。
・書体や配色を考える。
・データは表やグラフにして，見やすくする。
・関連するグループにまとめる。

3 (1) × (2) ○ (3) ○ (4) ×
(5) × (6) ○

解説 (1) 原稿は棒読みしないで適切な速さで話す。
(4) 身振りや手振りなどのジェスチャーを適度に使い，表現を豊かにする。
(5) 説明中は下を向かず，できるだけ聴き手の方を向く。

4 (1) ウ (2) ア (3) エ (4) イ

解説 PDCAサイクル
・Plan：問題を整理し，目標を立て，その目標を達成するための計画を立てる。
・Do：目標と計画をもとに，実行する。
・Check：実施した内容が計画通り行われて，当初の目標を達成しているかを確認し，評価する。
・Action：評価結果をもとに，内容の改善を行う。

13 情報デザインの実践(3) [p.28]

◆教科書の確認

1 ① ブラウザ ② Webページ
③ Webサイト ④ 階層構造
⑤ ハイパーリンク（④，⑤は順不同）

2 ① HTML ② テキストエディタ
③ タグ ④ マークアップ
⑤ ブラウザ

3 ① HTML ② CSS

4 ① html ② head ③ body
④ リンク ⑤ パス ⑥ URL

●練習問題

1 (1) オ (2) カ (3) エ (4) ウ
(5) イ (6) ア

解説 タグとは，「〈」と「〉」で囲まれた文字列を示す。半角英数文字で記し，HTMLの場合は，大文字と小文字の区別はない。

2 (1) ○ (2) ○ (3) × (4) ×
(5) ○ (6) ×

解説 (3) 判別しやすい配色を心掛けたWebページは，アクセシビリティが高い。
(4) 画像ファイル名の前にパスを入れてタグを記述する。
(6) 必要に応じてほかのページへ移動するリンクを設定する。

3 (1) 名称 ウ 意味 B
(2) 名称 ア 意味 C
(3) 名称 イ 意味 A

解説 CSSの書式は以下の通りである。ただしかっこ内は意味を表す。
セレクタ（どこに）{プロパティ（何を）：値（どうする）；}

4 (1) オ (2) イ (3) カ (4) ウ
(5) エ (6) ア ((1)〜(3)は順不同)

解説 Webサイトを公開するための流れは以下の通りである。
企画・作成・テスト→公開（実行）→評価→改善

2章 章末問題 [p.30]

1 受信した情報をそのまま信用せず，客観的にとらえ，ほかの情報と比較して，受信した情報の信憑性や信頼性を確かめて正しい情報かを判断する能力，および，受信した情報から発信者の意図を理解する能力。

解説 メディアからの情報を主体的に読み解く能力やメディアにアクセスして活用する能力，メディアを通じてコミュニケーションを行う能力などを身に付けることが求められる。これらを総称してメディアリテラシーという。

2 【修正点】→【修正案】

・件名が空白である→件名に「情報１のレポート提出について」などを入れる

・本文で自分自身を名乗る→本文中に「1年B組の伊藤です。」などを入れる

・署名がない→本文末尾に署名を付け，送信者を明確にする

のうち２つ解答できればよい。

解説

・件名は本文の内容を簡潔明瞭に表したものにする。

・本文では自分自身の名前を名乗る。

・送信者を明確にするために末尾に署名を付ける。

3 ⑴ インデント ⑵ ヘッダ

⑶ 項目番号 ⑷ センタリング

解説 ⑴ インデントは文章の書き出しの位置をそろえたり，項目の範囲を明確にしたりするときに用いる。

⑵ ヘッダやフッタは，余白を利用して表示することができる。ヘッダには日付，フッタにはページ数などを入れることが多い。

4 ⑴ 実教花子．情報通信社会の未来．実教出版，20XX，128p.

⑵ 実教太郎．"世界の環境問題"．実教学園大学での研究． http://www.jikkyo.ac.jp/world.html，（参照 20XX年○月X日）.

解説 参考文献の示し方は以下の通りである。

・書籍などの場合…著者名．書名．版表示（初版の場合は省略可），出版者，出版年，総ページ数.

・Webページの場合…著者名．“Webページの題名”．Webページの名称．入手先（URL），入手日付（アクセス日）.

5 文字だけでなく，他の表現メディアである音声，静止画，動画など多様なメディアを用いて表現するとわかりやすく伝達することができる。

解説 わかりやすく伝達するためには，伝える情報の種類によって適切な表現メディアを選択し，用いることが必要である。

6 文章中の改行を
または
に変更する。

解説 HTMLファイルは，テキストエディタ上で改行しても，
を入力しないとWebブラウザでは改行されない。

7 <img src="./image/scene1/pic1.jpg">

解説 HTMLファイルと画像ファイルが別の場所に保存されている場合には，img src=の後ろの画像ファイル名の所を，相対パスで記述する必要がある。

3章 システムとデジタル化

14 情報システムの構成⑴ [p.32]

◆教科書の確認

1 ① 入力装置 ② 制御装置

③ 演算装置 ④ 主記憶装置

⑤ 補助記憶装置 ⑥ 出力装置

2 ① 番地 ② 命令 ③ 解読

④ データ ⑤ 算術演算

3 ① プログラムカウンタ ② 命令

③ 命令レジスタ ④ 命令解読器

⑤ 主記憶装置

●練習問題

1 入力装置：イ，オ，ク

出力装置：ウ，カ

主記憶装置：キ 補助記憶装置：ア，エ

解説 このほかに次のようなものがある。

入力装置：イメージスキャナ，デジタルカメラ，ペンタブレット

出力装置：液晶プロジェクタ，電子ペーパ，音声合成装置

補助記憶装置：DVD-R/RWドライブ，SDカード，磁気テープ

2 イ，ウ，カ

3 ⑴ READ B,(11)

⑵ ２から８になる

⑶ ４ ⑷ ８ ⑸ ２と６の加算

⑹　4番地　WRITE (12),B

解説 「ADD A,B」は，レジスタAの内容とレジスタBの内容を加算し，その和をレジスタAに取り込む命令である。そこで，「ADD B,A」と書き換えると，和はレジスタBに取り込まれ，「WRITE (12),A」という命令では，加算結果の和を書き込むことができない。

15 情報システムの構成(2) [p.34]

◆**教科書の確認**

1 ①　オペレーティング
②　アプリケーション
③　ドライバ　④　アイコン　⑤　GUI
⑥　CUI

2 ①　インタフェース
②　USBインタフェース
③　ケーブル　④　ハブ　⑤　ルータ
⑥　イーサネット　⑦　IEEE802.11
⑧　アクセスポイント　⑨　HDMI
⑩　Bluetooth

●**練習問題**

1 ア，エ，オ

解説 イ．ウ．オペレーティングシステムは，ドライバを追加することで，さまざまな周辺機器に対応することができる。

2 ⑴　エ，キ　⑵イ，ウ，カ
⑶　オ，ク　⑷ア

3 ア，ウ，オ

解説 イ．コンピュータとプリンタの接続には，USBインタフェースや無線通信を利用する。
エ．ネットワークへの有線接続は，LANケーブルを用いる。なお，HDMIケーブルは，デジタル映像や音声を入出力するインタフェースである。

(調べてみよう)

解説 スマートフォンでイヤホンを利用する際のインタフェースは，有線接続の場合は，PHONE OUTやUSB Type Cを，無線接続の場合は，Bluetoothを使用できる。

16 情報のデジタル化(1) [p.36]

◆**教科書の確認**

1 ①　アナログ　②　デジタル
③　再現　④　圧縮　⑤　可逆圧縮
⑥　非可逆圧縮　⑦　統合

2 ①　2進法　②　2進数　③　情報量
④　1　⑤　2　⑥　8　⑦　バイト
⑧　256

●**練習問題**

1 イ，ウ，オ

2 bit < B < KB　< MB < GB < TB

3 ⑴　2　⑵　256　⑶　24
⑷　8×1024　⑸　3×1024
⑹　1

解説 ⑵　1バイト＝8ビットより，1バイトで表現できる情報量は2^8(=256)通り。
⑶　1バイト＝8ビットより，8ビット×3=24ビットである。
⑷　8KB=8×1024B
⑸　3GB=3×1024MB
⑹　1024KB=1MBより，
1024×1MB=1GB

4 ⑴　4ビット　⑵　6ビット
⑶　8バイト　⑷　30乗(2^{30})
⑸　7ビット

解説 ⑴　コイン1枚につき表裏の2通りで1ビット必要である。
⑵　出た目の組み合わせは全部で，6×6=36通り。5ビットでは2^5=32通りまでで，6ビットでは2^6=64通りまで表せる。
⑶　1マスごとに1ビットで，1バイトは8ビット8×8÷8=8
⑷　2^{10}ごとにキロバイト，メガバイト，ギガバイトと単位をかえるので，$2^{10}×2^{10}×2^{10}=2^{30}$
⑸　⑵と同様に，2^6=64通り，2^7=128通り

5 ⑴　6文字　⑵　○4●7　4つ

解説 ⑵　この圧縮は，非可逆圧縮である。

17 情報のデジタル化(2) [p.38]

◆**教科書の確認**

1 ①　論理回路　②　論理積　③　論理和
④　否定　⑤　2　⑥　1　⑦　ともに
⑧　2　⑨　1　⑩　いずれか一方
⑪　1　⑫　1　⑬　反転

2 ①　10　②　4　③　16　④　16
⑤　F　⑥　重み　⑦　10　⑧　2

⑨　16　⑩　文字コード　⑪　256
⑫　65536　⑬　JISコード
⑭　シフトJISコード　⑮　Unicode
(⑬と⑭は順不同)

●練習問題

1 (1)

出力
L
0
0
0
1

(2)

出力
L
0
1
1
1

(3)

出力
L
1
0

解説 (1)　論理積(AND)　入力がともに「1」のときだけ，出力が「1」となる。
(2)　論理和(OR)　入力のどちらか一方が「1」であれば，出力が「1」となる。
(3)　否定(NOT)　入力の「0」,「1」が出力では逆になる。

2 ①　$00100011_{(2)}$　②　$01110110_{(2)}$
③　$205_{(10)}$　④　$218_{(10)}$

解説 10進数を2進数に変換するには，10進数を2で割り，商が1になるまで割って，商と余りを並べる。なお，右側から4ビットずつ区切った時，最後が4ビットにならなかった場合には，左側に0を補って4ビットにする。

①
2) 35
2) 17 …1
2) 8 …1
2) 4 …0
2) 2 …0
1 …0

②
2) 118
2) 59 …0
2) 29 …1
2) 14 …1
2) 7 …0
2) 3 …1
1 …1

③　$11001101_{(2)}=1\times2^7+1\times2^6+0\times2^5+0\times2^4+1\times2^3+1\times2^2+0\times2^1+1\times2^0=205_{(10)}$
④　$11011010_{(2)}=1\times2^7+1\times2^6+0\times2^5+1\times2^4+1\times2^3+0\times2^2+1\times2^1+0\times2^0=218_{(10)}$

3 ①　$10110101_{(2)}$　②　$10011111_{(2)}$
③　$AD_{(16)}$　④　$D6_{(16)}$

解説 ①　$B5_{(16)}$の各桁を2進数に変換すると，$B_{(16)}=1011_{(2)}$，$5_{(16)}=0101_{(2)}$
よって，$10110101_{(2)}$となる。
②　$9F_{(16)}$の各桁を2進数に変換すると，$9_{(16)}=1001_{(2)}$，$F_{(16)}=1111_{(2)}$
よって，$10011111_{(2)}$となる。
③　$10101101_{(2)}$を右側から4ビットずつ区切り，16進数に変換すると，
$1010_{(2)}=A_{(16)}$，$1101_{(2)}=D_{(16)}$
よって，$AD_{(16)}$となる。
④　$11010110_{(2)}$を右側から4ビットずつ区切り，16進数に変換すると，
$1101_{(2)}=D_{(16)}$，$0110_{(2)}=6_{(16)}$
よって，$D6_{(16)}$となる。

4 (1)　$4D_{(16)}$　(2)　$00100100_{(2)}$
(3)　j　(4)　¥

18 情報のデジタル化(3)　[p.40]

◆教科書の確認

1 ①　0　②　1　③　3　④　$1110_{(2)}$
⑤　2　⑥　$0101_{(2)}$

2 ①　補数　②　小さ　③　加算
④　演算回路

3 ①　浮動小数点数　②　0　③　1
④　1

4 ①　和　②　循環小数　③　丸め誤差

●練習問題

1 ①　$1011_{(2)}$　②　$1110_{(2)}$
③　$0111_{(2)}$　④　$0011_{(2)}$

解説
①　下から3番目の桁は1+1なので，1繰り上がって次の桁では1+0+0を計算する。

```
   1              1
  0101           0101
+ 0110    ➡   + 0110
   011           1011
```

②　一番下の桁は1+1なので，1繰り上がって次の桁では1+1+1を計算する。すると下から3番目の桁に1繰り上がる。

```
   1            11
  1011         1011
+ 0011    ➡  + 0011
     0           10
```

3番目の桁では，1+0+0を計算する。

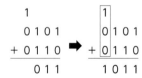

```
  11            11
  1011         1011
+ 0011    ➡  + 0011
   110         1110
```

③　一番下の桁を計算するため，３番目の桁から借りてくる。

```
    1          1 1
    1          1 1
  1 1 0 0    1 1 0 0
- 0 1 0 1  ➡ - 0 1 0 1
```

一番下の桁の引き算を行い，２番目の桁の引き算も行う。

```
    1 1          1 1
    1 1          1 1
  1 1 0 0      1 1 0 0
- 0 1 0 1  ➡ - 0 1 0 1
        1          1 1
```

下から３番目の桁の引き算も上の桁から借りて行う。

```
  1 1 1        1 1 1
  1 1 1        1 1 1
1 1 0 0      1 1 0 0
- 0 1 0 1  ➡ - 0 1 0 1
      1 1        1 1 1
```

最後に４桁目の計算０－０も行う。

④　一番下の桁を計算するため，２番目の桁から借りて，引き算を行う。

```
        1            1
        1            1
  1 0 1 0      1 0 1 0
- 0 1 1 1  ➡ - 0 1 1 1
                     1
```

下から２番目の桁を計算するため，４番目の桁から借りて引き算をし，３番目の桁も引き算をする。

```
  1 1 1          1 1 1          1 1 1
  1 1 1          1 1 1          1 1 1
1 0 1 0        1 0 1 0        1 0 1 0
- 0 1 1 1  ➡ - 0 1 1 1  ➡ - 0 1 1 1
        1            1 1          0 1 1
```

最後に４桁目の計算０－０も行う。

2　①　$1110_{(2)}$　②　$0011_{(2)}$
③　$01001111_{(2)}$　④　$10110100_{(2)}$

解説　２進数の補数は，各桁の０と１を反転し，１を足すことによって求めることができる。よって

①　$0010_{(2)} \rightarrow 1101_{(2)} \rightarrow 1110_{(2)}$
②　$1101_{(2)} \rightarrow 0010_{(2)} \rightarrow 0011_{(2)}$
③　$10110001_{(2)} \rightarrow 01001110_{(2)} \rightarrow 01001111_{(2)}$
④　$01001100_{(2)} \rightarrow 10110011_{(2)} \rightarrow 10110100_{(2)}$

3　(1)　$100.01_{(2)}$
(2)　0100010001000000

解説
(1)　$4.25=4+0.25$
$=2^2 \times 1+2^1 \times 0+2^0 \times 0$
$+2^{-1} \times 0+2^{-2} \times 1$
$=100.01_{(2)}$
(2)　$100.01=+2^2 \times 1.0001$
符号部　＋，指数部　2+15=17，
仮数部　0001なので
0100010001000000となる。

4　0.003125

解説
$0.11001100=2^{-1} \times 1+2^{-2} \times 1$
$+2^{-5} \times 1+2^{-6} \times 1$
これを10進数で表すと
$0.5+0.25+0.03125+0.015625$
$=0.796875$
よって誤差は
$0.8-0.796875=0.003125$

19　情報のデジタル化(4)　[p.42]

◆教科書の確認

1　①　周波数　②　周期　③　時間間隔
④　標本点　⑤　標本化
⑥　標本化周期　⑦　標本化周波数
⑧　電圧　⑨　量子化
⑩　量子化ビット数　⑪　符号化
⑫　PCM　⑬　波形　⑭　データ量

●練習問題

1　ア，ウ，エ

解説　標本化周期が小さいほど，また量子化ビット数が多いほど，もとのアナログ波形に近くなるが，一方，データ量は大きくなる。

もとのアナログ波形を構成する正弦波のうち，最も周波数の大きい（周期の小さい）ものに着目し，この周波数の二倍より大きい標本化周波数で標本化すれば（この周期の半分より小さい時間間隔で標本化すれば），もとの波を再現できる。

2 (1) 0.01秒 (2) 25Hz (3) 1000個
(4) 3000Hz以上 (理由)山と谷の部分を標本化できないと，もとの波形が復元できないので，少なくとももとの2倍の周波数が必要となるから。

解説 (1) 標本化周波数が100Hzとは，1秒間に100回標本化することである。よって，1/100=0.01秒
(2) 標本化周期が0.04秒であるから，1秒間では1÷0.04=25(回)標本化する。

3 (1) 4ビット (2) 2^{16}段階
(3) 2^{8}倍

解説 (1) nビットで表現できる情報量は，2^{n}通りだから$2^{n}=16$であり，nは4と求められる。
(3) ハイレゾリューション音源の量子化ビット数は24ビットであるから，2^{24}段階になる。よって，$2^{24}\div 2^{16}=2^{8}$と求められる。

4

時間	量子化	符号化
0	3	$0011_{(2)}$
1	8	$1000_{(2)}$
2	6	$0110_{(2)}$
3	10	$1010_{(2)}$
4	10	$1010_{(2)}$
5	1	$0001_{(2)}$
6	7	$0111_{(2)}$
7	5	$0101_{(2)}$

解説 量子化：各標本点に最も近い段階の値(0～15)を求める。
符号化：量子化で求めた値を4ビットの2進数に変換する。

20 情報のデジタル化(5) [p.44]

◆教科書の確認

1 ① 三原色 ② 青 ③ 白
④ 加法混色 ⑤ マゼンタ ⑥ 黒
⑦ 減法混色 ⑧ 画素 ⑨ 8
⑩ フルカラー

2 ① 濃淡情報 ② 距離間隔
③ 標本化 ④ 量子化 ⑤ 解像度

3 ① ラスタ ② ベクタ ③ データ量
④ 静止画
⑤ フレーム ⑥ フレームレート
⑦ fps

●練習問題

1 (1)ア．シアン イ．赤 ウ．マゼンタ エ．黄 (2) 4色 (3) 緑色

解説 (2) 1つの懐中電灯でOFFとONの2通りの表現ができる。2つでは2×2=4通りの表現ができる。
(3) マゼンタは，赤と青の懐中電灯の光を重ねることによって表現できる。よって，故障したのは緑色の懐中電灯だとわかる。

2 (1) 4階調 (2) 64色

解説 (1) nビットで表現できる階調は2^{n}階調である。
(2) 各色2ビットであるから，3色では2×3=6ビット。よって，$2^{6}=64$色である。

3 ア，ウ，エ

解説 画像の濃淡で画像を扱う方法は，ラスタ形式と呼ばれ，ペイント系ソフトウェアで画像を描く。一方，基本的な図形を使って画像を描き，その座標や使用する図形の指定などで記述する方法は，ベクタ形式と呼ばれ，ドロー系ソフトウェアで画像を描く。ドロー系ソフトウェアは，座標や数式を使って画像を直線や曲線などの組み合わせで表現しているので，理論的には拡大してもジャギーは発生しない。

4 ウ

解説 動画は，内容がわずかに異なる静止画の連続である。

21 情報のデジタル化(6) [p.46]

◆教科書の確認

1 ① ビット数 ② 256 ③ 3
④ 画素数 ⑤ フレームレート
⑥ 時間数(⑤と⑥は順不同)

2 ① BMP ② JPEG ③ GIF
④ PNG ⑤ 非可逆 ⑥ 可逆

3 ① 数字 ② ランレングス ③ 322
④ 75% ⑤ 圧縮後 ⑥ 圧縮前
⑦ 高

●練習問題

1 2.64MB

解説 静止画のデータ量は「1画素のデータ量×画素数」で求められるので，
24×1280×720=22118400[bit]
=2764800[B]=2700[KB]=2.6367…[MB]≒2.64[MB]

2 39.55GB

解説 静止画（１フレーム）のデータ量は，「１画素のデータ量×画素数」で求められるので，
24×1024×768=18874368[bit]
動画のデータ量は，「１フレームのデータ量×フレームレート×時間数」で求められるので，
18874368×60×5×60
=339738624000[bit]
=42467328000[B]=41472000[KB]
=40500[MB]=39.55078…[GB]
≒39.55[GB]

3 (1) ○ (2) × (3) × (4) ○
(5) ○

解説 JPEG形式は，Webページやデジタルカメラで利用される。24ビットフルカラーを扱えるが，非可逆圧縮である。
GIF形式は，Webページや簡単なアニメーションで利用される。256色しか表現できない。
PNG形式は，Webページで利用される。24ビットフルカラーを扱え，可逆圧縮である。

4 データ量：44ビット
圧縮率：68.8%

解説 図を分析すると，行の並びのパターンは３種類あることがわかる。それは，１行目のようにBが８つ並ぶパターン，３行目のようにBが２つ，Aが６つ並ぶパターン，４行目のようにBが５つ，Aが３つ並ぶパターンである。これらの表現は次のようになる。
Bが８つ並んでいるパターンは，最初のビットはBで始まるので１，続いてそれが８つ並ぶので，８－１=7→111，合わせて1111となり，データ量は４ビット。
Bが２つ，Aが６つ並ぶパターンは，Bが２つの部分は1001，Aが６つの部分は101,合わせて1001101となり７ビット。
Bが５つ，Aが３つ並ぶパターンは，Bが５つの部分は1100，Aが３つの部分は010，合わせて1100010となり７ビット。
これらより，４ビット×４行＋７ビット×２行＋７ビット×２行=44ビット
圧縮率は，圧縮前のデータが８ビット×８行=64ビットなので
44÷64×100=68.75
小数第２位を四捨五入して68.8%と求められる。

3章 章末問題 [p.48]

1

入力			出力	
A	B	Ci	C	S
0	0	0	0	0
0	0	1	0	1
0	1	0	0	1
0	1	1	1	0
1	0	0	0	1
1	0	1	1	0
1	1	0	1	0
1	1	1	1	1

解説 出力Sは，入力A，B，Ciの桁上げを無視した加算の結果となっている。また，出力Cは，入力A，B，Ciの桁上げの結果となっている。

2 ① $1101_{(2)}+0101_{(2)}=0010_{(2)}$
答え$0010_{(2)}$
② $1010_{(2)}+1111_{(2)}=1001_{(2)}$
答え$1001_{(2)}$
③ $1100_{(2)}+0110_{(2)}=0010_{(2)}$
答え$0010_{(2)}$

解説 引く数の２進数の補数を求め，引かれる数の２進数に足して桁上がりを無視すると，減算と同じ結果になる。

3 0100000110000000

解説 10進数の2.75を２進数の小数にすると
2.75=2+0.75
$=2^1\times1+2^0\times0+2^{-1}\times1+2^{-2}\times1$
$=10.11_{(2)}$
求めた２進数を浮動小数点数にすると
符号部：正なので0
指数部：1+15=16より10000
仮数部：011
以上より，0100000110000000

4 (1) 225KB (2) 23.2GB

解説 (1) 24[bit]×320×240
=1843200[bit]
=230400[B]=225[KB]
(2) 225[KB]×30[fps]×1×60×60[秒]
=24300000[KB]=23.17…[GB]

5 3200Hz

解説 もとのアナログ波形を構成する正弦波のうち，最も周波数の大きいものの2倍より大きい周波数で標本化すればもとの波形を再現できる。
1600×2=3200

4章 ネットワークとセキュリティ

22 情報通信ネットワーク(1) [p.50]

◆教科書の確認

1 ① 電話回線 ② 回線交換方式
③ パケット交換方式 ④ パケット
⑤ LAN ⑥ クライアント
⑦ サーバ
⑧ クライアントサーバシステム
⑨ WAN ⑩ インターネット

2 ① プロトコル ② TCP/IP
③ アプリケーション
④ トランスポート
⑤ インターネット ⑥ ネットワークインタフェース(リンク)
⑦ ドメイン名
⑧ トップレベルドメイン
⑨ ccTLD ⑩ gTLD
⑪ DNSサーバ
⑫ ルーティングテーブル

●練習問題

1 (1) イ (2) エ (3) ア (4) ウ
(5) オ

解説 光ファイバケーブルは，屋外から宅内など長距離の伝送に適している。ONU(光回線終端装置)は，光通信回線の光信号と電気信号を変換する。LANケーブルは，電気信号を伝送する。ルータは，LANとインターネットを接続し中継する。無線LAN対応のコンピュータがネットワークに接続するために，無線LANアクセスポイントが必要である。

2 (1) イ (2) ウ (3) ア (4) エ
(5) オ

解説 パケットのヘッダに記載された宛先となるコンピュータのIPアドレスに従ってルーティングを行い，そのパケットをやり取りするためのプロトコルをIPといい，データを正確に送受信するためのプロトコルをTCPという。インターネットはおもにこの二つのプロトコルを用いて通信を実現しており，合わせてTCP/IPと表す。

3 (1) 256 (2) グローバル (3) 128

解説 IPアドレスは，32bitの2進数を8bitずつドット(.)で区切り4つの10進数で表記する。よって，xの部分は8bitの2進数で表現されるため，その組み合わせは2^8=256通りである。

4 (1) 2 (2) 3 (3) ルータ2
(4) ルータ4 (5) E0 (6) E1
(7) 直接 (8) 1

解説 インタフェースはルータの出口，ゲートウェイは次のルータ，メトリックは最終的な宛先ネットワークまで到達するのにルーティングテーブルを所有しているルータ自身も含めて，いくつルータを経由するかを表す。

23 情報通信ネットワーク(2) [p.52]

◆教科書の確認

1 ① ワールドワイドウェブ ② HTTP
③ ハイパーテキスト ④ HTML
⑤ Webサーバ ⑥ ブラウザ
⑦ URL

2 ① メーラ ② ドメイン名
③ メールアドレス ④ SMTP
⑤ IMAPまたはPOP

3 ① ダウンロード ② bps
③ 1024 ④ 1000

4 ① データ量 ② 通信速度 ③ 圧縮
④ ZIP(①と②は順不同)

5 ① パスワード ② 暗号化

●練習問題

1 (1) ウ (2) ア (3) イ (4) ケ
(5) エ (6) オ (7) キ (8) ク
(9) カ

解説 DNSサーバは，問い合わせを受けたドメイン名からIPアドレスを通知する。
ルータは，ネットワーク上のパケットを中継する。
Webサーバは，閲覧の要求があったWebページのデータをクライアントへ送信する。

2 33.6秒

解説

＜情報量の単位＞

1(MB)=2^{20}(B)=1024×1024(B)

1(B)=8(bit)

＜データ転送速度の単位＞

1(Mbps)=1000(kbps)=1000×1000(bps)

＜データの転送時間＞

$$\text{データ量[bit]}\div\left(\text{転送速度[bps]}\times\frac{\text{転送効率[\%]}}{100}\right)$$

$$=512\times1024\times1024\times8\div\left(128\times1000\times1000\times\frac{100}{100}\right)$$

$$=33.554\cdots\fallingdotseq33.6\ (\text{秒})$$

3 62.5%

解説

$$\frac{\text{圧縮後のデータ量}}{\text{圧縮前のデータ量}}\times100=\frac{350}{560}\times100$$

$=62.5$ (%)

(考えてみよう)

解答例 データがパケットとしてやり取りされている点，ドメイン名で指定された送信先はDNSサーバを用いてIPアドレスに変換される点，パケットはルータを中継して目的のコンピュータに届けられる点　など

解説 インターネットではすべてのデータがパケットとしてやり取りされており，特定のコンピュータと送受信するために指定する宛先や送信元の情報は，IPアドレスで表されている。Webページのデータが入っているか，電子メールのデータが入っているかの違いはあるが，パケットによってデータが送受信される仕組みは共通である。

24 情報セキュリティ(1) [p.54]

◆教科書の確認

1 ① ユーザID ② パスワード

③ 認証

④ ソーシャルエンジニアリング

2 ① マルウェア ② ウイルス

③ トロイの木馬 ④ ワーム

⑤ ウイルス対策ソフトウェア

⑥ 定義ファイル

⑦ セキュリティパッチ

3 ① 出入口 ② ファイアウォール

4 ① サイバー犯罪

② 不正アクセス禁止法違反

③ コンピュータ・電磁的記録対象犯罪

④ ネットワーク利用犯罪

●練習問題

1 (1) SMS認証 (2) アドウェア

(3) クラッキング

(4) フィッシング詐欺

解説 (1) 電話の技術を用いて短いメッセージを送るサービスをSMS(ショートメッセージサービス)といい，このSMSを用いて本人確認を行うことをSMS認証という。

(3) ハッキングという言葉と混同される場合があるが，ハッキングはコンピュータに精通した人間による操作を指し，善悪の区別はない。

2 イ，エ，オ

解説 アはSNS(ソーシャルネットワーキングサービス)，ウはランサムウェアの説明となる。

3 (1) ア (2)

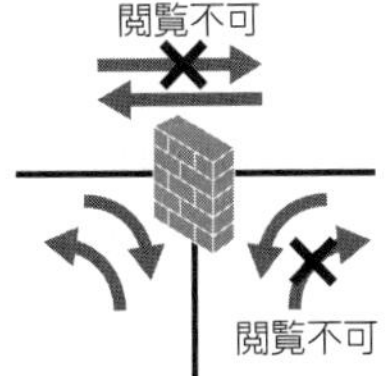

解説 ファイアウォールは，外部からの通信が内部に侵入することを防ぐ装置やソフトウェアである。

(考えてみよう)

解答例 一定の文字数の定形の部分と，利用するコンピュータやネットワークサービスごとの接頭語または接尾語を付けてパスワードを作成する。

解説 上記の例の場合，以下のようなパスワードを作成することができる。

定形部分　　　　：AbcDeF1234

サービスAの場合：AbcDef1234_A

サービスBの場合：AbcDef1234_B

25 情報セキュリティ(2) [p.56]

◆教科書の確認

1 ① 情報資産
② 情報セキュリティポリシー

2 ① アクセス権 ② アクセス制御

3 ① フィルタリング
② ブラックリスト方式
③ ホワイトリスト方式

4 ① ポート ② VLAN

5 ① 暗号化 ② 平文 ③ 暗号文
④ 復号 ⑤ 鍵 ⑥ 共通鍵暗号方式
⑦ 公開鍵 ⑧ 秘密鍵
⑨ 公開鍵暗号方式
⑩ セッション鍵方式

●練習問題

1 (1) ウ (2) ア (3) イ

2 共通鍵暗号方式：ア，エ
公開鍵暗号方式：イ，ウ

解説 共通鍵暗号方式は，暗号化と復号に同じ鍵を使用し，公開鍵暗号方式と比べて処理速度が速いが，共通鍵を対象に渡す過程で鍵を他者に複製される危険性があるなどの特徴がある。
公開鍵暗号方式は，ネットワーク上に公開した公開鍵を使って相手に暗号化してもらい，復号には自分だけがもつ鍵(秘密鍵)を使用する。この方式は，対象が多くても秘密鍵は1つなので，鍵の管理が容易であるなどの特徴がある。
セッション鍵方式は，二つの暗号方式のよさを合わせ，平文を共通鍵で暗号化し，共通鍵を公開鍵で暗号化するという手法である。

3 文字数：4文字
メッセージ：I HAVE A KEY

解説 英文の文頭の1文字や文中の1文字がIやAなどと推測し，何文字ずらすか当たりを付けて試行することで解読することができる。

4 (1) ク (2) イ (3) エ (4) キ
(5) イ (6) ケ (7) ア (8) エ
(9) オ

解説 公開鍵暗号方式は，送信者が受信者の公開鍵で平文を暗号化し，受信者が自分だけがもつ秘密鍵で復号する方式である。

(考えてみよう)

解答例 共通鍵暗号方式は，送信者と受信者が同じ鍵を使用する必要があるため，鍵穴が付いた箱で表現されている。
公開鍵暗号方式は，送信者は受信者が作成した公開鍵で暗号化し，受信者は秘密鍵で復号する。図において，公開鍵は南京錠で表され，秘密鍵は南京錠を開ける鍵として表されている。送信者は受信者から受け取った南京錠で箱を施錠し，受信者は自分だけがもっている南京錠とセットの鍵を使用して箱を開ける。

26 情報セキュリティ(3) [p.58]

◆教科書の確認

1 ① デジタル署名 ② 秘密鍵
③ 公開鍵 ④ 電子証明書
⑤ 認証局 ⑥ 電子認証

2 ① SSL/TLS ② HTTPS
③ セッション鍵方式
④ Webサーバ ⑤ ブラウザ

3 ① 著作権者 ② 電子すかし

4 ① ビット ② 誤り検出符号

●練習問題

1 (1) イ (2) ア (3) エ (4) ア
(5) オ (6) ケ (7) キ (8) タ
(9) ス (10) ソ

解説 送信者は平文，デジタル署名(平文から作成した要約文を自身の秘密鍵で暗号化したもの)を受信者に送信する。
受信者は，平文から得られた要約文と送信者から送られた公開鍵およびデジタル署名の3つから，その文書が本人からのものかどうか確認することができる。また，デジタル署名が本人のものかを，信頼できる認証局が証明する技術を電子認証という。受信者は送信者から送られた電子証明書(送信者の公開鍵を認証局へ登録した際に発行されるデータ)が有効であるかを認証局へ照会する。

2 イ，エ，オ

解説 ア．平文から要約文を作成することはできても，要約文から平文に戻すことは困難である。
ウ．SSL/TLSでは，Webページのデータは共通鍵暗号方式で暗号化され，共通鍵のやり取りに公開鍵暗号方式が用いられている。

3 (1) 0 (2) 1 (3) 0

解説 それぞれ1の数の合計が偶数個になるようパリティビットの値を設定する。

4章 章末問題 [p.60]

1 回線交換方式：ア，ウ
パケット交換方式：エ，オ
どちらでもない：イ

解説 回線交換方式は，従来のデータ通信や電話回線などで利用されている通信方式で，接続が終了するまで，通信中の利用者どうしが回線を占有するため，その間にそのほかの利用者が回線を使用することはできない。
パケット交換方式は，LANやインターネットで利用されている通信方式で，データはパケットと呼ばれる一定の大きさのデータに分割して送信され，ルータによって経路選択され目的の送信先へ届けられる。異なる宛先のパケットを同じ回線に混在させて流すことができるため，複数の利用者で1つの回線を共有することができる。

2 (1) 210.136.96.36
(2) www.shugiin.go.jp (3) ウ

解説 (1) 8ビットずつ10進数に変換すると

$11010010_{(2)}=1\times2^7+1\times2^6+0\times2^5+1\times2^4+0\times2^3+0\times2^2+1\times2^1+0\times2^0=210_{(10)}$

$10001000_{(2)}=1\times2^7+0\times2^6+0\times2^5+0\times2^4+1\times2^3+0\times2^2+0\times2^1+0\times2^0=136_{(10)}$

$01100000_{(2)}=0\times2^7+1\times2^6+1\times2^5+0\times2^4+0\times2^3+0\times2^2+0\times2^1+0\times2^0=96_{(10)}$

$00100100_{(2)}=0\times2^7+0\times2^6+1\times2^5+0\times2^4+0\times2^3+1\times2^2+0\times2^1+0\times2^0=36_{(10)}$

(2) 【表】から，(1)で求めたIPアドレスに対応するドメイン名を参照する。
(3) 【表】のトップレベルドメインは，アとエのjpは日本に割り当てられたccTLD，イのauはオーストラリアに割り当てられたccTLD，ウのorgは国に関係なく非営利組織に割り当てられるgTLDである。

3 (1) HTTP (2) SMTP

解説 (1) Webページは，ハイパーテキスト(Hyper Text)形式で記述されており，この形式のデータを送受信するためのプロトコルがHTTP(Hyper Text Transfer Protocol)である。
(2) メールを送信する際に用いるプロトコルがSMTP(Simple Mail Transfer Protocol)，メールの受信の際に用いるプロトコルがIMAP(Internet Message Access Protocol)である。

4 104.8秒

解説
<情報量の単位>
$1(\mathrm{GB})=2^{30}(\mathrm{B})$
$=1024\times1024\times1024(\mathrm{B})$
$1(\mathrm{B})=8(\mathrm{bit})$
<データ転送速度の単位>
$1(\mathrm{Gbps})=1000\times1000\times1000(\mathrm{bps})$
<データの転送時間>

$$=\text{データ量}[\mathrm{bit}]\div\left(\text{転送速度}[\mathrm{bps}]\times\frac{\text{転送効率}[\%]}{100}\right)$$

$$=25\times1024\times1024\times1024\times8\div\left(4.1\times1000\times1000\times1000\times\frac{50}{100}\right)$$

$$=104.755\cdots\fallingdotseq104.8\text{秒}$$

5 例：ウイルスの特徴を収録した定義ファイルを自動的に更新するように設定すること。

解説 日々新たなウイルスが出現しているため，定義ファイルが古いままだと，最新のウイルスを検知・駆除することができない。そのため，ウイルス対策ソフトウェアを有効に機能させ続けるために，定義ファイルを常に最新の状態に保つことが重要である。

6 (1) 鍵A：(ア)(ウ)，鍵B：(イ)(エ)，鍵C：(イ)(オ)
(2) データ量の多い平文の暗号化・復号に処理速度の速い共通鍵暗号方式を用い，鍵のやり取りに安全性の高い公開鍵暗号方式を用いることで，高速かつ安全にデータを送受信できる。

解説 セッション鍵暗号方式は，一般的に共通鍵に対してデータサイズの大きい平文を処理速度の速い共通鍵暗号方式で暗号化・復号し，データサイズの小さい共通鍵を安全性の高い公開鍵暗号方式で暗号化・復号する方式である。SSL/TLSでは，Webページ上のデータを送信者の共通鍵で暗号化し，この時使用する共通鍵を受信者の公開鍵で暗号化する。受信者は，自身の秘密鍵で暗号化された共通鍵を復号し，この共通鍵で暗号化されたWebページのデータを復号する。

7 いえない
理由：偶数個のビットに誤りが発生した場合，1の数は偶数個になってしまい，1の数が偶数個のデータを受け取っても一切誤りがなかったといい切ることはできないため。

解説 受信データは10101111であり，1の個数が偶数個であるため，誤りとして検出することはできない。しかし，1の数が偶数個か奇数個かでのみ判断するため，例えばもとのデータが01011111で2ビット反転して受信した場合や，もとのデータが10100000で4ビット反転して受信した場合などの可能性が排除できない。複数個のビットの逆転を検出するためには，パリティビットの桁数を増やすなど，より複雑な方法を用いる必要がある。

5章 問題解決とその方法

27 問題解決(1) [p.62]

◆教科書の確認

1 ① 問題 ② 発見 ③ 明確化
④ 検討 ⑤ 決定 ⑥ 実施 ⑦評価

2 ① 発見 ② 調査データ
③ ブレーンストーミング

3 ① 明確化 ② 目的 ③ 目標
④ 最終到達点 ⑤ 手段
⑥ 制約条件 ⑦ 共有

●練習問題

1 (1) ア (2) オ (3) イ (4) エ
(5) ウ

解説 問題解決の手順はア→イ→ウ→エ→オである。

2 ア，イ，ウ，キ

解説 エ．受け入れられるアイデアよりも量を重視する。
オ．質より量を重視する。
カ．突拍子もないアイデアを歓迎する。
ク．他人のアイデアを流用し，変化させることで，新たなアイデアを生み出す。

3 ウ，オ，キ

解説 ブレーンストーミングのルールで，出されたアイデアを批判してはいけない。
ウ．アの「なるべくたくさんの観光スポットに行く」というアイデアを批判している。
オ．エの「市内周遊バスを利用する」というアイデアを批判している。
キ．カの「タクシーを利用する」というアイデアを批判している。

28 問題解決(2) [p.64]

◆教科書の確認

1 ① 情報収集 ② フィールドワーク
③ 検索サイト ④ 論理演算

2 ① フォルダ ② 階層構造
③ アクセス権
④ 表計算ソフトウェア

3 ① メリット・デメリット表
② トレードオフ ③ ガントチャート
④ 合意形成 ⑤ テレビ会議システム

4 ① 自己評価 ② 相互評価
③ 外部評価

●練習問題

1 (1) × (2) ○ (3) ○ (4) ×

解説 (1) 書籍や図書館の利用，フィールドワークによる調査も重要な情報収集の1つである。
(4) 最終的な意思決定の際には，実際に会って話し合ったり，テレビ会議システムを利用したりするなど，同期型のコミュニケーション手段を用いた方が適切な判断ができることが多い。

2 ウ

解説 ア．キーワードを1つに絞ると検索結果が大量に表示され，目的のWebページが上位に表示されないことがある。

イ．引用は必要最小限の範囲にとどめ，文章のメインとなってはいけない。
ウ．すべての情報が正しいとは限らないため，得られた情報とほかの方法から得られた別の情報とを照らし合わせ，その信憑性を確認する必要がある。

3 ア，ウ

解説 ガントチャートは，作業計画を視覚的に表現するために用いられる。縦軸に作業内容，横軸に時間（日付など）を配置する。
イ．作業の前後関係は記さないため，同一の日程であると順序関係はわからない。
エ．重要度は示されさないため，どの工程が重要かはわからない。

（考えてみよう）

解説 学校や自宅のパソコンのフォルダ構造は，目的のファイルが見つけやすく整理されているだろうか。年や月ごとに分ける方法や種類ごとに分ける方法などがあるが，使用者の使用状況に応じて構成する必要がある。

29 データの活用(1) [p.66]

◆教科書の確認

1 ① 信憑性 ② オープンデータ
③ サンプリング

2 ① 尺度水準 ② 比例尺度
③ 間隔尺度 ④ 量的データ
⑤ 順序尺度 ⑥ 名義尺度
⑦ 質的データ
⑧ コーディング ⑨ 外れ値
⑩ 欠損値
（⑤・⑥／⑨・⑩順不同）

3 ① 表計算ソフトウェア ② 関数
③ ＊ ④ ／ ⑤ 相対参照
⑥ 絶対参照 ⑦ SUM関数
⑧ 引数 ⑨ 基本統計量
（⑤・⑥順不同）

●練習問題

1 (1) 【性質】ア 【例】c (2) 【性質】イ 【例】b (3) 【性質】エ 【例】a
(4) 【性質】ウ 【例】d

解説 a．長さは原点が定まっており，間隔にも比率にも意味があるため，比例尺度である。
b．震度は，順序には意味があるが，震度3や震度4という数値には意味をもたないため，順序尺度である。
c．西暦は，目盛りが等間隔になっているが，比率には意味がないため，間隔尺度である。
d．血液型は，分類や区別のために名前や特性で表したものなので，名義尺度である。

2 (1) ア．MAX関数 イ．MIN関数
ウ．AVERAGE関数
エ．MEDIAN関数
オ．MODE.SNGL関数
カ．VAR.P関数 キ．STDEV.P関数
(2) ③ (3) Cさん

解説 (3) 分散や標準偏差が大きいと，データのばらつきが大きいということであるため，Cさんのばらつきが一番大きい。

3 =B2*(1+$C$6) [=B2*(1+C$6)でも可]

解説 =B2*(1+C6)とすると，コピーをした際に，=B3*(1+C7)，=B4*(1+C8)…とセル番地がずれるため，正しい結果が出せない。
セル番地を固定するために，行と列（列Cには付けずC$6としてもよい）の前に$を付けて$C$6とする。

（調べてみよう）

(1) SQRT関数など
(2) RANK関数などがある。教科書巻末⑫に「教科書で取り上げる表計算ソフトウェアの関数」が掲載されている。これ以外にも，さまざまな関数が用意されている。

30 データの活用(2) [p.68]

◆教科書の確認

1 ① 折れ線グラフ ② 時間
③ 棒グラフ ④ 円グラフ
⑤ レーダーチャート ⑥ 散布図
⑦ 相関の強さ ⑧ バブルチャート
⑨ ヒストグラム ⑩ 箱ひげ図

●練習問題

1 (1) ［名称］散布図
［特徴］カ ［用途］d
(2) ［名称］レーダーチャート
［特徴］オ ［用途］e

(3) [名称] 円グラフ
[特徴] エ [用途] f
(4) [名称] 棒グラフ
[特徴] ア [用途] a
(5) [名称] 積み上げ棒グラフ
[特徴] キ [用途] b
(6) [名称] 折れ線グラフ
[特徴] ウ [用途] c
(7) [名称] バブルチャート
[特徴] イ [用途] g
(8) [名称] ヒストグラム
[特徴] ク [用途] h

解説 aは，各月の降水量を比較することから，(4)棒グラフが適当である。
bは，各月の降水量とその総和である年間降水量を表すことから，(5)積み上げ棒グラフが適当である。
cは，平均気温の時間的な推移を表すことから，(6)折れ線グラフが適当である。
dのように，相関を表すためには，(1)散布図が適当である。
eは，性能を確認するための各項目の優劣を比較するとともに，総合的な評価を見ることから，(2)レーダーチャートが適当である。
fは，日本全体に占める各地域の面積の割合を表すことから，(3)円グラフが適当である。
gは，3つの項目の比較をしているため，(7)バブルチャートが適当である。
hは，小テストの各階級（点数）に応じた度数を表し，データの分布を表すため，(8)ヒストグラムが適当である。

2 イ，ウ

解説 グラフを作成する際の注意点
・グラフには，グラフタイトル，軸ラベル，凡例を入れる
・軸ラベルには単位を入れる
・縦軸ラベルは，縦軸に対して左90度傾けて表示する
また，目的によってグラフを使い分ける必要がある。

31 データの活用(3) [p.70]

◆教科書の確認

1 ① 単純集計 ② クロス集計
③ 単純集計表 ④ クロス集計表

2 ① 相関関係 ② 相関 ③ 相関係数

3 ① 因果関係 ② 相関関係 ③ 回帰
④ 回帰分析 ⑤ 線形回帰
⑥ 回帰直線 ⑦ 単回帰分析
⑧ 決定係数 ⑨ 交絡因子

●練習問題

1 (1) イ (2) ウ (3) CORREL関数
(4) 0.6142℃

解説 (1)(2)点の分布が直線的になっているため，強い正の相関がある。相関係数は－1から1の間を取り，絶対値が1に近いほど相関関係が強い。1はすべての点が直線上にある状態である。
(4) $y=0.0081x-2.9498$ の x が CO_2 濃度を表すため，$x=440$ を代入すると，
$y=0.0081\times 440-2.9498=0.6142$℃

2 ウ

解説 例えば，回帰直線に近い点である2点(300,154)，(650,280)により傾き a のおおよその値を考える。傾き a は，
$(280-154)\div(650-300)\fallingdotseq 0.36$
y 切片の値である b は，回帰直線をのばして縦軸との交点を考えると b はおおよそ50となる。

32 データの活用(4) [p.72]

◆教科書の確認

1 ① データベース
② データベース管理システム
③ 一貫性 ④ 整合性 ⑤ 独立性
⑥ 機密性 ⑦ 可用性

2 ① リレーショナルデータベース
② 主キー ③ 複合キー
④ 外部キー ⑤ 結合 ⑥ 選択
⑦ 射影

3 ① データモデル ② NoSQL
③ キー・バリュー ④ カラム指向
⑤ グラフ指向 ⑥ スケールアウト

●練習問題

1 (1) ア (2) エ (3) イ (4) ウ

解説 表をテーブル，行をレコード，列をフィールドという。

2 (1) 【操作】ウ 【名称】エ
(2) 【操作】イ 【名称】オ
(3) 【操作】ア 【名称】カ

解説 (1) 書籍表から書籍番号と著者名の列だけを取り出しているため，射影で

ある。

(2)　書籍表から分類コードが910である行を取り出しているため，選択である。

(3)　書籍表と分類表とを分類コードで関連付けて１つの表にしているため，結合である。

(考えてみよう)

解答例　データベースが使われている場面は，大規模のものから小規模のものまで多岐にわたる。

「図書館の蔵書管理」「宿泊の部屋の予約状況」「SNSのテキストデータ」「電子カルテ」など

33 モデル化(1) [p.74]

◆教科書の確認

1　① 特徴　② 単純化
③ シミュレーション

2　① 縮尺　② 数式　③ 図的
④ 動的　⑤ 静的　⑥ 確定的
⑦ 確率的

3　① 目的　② 構造　③ 数式

4　① 蓄積量　② 変化の速さ　③ 要素
④ もの　⑤ 情報の流れ

●練習問題

1　(1) ウ　(2) イ　(3) ア　(4) ウ
(5) イ　(6) ウ　(7) ア　(8) ア

2　(1) ア　(2) イ　(3) ウ　(4) イ
(5) ウ

3　(1) ○　(2) ×　(3) ○　(4) ○

解説　(2)の動的モデルは時間とともに変化する対象を扱う。

34 モデル化(2) [p.76]

◆教科書の確認

1　① 要素　② 仮定

2　① 現在の水量　② 流入速度
③ 時間間隔（②と③は順不同）

3　① 比例

4　① 温度差　② 温度変化率
③ 設定温度　④ 時間間隔

5　① 感染者数　② 前日

●練習問題

1　(1) ア．流入速度　イ．水量　(2)41kL

解説　(2)　変化後の水量
＝最初の水量＋流入速度×時間
=1［kL］+5［kL／時］×8［時間］=41kL

2　(1)　ア．増加速度　イ．害虫の数
(2)　ウ．増加速度　エ．現在の害虫の数

3　ア．温度差　イ．温度変化率
ウ．設定温度　エ．現在の水温

(試してみよう)

シミュレーション結果は，下の表のようになる。グラフ化したものは，下のグラフのようになる。

経過時間［分］	温度［℃］	経過時間［分］	温度［℃］
0.0	10.0	8.0	99.7
0.5	37.0	8.5	99.8
1.0	55.9	9.0	99.9
1.5	69.1	9.5	99.9
2.0	78.4	10.0	99.9
2.5	84.9	10.5	99.9
3.0	89.4	11.0	100.0
3.5	92.6	11.5	100.0
4.0	94.8	12.0	100.0
4.5	96.4	12.5	100.0
5.0	97.5	13.0	100.0
5.5	98.2	13.5	100.0
6.0	98.8	14.0	100.0
6.5	99.1	14.5	100.0
7.0	99.4	15.0	100.0
7.5	99.6		

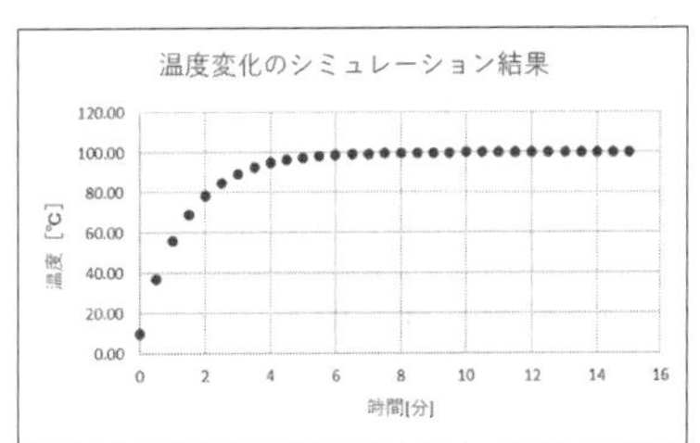

35 シミュレーション(1) [p.78]

◆教科書の確認

1　① シミュレーション　② 要素
③ 検討　④ 正確性　⑤ 明確化
⑥ 分析

2　① モンテカルロ法　②　1／6

●練習問題

1　(1)　イ→ウ→ア→オ→エ　(A)　4n/N
(2)　3.1416

解説　(2)　4×7854／10000=3.1416

2　(1)　ア．0.160　イ．0.480
ウ．0.320　エ．0.479　オ．0.150
カ．0.630　キ．0.480　ク．0.629
ケ．0.160　コ．0.790　サ．0.630
シ．0.789　ス．0.210　セ．0.790
(2)　① ×　② ○　③ ×

解説　(2)①　明らかに異なっている。
②　自作サイコロの３の出る確率は

0.160，５の出る確率は0.160である。理想的なサイコロの目が出る確率は0.166…であるため自作サイコロとの誤差は0.166…－0.160=0.006…となり誤差１％(0.01)以内となっている。

③　自作サイコロの２の出る確率は0.190，６の出る確率は0.210であるため，理想的なサイコロの目が確率0.166…と比べて出にくいわけではない。

36 シミュレーション(2)

[p.80]

◆教科書の確認

1 ①　シミュレーション　②　累積確率　③　到着　④　終了

2 ①　モデル化　②　乱数　③　サービス時間　④　到着時刻　⑤　5　⑥　待ち　⑦　30　⑧　60　⑨　25　⑩　人数

●練習問題

1 ア．0.260　イ．0.640　ウ．0.820　エ．0.940　オ．0.980　カ．1.000

2 (1)　25秒　(2)　ア．30　イ．60　ウ．60　エ．0　オ．95　カ．125　キ．100　ク．125　ケ．155　コ．25　a．待ち　b．あき　c．あき　d．待ち　(3)　④

解説　(1)　累積確率との比較により求める。

(2)　到着時刻は，到着間隔の累積となる。到着時点で直前の客のサービスが終了していればレジは「あき」，そうでなければ「待ち」となる。サービス開始時刻は，レジが「あき」なら到着時刻，そうでなければ直前の客のサービス終了時刻となる。サービス終了時刻は，サービス開始時刻の30秒後である。待ち時間は，到着時刻からサービス開始時刻までの時間間隔である。

(3)　①は(2)のケより，155秒で終了しているため，間違いである。

②は客３と客４の間に５秒間の空きがあるため，間違いである。

③は客２の25～30秒，客５の100～125秒での１人が最大であるため，間違いである。

⑤は客２の５秒間，客５の25秒間で，のべ30秒間であるため，間違いである。

5章 章末問題

[p.82]

1 (1)　グラフ：折れ線グラフ
横軸：月日　縦軸：最高気温

(2)　グラフ：散布図
横軸：最高気温　縦軸：売り上げ数

(3)

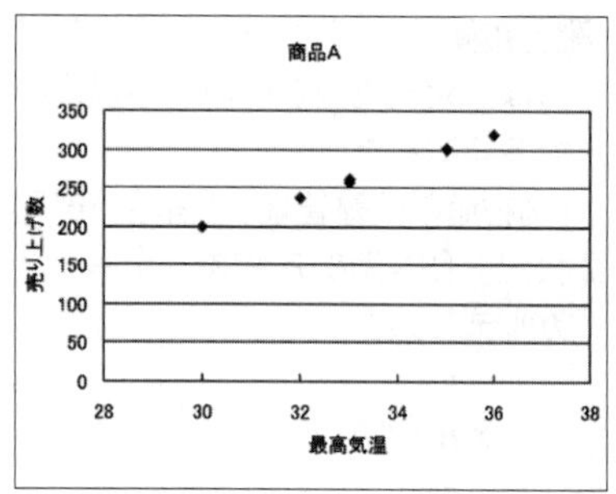

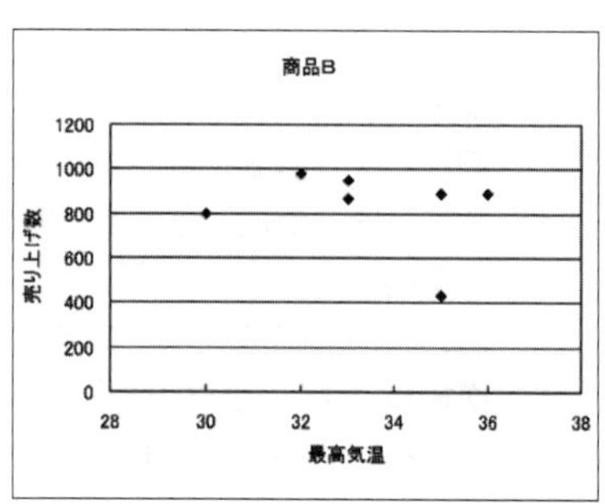

(4)　A　(5)　【適するもの】中央値
【理由】売り上げ数が，ほかの日と比べて極端に少ない日があるから。

解説　(1)　最高気温の時間的な推移を表すには，折れ線グラフが適当である。

(2)　最高気温と商品Aの売り上げの相関を表すには，散布図が適当である。

(3)　グラフは解答の通りである。

(4)　商品A，Bと最高気温との関係の相関図は(3)のようになる。このグラフから，商品Aの売り上げ数の方が商品Bよりも最高気温との相関が大きいことがわかる。

2 (1)　ウ　(2)　エ　(3)　イ　(4)　ア

解説　本文において，蓄積量は落下速度なので，(4)はアである。蓄積量に対する変化量は加速度になるので，(3)はイである。加速度に影響を与える要素には重力と空気抵抗があるが，このうち落下速度により値が変わるものは，空気抵抗である。よって，(2)がエ，残る(1)がウとなる。

3 (1)

売り上げ(個/日)	度数(日)	確率	累積確率
0	3	0.03	0.03
1	8	0.08	0.11
2	13	0.13	0.24
3	18	0.18	0.42
4	27	0.27	0.69
5	20	0.20	0.89
6	11	0.11	1.00
7以上	0	0.00	1.00
合計	100		1.00

(2)

	①	②	③	④	⑤
乱数	0.161	0.323	0.922	0.012	0.664
売上数	2	3	6	0	4

	⑥	⑦	⑧	⑨	⑩
乱数	0.008	0.568	0.395	0.392	0.445
売上数	0	4	3	3	4

解説 モンテカルロ法でシミュレーションする手順は，以下の通りである。

1．各度数を合計で割り，確率を求める。
2．確率から累積確率を求める。
3．累積確率をもとに，0以上1未満の乱数を割り振る。
4．乱数を10個発生させ，累積確率の範囲に当てはめる。
5．取り出した10個の値が10日間の売上の数に対応する。

4 (1) 結合

(2) **(解答例)**

・リレーショナルデータベースを用いることで入力の無駄を省くことができる
・複数のパソコンでデータを共有，操作しても矛盾が生じない
・データの重複を避けることができる
・さまざまな障害に備えて，バックアップやリカバリがある　など

解説 (1) 複数の表で共通するキーにより項目を結び付け，1つの表として表示する操作を結合という。

6章 アルゴリズムとプログラム

37 プログラミングの方法(1) [p.84]

◆**教科書の確認**

1 ① アルゴリズム ② 定式化 ③ 式
④ コンピュータ ⑤ プログラム
⑥ 高速

2 ① フローチャート
② アクティビティ図 ③ 機器
④ 状態遷移図

3 ① 基本制御構造 ② 直線的
③ 処理1 ④ 処理2 ⑤ 条件
⑥ 処理1 ⑦ No ⑧ 処理2
⑨ 判定条件 ⑩ 繰り返し
⑪ 論理式 ⑫ 回数

●**練習問題**

1 ① エ ② カ ③ イ ④ ケ
⑤ ク ⑥ オ ⑦ ア ⑧ ウ
⑨ キ

解説 教科書p.163表1を参照。

2 ① オ ② エ ③ イ

解説 投入金額が不足しているかどうかのチェックでは，条件がYesの場合に飲料水を出す処理に向かう処理の流れになっているため，「投入金額が足りている」が条件となる。釣銭が必要かどうかのチェックでは，条件がYesの場合に釣銭を出す処理を行う流れになっているため，「釣銭が必要」が条件となる。

(考えてみよう)

解答例

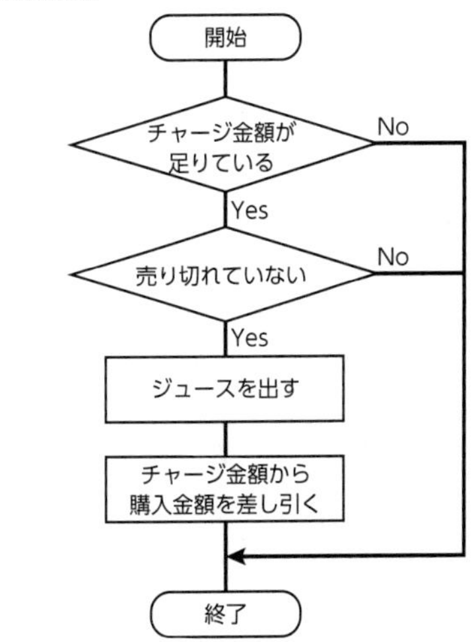

解説 ICカードで購入する場合は，釣銭の処理が必要ない。その代わり，購入金額をチャージ金額から差し引く処理が必要となる。

38 プログラミングの方法(2) [p.86]

◆**教科書の確認**

1 ① 設計 ② コーディング
③ テスト ④ プログラミング言語
⑤ アルゴリズム ⑥ フローチャート
⑦ 速度 ⑧ 無駄

2 ① 機械語 ② 0と1 ③ 英数字
④ アセンブリ言語 ⑤ 低水準言語
⑥ 高水準言語 ⑦ 翻訳 ⑧ 実行前
⑨ コンパイラ言語
⑩ インタプリタ言語 ⑪ 構造
⑫ 手続き型 ⑬ オブジェクト指向型
⑭ 関数型 ⑮ 目的

●練習問題

1 イ，ウ，カ

解説 ア．実際にプログラミング言語を用いてプログラムを作成するのは，コーディングの手順である。
エ．テストの手順では，プログラムが動作する速度についても点検する。また，プログラムの目的によっては，使いやすさも点検する。
オ．テストの手順の後も，実際に使用する中で新たに発見されたバグや，ユーザからの改善要望に対応するため，プログラムの修正を引き続き行っていくことが一般的である。

2 (1) オ (2) キ (3) カ (4) ウ
(5) ケ (6) ク (7) イ

解説 教科書p.167を参照。

39 プログラミングの実践(1) [p.88]

◆教科書の確認

1 ① 変数 ② 変数名 ③ 型
④ 代入

2 ① 制御文 ② 条件 ③ 処理1
④ 処理2 ⑤ 省略

3 ① 初期値 ② 終了値 ③ 1
④ 条件 ⑤ いない

4 ① 配列 ② 要素 ③ 配列名
④ 添字

●練習問題

1 ① イ ② キ ③ エ ④ ク
⑤ ケ ⑥ オ

解説 ① 変数の宣言にはDimを使用する。
② 代入には，「=」(イコール)を使用する。
⑤ 掛け算の演算子は，「*」である。
⑥ 割り算の演算子は，「/」である。

2 (1) ① オ ② ク ③ イ ④ ア
⑤ ウ
(2) ① 0 ② 0 ③ 1 ④ 1

解説 (1) ①② 選択構造には，IfとThenを使用する。
③ 条件が成り立たない場合の処理を記述するためには，Elseを使用する。
④ 選択構造の終わりには，End Ifを記述する。
(2) ①② 得点が50未満の場合は，If文の条件が成り立たないため，Elseの後の処理が実行され，出力される値は0となる。
③④ 得点が50以上の場合は，条件が成り立つためThenの後の処理が実行され，出力される値は1となる。

40 プログラミングの実践(2) [p.90]

◆教科書の確認

1 ① 規模 ② 修正 ③ 関数
④ 引数 ⑤ 戻り値 ⑥ 呼び出

2 ① 作成者 ② ユーザ定義関数
③ ローカル ④ グローバル

3 ① 探索 ② 最初 ③ 線形探索

4 ① コメント ② 注釈 ③ 実行

●練習問題

1 ① カ ② ア ③ イ ④ エ
⑤ ケ ⑥ カ ⑦ キ ⑧ ク

解説 ①②④ 関数の定義は，「Function 関数名(引数名As引数の型)As戻り値の型」の形式で行う。ここから，引数名はradiusである。また，戻り値の型は実数(Double)である。
③ 円の面積を求める関数であるため，戻り値の意味は円の面積である。
⑤ 5行目の円の面積の計算式に変数piを利用しているため，その前に変数piに円周率(3.14)を代入する。
⑥ 円の面積=円周率×半径×半径であるため，変数radiusが入る。
⑦⑧ 戻り値の指定は，「関数名=戻り値」の形で記述する。

2 ① エ ② オ ③ ア ④ カ
⑤ ウ

解説 ① このプログラムでは，変数flagを用いて繰り返しを継続するかどうかを管理している。変数flagの値が1の間は繰り返し，0になると繰り返しが終了となる。
② この選択構造では，探索する値がセ

ルの値と一致しているかどうかを判定する。
③　探索する値とセルの値が一致した場合に実行する処理であるため，戻り値「あり」を返す。
④　iが10より大きな数になった場合，セルA1～A10の中には探索する値のデータがなかったことを意味する。そのため，i>10を判定条件とする。
⑤　繰り返しを終了させるため，変数flagの値を0とする。

(考えてみよう)

解答例

・関数のテストをたくさん行わなくてすむ
・後から変更を行う場合に，変更する箇所が少なくてすむ
・プログラムを短くすることができるため，読みやすい

解説 同じ処理を複数の箇所で行う必要がある時に，関数としてまとめて記述する場合と複数の箇所にそれぞれ記述する場合を比較すると意義がわかりやすい。テストを行う時に，関数を使用している場合はその関数をテストすればよいが，複数の箇所に記述していると，それぞれテストを行う必要がある。後からプログラムの変更が必要となった場合も，関数を使用するとその関数だけ変更すればよいが，複数の箇所に記述していると，それぞれ変更する必要がある。

41 プログラミングの実践(3) [p.92]

◆教科書の確認

1 ①　二分探索　②　整列　③　半分

2 ①　整列　②　バブルソート

3 ①　計算量　②　増え　③　変化
④　緩やか　⑤　比例　⑥　$\log_2 N$
⑦　整列

●練習問題

1 (1) ①　a(4)　②　52　③　a(1)
④　a(3)　⑤　a(2)　⑥　23
⑦　後ろ　⑧　a(3)　⑨　a(3)
⑩　46
(2)　3回

解説 (1)　教科書p.175を参照。
(2)　探索に必要な繰り返しの回数は，探索する値が14の場合は3回，23の場合は2回，以降は順に3回，1回，3回，2回，3回となる。

2 ①　キ　②　ク　③　オ　④　ウ
⑤　エ　⑥　ア

解説 ①　このプログラムは，最初に一番大きいデータの位置をセルA10に確定させ，次に二番目に大きいデータの位置をセルA9に確定させる，というバブルソートのアルゴリズムで整列している。制御変数iの繰り返しは，データの位置をどのセルに確定させるかを管理するため，9から1まで順に1ずつ減らす繰り返しとなる。1ずつ減らすためには，stepに−1を指定する。
②　昇順に整列しているため，例えば，セルA1の値>セルA2の値，となっている場合に入れ替える必要がある。
③④⑤　セルや変数に格納されているデータの入れ替えを行う場合は，一時的に別な変数に値を格納する必要がある。

6章 章末問題 [p.94]

1 ①　5　②　8　③　11　④　14
⑤　17

解説 ①　3行目でa(1)に5を代入している。
②　For文はiが2から5まで繰り返している。i=2の時に，a(2)にa(1)+3が代入されるため，a(2)は8となる。i=3以降は，1つ添字が小さい要素に3を加えた値が，a(5)まで代入されていく。

2 (1) ①　イ　②　ア
(2) ①　0　②　0　③　0　④　0
⑤　1　⑥　0　⑦　1　⑧　1
⑨　1　⑩　0　⑪　1　⑫　0
⑬　1　⑭　1　⑮　1　⑯　1

解説 (1)　①余りを求める演算子はModである。
②Int関数は，引数で指定した数値を超えない最大の整数を返す関数である。
(2)　変換する数が11のときは，次の処理となる。
i=0のとき，変数dに格納されている11を2で割った余りである1がa(0)に代入される。dには，11を2で割った商の整数部分である5が代入される。i=1

のとき，変数dに格納されている5を2で割った余りである1がa(1)に代入される。dには2が代入される。これをi=7まで繰り返す。

3 ① カ ② イ ③ オ ④ エ ⑤ オ

解説 ① 変数flagの値が1の時に繰り返しを継続するため，最初に変数flagに1を代入する。

② 素数かどうか判定するためには，最初に2で割り切れるかどうか判定する。

③ 変数flagの値が1の時に繰り返しを継続するため，flagに1以外の値を代入する。

④ 変数iに1加算するときは，i=i+1と記述する。

4 ア．58 イ．91 ウ．15 エ．91 オ．80 カ．91 キ．34 ク．91 ケ．15 コ．58 サ．58 シ．80 ス．34 セ．80 ソ．15 タ．58 チ．34 ツ．58

実習問題

実習01 情報デザインの実践(1) [p.96]

1 ❶(解答例) 私のお気に入り『オカリナ』

❷(解答例) ページデザイン

素朴な音色　オカリナ

オカリナの写真

オカリナの音色

ミニコンサートの映像

(ひとこと紹介)

オカリナの素朴でまろやかな音色が気に入っています。オカリナ同好会に所属し，学園祭で演奏したり昼休みのミニコンサートを催したりしています。

❸❹(作品例)

素朴な音色　オカリナ

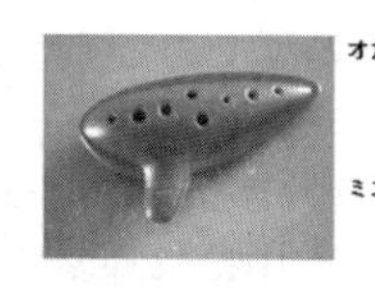

オカリナの音色

ミニコンサートの映像

(ひとこと紹介)

オカリナの素朴でまろやかな音色が気に入っています。オカリナ同好会に所属し、学園祭で演奏したり昼休みのミニコンサートを催しています。

解説 制作の手順

(1) 紹介するテーマを決める。

(2) ページデザインを手書きする。

(3) ページの形式を設定する。

用紙サイズ，用紙の向き(横・縦)，1行の文字数，行数，余白(上下左右)，フォント，文字の大きさ

(4) 画像を取り込む。

スキャナで写真をコンピュータに取り込む。デジタルカメラ，ビデオカメラ，スマートフォンなどで撮影し，画像をコンピュータに取り込む。

(5) ワードプロセッサに画像を貼り付け，説明文を入力する。

(6) 音声を録音して文書ファイルに付ける。

2

❶(解答例)

テーマ：サイバー犯罪の被害から身を守るために

ストーリー　1コマ目：

サイバー犯罪における分類別の被害数を示すグラフを表示する。

ストーリー　2コマ目：

近年特に増加している，不正アクセスの被害数を示すグラフを表示する。

ストーリー　3コマ目：

不正アクセス行為の手口と，不正に利用されたサービスにおける被害の実例をいくつかあげる。

ストーリー　4コマ目：

不正アクセスの被害を防止するための対策や，私たちが気を付けなければならないことを考える。

❷（解答例）

1コマ目：

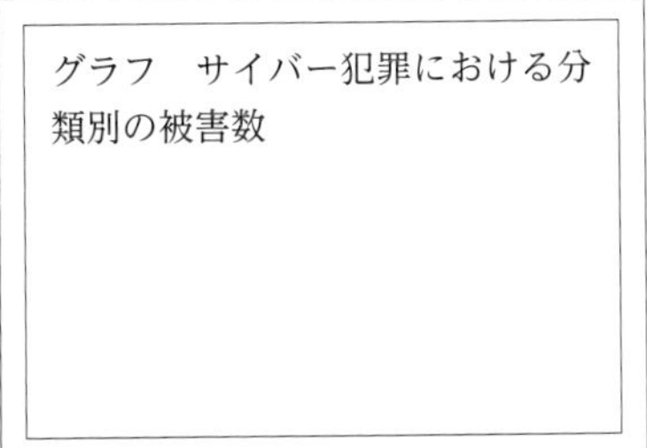

サイバー犯罪は大きく3つに分類できるが，全体的に年々増加傾向にある。

2コマ目：

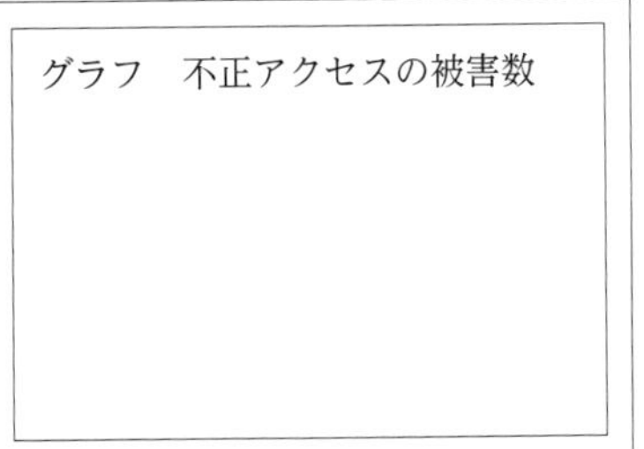

サイバー犯罪の中でも特に不正アクセス禁止法違反の増加傾向が大きい。

3コマ目：

不正アクセス行為の手口と不正に利用されたサービスにおける被害の実例を2つずつ記入。

不正アクセス行為の手口と不正に利用されたサービスにおける被害の実例を2つずつ要点のみ，箇条書きで簡略に記入する。

4コマ目：

不正アクセスの被害を防止するための対策や私たちが気を付けなければならないことを2つ箇条書きにする。

不正アクセスの被害を防止するための対策や私たちが気を付けなければならないことを具体的に2項目あげて箇条書きにする。

❸（解答例）

4コマ目　内容の説明：

オンラインゲームやコミュニティサイトへのログイン用パスワードは定期的に変更する，ソフトウェアのセキュリティパッチをすぐに適用する，などを実行して被害に遭わないように努めたい。

❹（解答例）

制作にあたって留意した点，工夫した箇所：

1コマ目と2コマ目のグラフは，見やすいように配色に注意した。また，3・4コマ目はキーワードを用いて文章は箇条書きで表示し，文字は太く大きく書くように意識した。

❺（解答例）　各自が制作したスライドをネットワークやUSBメモリなどを介して結合する。

❻（解答例）

対処項目：

口頭での説明で内容をより詳しく伝えようとしたため，プレゼンテーションの時間が少し長くなってしまったので，本番発表までに原稿を準備しておくようにする。

❼（解答例）

各グループで，（例）を参考に観点別評価シートを作成して評価を行う。また，あらかじめ次のような4段階のルーブリックを作成しておき，評価してもよい。

ルーブリック表（例）

		基準			
		C	B	A	S
観点	内容	①	②	③	④
	構成	⑤	⑥	⑦	⑧
	発表	⑨	⑩	⑪	⑫

※S= 4点，A= 3点，B= 2点，C= 1点としてもよい。

①主張したい内容が明確でない

②主張したい内容は明確であるが，根拠が不十分である

③主張と根拠が明確であり，論理的に考察されている

④主張と根拠が論理的に考察されており，発展な内容も述べられている

⑤導入・展開・まとめの流れができていない

⑥導入・展開・まとめの流れはできているが，時間配分が適切でない

⑦導入・展開・まとめの流れができており，時間配分が適切である

⑧導入・展開・まとめの流れと時間配分が適

切であり，それぞれがわかりやすく展開している

⑨速さ・音量が適切でない

⑩速さ・音量は適切であるが，聴衆を意識した発表になっていない

⑪速さ・音量が適切で，アイコンタクトや身振りを交えて伝えている

⑫速さ・音量が適切で，アイコンタクトや身振りを効果的に交えて聴衆を引きつけている

解説 作品の制作にあたっては，テーマを設定し，グループ全員で構成を練る段階とアイデアスケッチを描く段階で十分に時間を割く。また，プレゼンテーションソフトウェアの利用は，スライドマスタなどを用いてグループでデザインを統一してから各自でスライドを制作する。

実習02 情報デザインの実践(2) [p.98]

1

❶（解答例）

テーマ：学校所在地である山海町の魅力を多方面から紹介する。

タイトル：わたしたちの山海町

掲載する情報の内容：山海町の自然と産業，祭りについて取り上げる。

解説 Webページで紹介する項目については，自ら訪ねて調べ,確認することを忘れてはならない。また，使用する画像や音声などは，可能な範囲で自分で用意する。他人のものを使用する場合は，著作権の取り扱いに十分に注意する。

市町村の広報誌，パンフレット，観光案内，Webページなどを参考にする。

❷（解答例）

Webページのデザイン：

メニュー

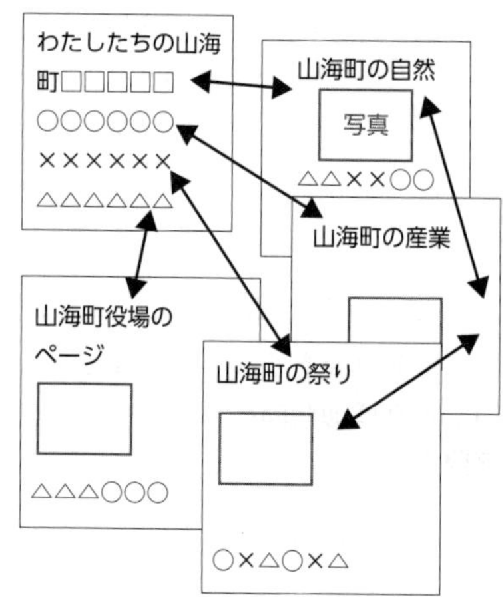

解説 リンクするページどうしを矢印で結ぶとわかりやすい。

❸（解答例） 作成に際して注意した点，工夫した点：山海町役場のページ以外は背景色やフォントなどを統一し見やすくした。町の風景写真や祭りの映像はすべてオリジナル作品を使用した。昔からの伝統産業を受け継ぐ匠へのインタビューもWebページに使うことの了解を得ている。また，すべての画像に代替テキストを表示させるようにした。

資料出典先，参考URL，参考文献など：

歴女花子．山海町歴史散歩．実教出版，2018，192p.

山海町観光協会．"伝統産業"．山海町観光案内．http://www.sankaimachi-kankou.or.jp，参照　20XX年○○月△△日.

解説 公的機関やほかのサイトにリンクを設定する場合には指定条件があるかどうかを事前に確認する。また，画像に代替テキストを表示させるなど，Webアクセシビリティに配慮し，著作権の侵害にも留意する。

❹（解答例）

観点別評価シート：

1．テーマや目的の到達度　評価　○

2．制作意図の伝達度　評価　○

3．文字や画像の配置　評価　△

問題点：文字サイズが少し小さかった

改善点：文字サイズを少し大きくする方が見やすい。

4．表示の明瞭性　評価　△
問題点：山海町の自然を紹介する写真に広大さが感じられない。
改善点：大泰山の山頂からの風景にする方がより大自然を感じられる。
5．操作性　評価　△
問題点：山海町の自然のページと山海町の祭りのページ間でリンクが設定されていない。
改善点：山海町の役場のサイト以外，すべてのページに相互間のリンクを設定する。
6．受信環境への配慮　評価　○
7．著作権・プライバシーへの配慮　評価　○
8．デザインや色調などの統一性　評価　○
9．ほかのブラウザでの正しい表示　評価　×
問題点：複数のブラウザでも表示されるかを試していない。
改善点：複数のブラウザでも問題なく表示されるか試す。
10．全体的な印象　評価　○
11．全体を通して気付いたこと，感想：
山海町の自然，産業，祭りの様子を写真，動画，音声を使って紹介できた。また著作権やWebアクセシビリティにも配慮できたと満足している。山海町を知らない人たちの感想をぜひ聞いてみたい。

解説　評価に○以外の項目については，問題点や改善点を記入し，フィードバックする。また，ほかのグループと総合評価を行うと，さらにさまざまな意見が得られ，さらなる改善につながる。

2　・「学校紹介」
❶（解答例）
テーマ：自分たちの学校を紹介する。
タイトル：学校紹介
掲載する情報の内容：学校行事やクラブ活動など自分たちの学校の特色について触れる。

解説　校舎などの建物や設備の写真を撮る場合には，先生に事前に許可を取る。また，人物を撮影して写真や動画を利用する場合は，肖像権などに十分に注意する。

❷（解答例）
Webページのデザイン：
メニュー

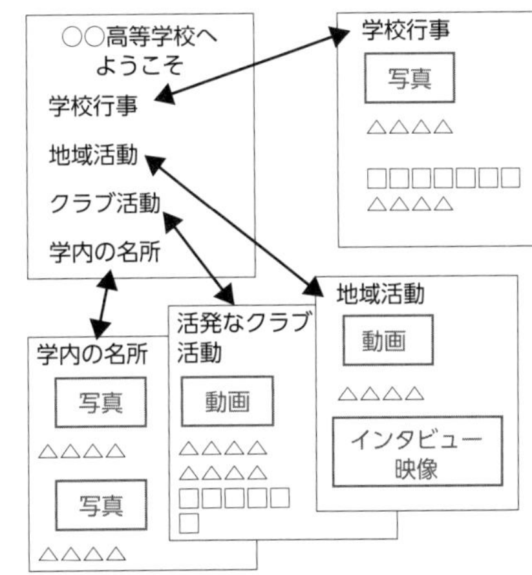

解説　他校や学外サイトとリンクを設定する場合には，指定条件があるかどうかを必ず事前に確認する。

❸（解答例）
作成に際して注意した点，工夫した点：ページ全体の背景色やフォントなどを統一し見やすくした。文章は小中学生が読んでもわかりやすい言葉や表現を用いるように気を付けた。クラブ活動やインタビューの動画は，なるべく動きがわかるようなシーンを中心に撮影した。また，被撮影者全員にWebページへの利用に承諾を得ている。
資料出典先，参考URL，参考文献など：
△△△△．○○町とともに，△△町資料保存会．××出版，2000，598p.
△△町商店街．"商店街のみどころ"．△△町商工会．http://www.shoten-shoten.or.jp，参照　20XX年○○月××日.

解説　動画や写真はWebページに掲載する際にスムーズに視聴できるよう，ファイル容量が大きい場合には圧縮して小さくする。

・「先輩たちの大学紹介・職場紹介」
❶（解答例）
テーマ：卒業して頑張っている先輩を紹介する。
タイトル：先輩たちの大学紹介・職場紹介
掲載する情報の内容：先輩たちの進学先・就職先の概要やそれぞれの場所での活躍を紹介する。

解説　大学や会社の内容については先輩に問い合わせ，得られた情報をWebページに掲載してもよいかを確認する。また，インタビューや，先輩の顔写真などを撮影・掲載する場合には，本人に掲載してもよいか確認する。

❷（解答例）

Webページのデザイン：

メニュー

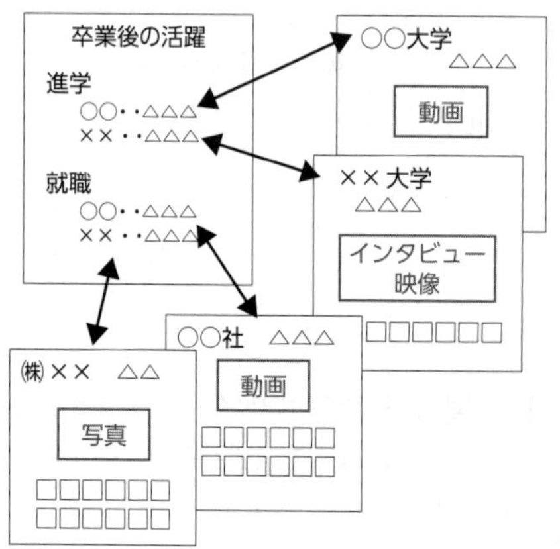

解説 なるべく同じジャンルでまとめた方が探しやすく利用しやすい。ただし，あまり階層が深くなると目的のサイトを探しづらくなるので注意する。また，大学や企業とリンクを設定する場合には，指定条件があるかどうかを必ず事前に確認する。

❸（解答例）

作成に際して注意した点，工夫した点：情報が偏らないように，よい点や問題点の両方をまとめてわかりやすい文章とした。また，被撮影者全員にWebページへの利用に承諾を得ているが，承諾を得られない人も多く，対象となる先輩を探すのに苦労した。

資料出典先，参考URL，参考文献など：

○○大学．"○○大学へようこそ"．大学入学案内．
http://www.marumaru.ac.jp/adc/top.html，参照　20XX年○○月××日．

××社．"会社の魅力"．求める新入社員像．
http://www.batubatu.co.jp/recruit/index.html，参照　20XX年○○月××日．

解説 動画や写真は，Webページに掲載する際にスムーズに視聴できるよう，ファイル容量が大きい場合には，圧縮して小さくする。

・「地域の歴史年表」

❶（解答例）

テーマ：私たちの住んでいる町の歴史を紹介する。

タイトル：○○町の歴史年表

掲載する情報の内容：○○町の名所や地域の特色について触れる。

解説 役場や地元住民に問い合わせた際，得られた情報をWebページに掲載してもよいかを確認する。また，インタビューなど，顔写真や施設などを撮影・掲載する場合には，本人や施設管理者に掲載してもよいか確認する。

❷（解答例）

Webページのデザイン：

メニュー

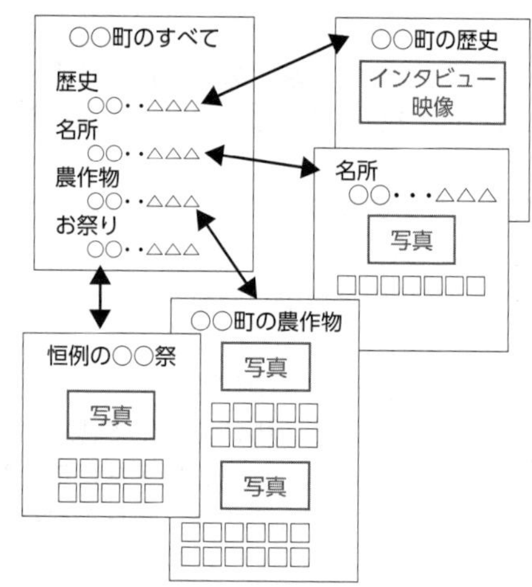

解説 すべてのWebページはメニューからリンクを張るとわかりやすいが，関係が深いページどうしは，それぞれリンクを張ってもよい。役場や地元住民に問い合わせた際，得られた情報をWebページに掲載してもよいかを確認する。インタビューなど，顔写真や施設などを撮影・掲載する場合には，本人や施設管理者に掲載してもよいか確認する。また，役場や企業とリンクを設定する場合には，指定条件があるかどうかを必ず事前に確認する。

❸（解答例）

作成に際して注意した点，工夫した点：なるべく写真や動画を取り入れ，内容をわかりやすくするとともに，地元住民の説明を生かせるように工夫した。また，被撮影者全員にWebページへの利用に承諾を得ている。また，役場のWebページとのリンクを張る際には，掲載内容や条件などに十分注意した。

資料出典先，参考URL，参考文献など：

△△△△．○○町の歩み，△△町年表．□□出版，2010，312p.
○○歴史資料館．"○○町の昔"．○○町の歴史．http://www.marumaru.ac.jp/adc/top.html，参照　20XX年○○月××日.

解説 動画や写真は，Webページに掲載する際にスムーズに視聴できるよう，ファイル容量が大きい場合には，圧縮して小さくする。

実習03 問題解決 [p.100]

1 グループで問題の発見を行う際は，各自が発見した問題を付せん紙に記入し，模造紙などに貼り付け，整理していく。

2 達成が困難なものや簡単に達成できるものは，目標としてふさわしくない。具体的な行動や数値を目標にするとよい。問題の構造を分析し，目的を達成するための制約条件を整理する必要がある。

3 収集したデータが文字データであっても，それを数値に対応させることで，その後の入力や集計などの処理効率が向上する。これをコーディングといい，例えば「はい」を1，「いいえ」を0に対応させることがこれにあたる。
また，自由記述の中から類似の回答をまとめ上げてカテゴリに分類し，少数の選択肢に絞り込んでいくことで集計しやすくなる。これを，アフターコーディングという。

実習04 データの活用(1) [p.102]

2 D列に数式を入力するには，まずセルD2に「=B2/C2」を入力し，オートフィル機能を使って下方向にコピーする。

3 人口密度は，「人口÷面積」で計算できる。よって，人口密度が小さい理由には，「人口」という要素と「面積」という要素が関わっていることがわかる。人口密度が小さいそれぞれの地域で，「人口」がなぜ少ない（多くならない）か，また「面積」では面積が変動することはないから，「面積」に比べて人が住める面積の状況がどうなのかを調べてみるとよい。この「人が住める面積」のことを可住地面積といい，総面積から林野面積と主要湖沼面積を差し引いた面積である。

4 教科書では，ヒストグラムを作成する際に度数分布表を作成しているが，表計算ソフトのバージョンによっては，度数分布表を作成しなくても簡単に作成できるものがある。

6 散布図は，平滑線のないマーカーのみのものを作成する。

7 **5**のデータを使って，分析を行った例を次に示す。

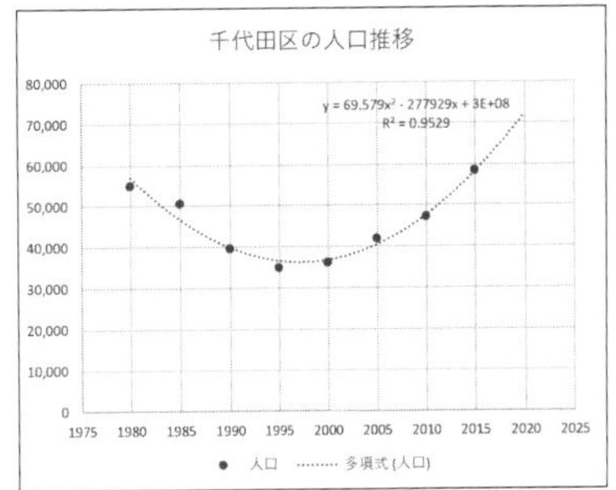

実習05 データの活用(2) [p.104]

1 教科書p.142を参照

(1)

書籍番号	書籍名	著者名	分類コード	分類
913-36xx	津軽	太宰治	910	日本文学
913-75xx	孤高の人	新田次郎	910	日本文学
923-13xx	阿Q正伝	魯迅	920	中国文学
934-27xx	森の生活	ソロー	930	英米文学

(2)

書籍番号	書籍名	著者名	分類コード
913-36xx	津軽	太宰治	910
913-75xx	孤高の人	新田次郎	910

(3)

書籍番号	著者名
913-36xx	太宰治
913-75xx	新田次郎
923-13xx	魯迅
934-27xx	ソロー

2

ステップ①

売上番号	売上日	店舗コード	店舗名	商品コード	商品名	単価	数量	金額
20301	2020/8/1	S01	コンビニA店	A001	黒ボールペン	100	3	300
20301	2020/8/1	S01	コンビニA店	A002	消しゴム	80	2	160
20302	2020/8/2	S02	コンビニB店	A002	消しゴム	80	1	80
20303	2020/8/2	S03	コンビニC店	A004	ハサミ	200	1	200
20303	2020/8/2	S03	コンビニC店	A003	ノート	120	2	240

ステップ②

売上番号	売上日	店舗コード	店舗名	商品コード	単価	数量	金額
20301	2020/8/1	S01	コンビニA店	A001	100	3	300
20301	2020/8/1	S01	コンビニA店	A002	80	2	160
20302	2020/8/2	S02	コンビニB店	A002	80	1	80
20303	2020/8/2	S03	コンビニC店	A004	200	1	200
20303	2020/8/2	S03	コンビニC店	A003	120	2	240

商品コード	商品名
A001	黒ボールペン
A002	消しゴム
A002	消しゴム
A004	ハサミ
A003	ノート

ステップ③

売上番号	売上日	商品コード	単価	数量	金額
20301	2020/8/1	A001	100	3	300
20301	2020/8/1	A002	80	2	160
20302	2020/8/2	A002	80	1	80
20303	2020/8/2	A004	200	1	200
20303	2020/8/2	A003	120	2	240

商品コード	商品名
A001	黒ボールペン
A002	消しゴム
A002	消しゴム
A004	ハサミ
A003	ノート

店舗コード	店舗名
S01	コンビニA店
S01	コンビニA店
S02	コンビニB店
S03	コンビニC店
S03	コンビニC店

実習06 モデル化とシミュレーション [p.106]

4 かき氷は，当日の気温が低ければ販売数は減り，高ければ増えることが予測される。また，かき氷を作るのにかかる時間が長ければ販売数が減り，短ければ増えることも考えられる。これらの要素をもとに図的モデルを作成し，さらに数式モデルを作成することにより，販売価格を決定した後のシミュレーションができる。

実習07 プログラミングの実践(1) [p.108]

1 ①（解答例）

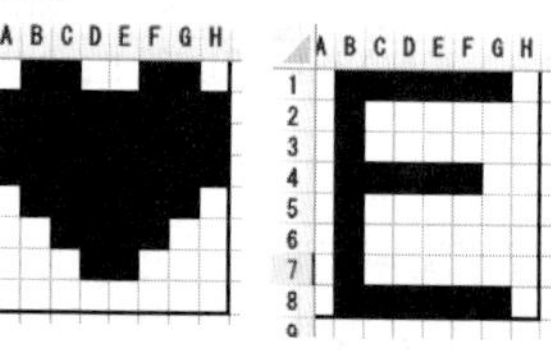

②（解答例）

```
Sub main()
   If Cells(1, 1).Interior.ColorIndex = 1
Then  ‘セルA1の背景色が黒の場合
     Cells(12, 1).Value = 1 ‘黒の場合
   Else
     Cells(12, 1).Value = 0 ‘黒以外の場合
   End If
End Sub
```

セルA 1の背景色	予想される結果	実際の結果
黒	1	1
黒以外	0	0

解説 セルA1の背景色は，Cells(1, 1).Interior.ColorIndexで読み取ることができ，黒の場合は値が1である。そこで，If文の条件として，Cells(1, 1).Interior.ColorIndex = 1と記述すると，セルA1の背景色が黒かどうか判定できる。黒の場合は，セルA12に1を書き込む必要があるため，Thenの後に，Cells(12, 1).Value = 1と記述する。黒以外の場合は0を書き込む必要があるため，Elseの後に，Cells(12, 1).Value = 0と記述する。

③（解答例）

処理する列を表す	j

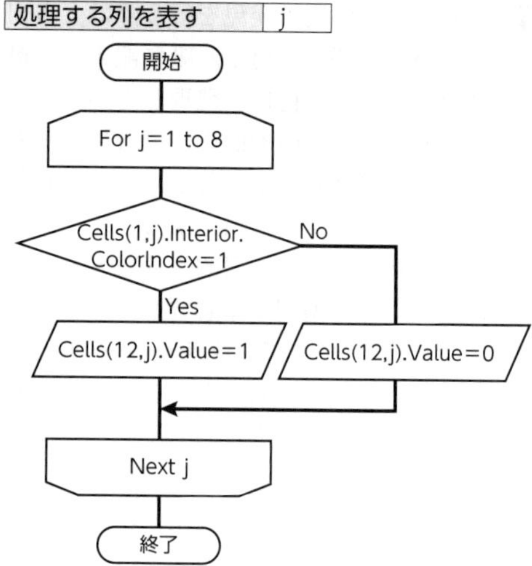


```
Sub main()
  Dim j As Long
  For j = 1 To 8 ‘1から8列目まで
     If Cells(1, j).Interior.ColorIndex = 1
Then ‘セルの背景色が黒の場合
       Cells(12, j).Value = 1 ‘黒の場合
    Else
       Cells(12, j).Value = 0 ‘黒以外
    End If
  Next j
End Sub
```

解説 8列分繰り返す必要があるため，処理する列を表す変数jが1から8まで繰り返すようにFor文を記述する。繰り返しの中で，1行j列目のセルの背景色を判定し，12行j列目のセルに1か0の値を書き込む処理を記述すればよい。1行j列目を指定するには，Cells(1, j)と記述し，12行j列目を指定するには，Cells(12, j)と記述すればよい。

④ (解答例)

背景色を読み取るセルの列を表す	j
背景色を読み取るセルの行を表す	i
符号化した結果を書き込む列を表す	k

```
Sub main()
  Dim i As Long, j As Long, k As Long
  k = 1
  For i = 1 To 8 '1から8行目まで
    For j = 1 To 8 '1から8列目まで
If Cells(i, j).Interior.ColorIndex=1 Then
'セルの背景色が黒の場合
        Cells(12, k).Value = 1 '黒の場合
      Else
        Cells(12, k).Value = 0 '黒以外
      End If
      k = k + 1 '値を書き込む列を1加算
    Next j
  Next i
End Sub
```

解説 列方向の繰り返しである変数jのFor文の外に，行方向の繰り返しとして，変数iが1から8まで繰り返すFor文を記述する。符号化した値は12行目の1列目から64列目に書き込む必要がある。変数kが書き込む列を表しているため，値を書き込む処理が終わる度に，kに1を加算すればよい。その上で，Cells(12,k)と書き込むセルを記述する。

2 ①省略

② (解答例)

```
Sub main()
  If Cells(22, 1).Value = 1 Then
    '値が1なら背景色を黒に設定
    Cells(24, 1).Interior.ColorIndex = 1
  Else
    '値が1以外なら背景色を白に設定
    Cells(24, 1).Interior.ColorIndex = 2
  End If
End Sub
```

セルA 22の値	予想される結果	実際の結果
1	背景色が黒になる	背景色が黒になる
0	背景色が白になる	背景色が白になる

解説 セルA22の値が1か，それ以外(0)かを判定する必要があるため，If文の条件を，Cells(22, 1).Value = 1と記述する。値が1だった場合に背景色を黒に設定する必要があるため，Thenの後に黒に設定する処理を記述し，Elseの後に白に設定する処理を記述する。

③ (解答例)

処理する列を表す	j

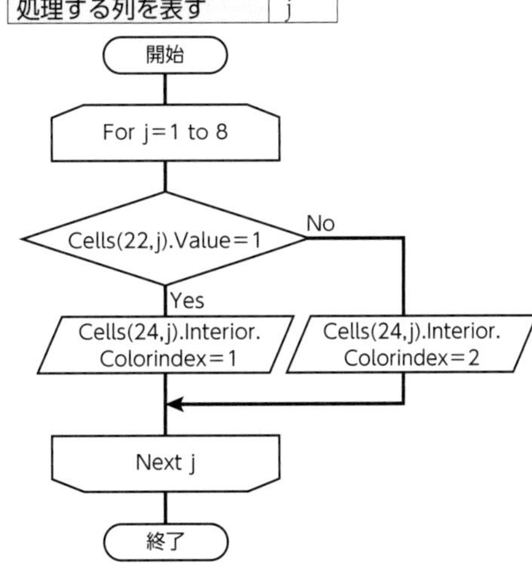


```
Sub main()
Dim j As Long
  For j = 1 To 8
    If Cells(22, j).Value = 1 Then
      '値が1なら背景色を黒に設定
      Cells(24, j).Interior.ColorIndex = 1
    Else
      '値が1以外なら背景色を白に設定
      Cells(24, j).Interior.ColorIndex = 2
    End If
  Next j
End Sub
```

解説 8列分繰り返す必要があるため，処理する列を表す変数jが1から8まで繰り返すようにFor文を記述する。繰り返しの中で，22行j列目の値が1かどうかを判定し，背景色を24行目j列目に設定する処理を行えばよい。

④ (解答例)

符号化した値を読み取る列を表す	k
背景色を設定するセルの列を表す	j
背景色を設定するセルの行を表す	i

```
Sub main()
  Dim j As Long, i As Long, k As Long
  k = 1
  For i = 1 To 8
    For j = 1 To 8
      If Cells(22, k).Value = 1 Then
        '値が1なら背景色を黒に設定
        Cells(i+23, j).Interior.ColorIndex
= 1
      Else
        '値が1以外なら背景色を白に設定
        Cells(i+23, j).Interior.ColorIndex
= 2
```

```
      End If
      k = k + 1
    Next j
  Next i
End Sub
```

解説 8列分繰り返す処理を，さらに8行分繰り返す必要がある。そのため，列を表す変数jの繰り返しの外側に，行を表す変数iの繰り返しを記述する。iの繰り返しを1から8と記述した場合は，iが1の時に，24行目j列の背景色を設定する必要があるため，背景色を設定するセルの指定はCells(i+23,j)と記述する。iの繰り返しを0から7と記述した場合は，Cells(i+24,j)と記述する。背景色を決めるための符号化されたデータは，セルA22からセルBL22の64列に格納されている。読み込むセルの指定は，変数kを用いて22行k列目の値を読み取ると考え，Cells(22,k)と記述して指定する。kは1から開始し，判定が終わるたびにkに1加算して読み込むセルを1列ずつずらしていけばよい。

実習08 プログラミングの実践(2) [p.110]

1 ①

	A	B	C	D	E	F	G	H
12	1	1	0	0	0	0	1	1
13	1	2	0	4	1	2		

解説 最初の符号が1で，連続する長さは2であるため，セルA13は1，セルA14は2となる。
次に符号0が4回連続しているため，セルC13は0，セルD14は4となる。
次に符号1が2回連続しているため，セルE13は1，セルF13は2となる。

② (解答例)

```
Sub main()
  Dim i As Long, k As Long, code As Long, length As Long
  i = 1
  length = 1
  '最初の符号を変数codeに格納
  code = Cells(12, 1).Value
  For k = 2 To 64
    If code = Cells(12, k).Value Then
      '符号が変化しなかった場合の処理
      length = length + 1
    Else
      '符号が変化した場合の処理
      '符号と連続した長さをセルに書き込み
      Cells(13, i).Value = code
      Cells(13, i + 1).Value = length
      '次に書き込む場所を2列分進めておく
      i = i + 2
      code = Cells(12, k).Value
      length = 1 '連続する長さを1に戻す
    End If
  Next k
  'データの最後の符号と連続する長さを書き込む
  Cells(13, i).Value = code
  Cells(13, i + 1).Value = length
End Sub
```

もとのデータ	予想される結果	実際の結果
すべて1	セルA13が1,B13が64	セルA13が1,B13が64
すべて0	セルA13が0,B13が64	セルA13が0,B13が64
0と1が交互	0,1,1,1の繰り返しが128列続く	0,1,1,1の繰り返しが128列続く

解説 圧縮対象のデータは，セルA12からセルBL12の64列分に格納されている。1列目の符号は，最初に処理しているため，符号を読み取る列を表す変数kの繰り返しは，2から64までとする必要がある。繰り返しの中では，k列の符号と，その前の符号を比較し，符号が異なる場合は，その前の符号と連続する長さを13行目のセルに書き出している。そのため，データの最後(64列目)の符号と連続する長さは，繰り返しの中では書き込まれないため，繰り返しが終了した後に，書き込む処理を記述する必要がある。

2 ①

	A	B	C	D	E	F	G	H
13	1	2	0	3	1	3	…	…
22	1	1	0	0	0	1	1	1

解説 セルA13から最初の符号が1，セルA14から連続する長さが2であることがわかる。そのため，セルA22，セルB22の値は1となる。
次に，セルC13から次の符号が0，セルD13から連続する長さが3であることがわかる。そのため，セルC22からセルE22までの値は0となる。同様に，セルE13とF13も展開すればよい。

② (解答例)

```
Sub main()
  Dim i As Long, k As Long, j As Long
  k = 1
  i = 1
  '圧縮データがある間繰り返し
  While (Cells(13, i).Value <> "")
    '連続する長さの回数繰り返す
    For j = 1 To Cells(13, i + 1).Value
      '符号を書き込む処理
      Cells(22,k).Value=Cells(13, i).Value
      k = k + 1  '書き込む列を1つ進める
    Next j
    '圧縮データを読み取る列を進める
    i = i + 2
  Wend
End Sub
```

もとのデータ	圧縮後のデータ	展開後のデータ
すべて1	セルA13が1,B13が64	すべて1
すべて0	セルA13が0,B13が64	すべて0
0と1が交互	0,1,1,1の繰り返しが128列続く	0と1が交互

解説 圧縮データがある間繰り返す必要があるが，圧縮されたデータの長さは事前にわからないため，While文を使って繰り返しを行う。読み取った連続する長さの回数だけ符号を書き込む処理を繰り返す必要がある。これは，回数が決まった繰り返しであるため，For文を使って繰り返しを行う。符号を書き込むセルはA22から開始し，書き込む度に1列右に進める必要があるため，展開した結果を書き込む列を表す変数kに1を毎回加算する。圧縮データを読み取る列は，2列ずつ進める必要があるため，変数iは，2を加算する。

3 (解答例)

- もとの図形によって，どのくらい圧縮されるかが異なることがわかる
- もとの図形が絵やマークのような，黒い部分や白い部分が続くものの場合は大きく圧縮される
- もとの図形が文字のような，黒い部分と白い部分が交互に現れるものの場合は，あまり圧縮されない

総合問題

(1) 情報社会の問題解決 [p.112]

1

a ア．⑧ イ．ⓑ ウ．① エ．③ オ．⑤ カ．⑥

解説 無線LANのアクセスポイントを設定するときは，暗号化の強度がより高い方式である「WPA3」や「WPA2」を利用するとよい。また，ログイン時などの認証方法として，知識認証や生体認証以外にも，ICカードなどを用いる所有物認証がある。

b キ．⑤ ク．④ ケ．⑦

解説 情報の信憑性を確認する方法としては，別のメディアからの情報と比較・検証を行う「クロスチェック」などがある。

2

a ア．⑦ イ．⑤ ウ．⓪ エ．⑦ オ．④ カ．ⓑ キ．⑧

解説 肖像権などのプライバシーに関する権利は，著作権法のように法律で規定されておらず，裁判の判例で確認されているものである。また，クリエイティブ・コモンズ・ライセンスは，(1)営利目的の利用を許可するか，許可しないか，(2)改変を許可するか，許可しないか，それとも許可するが継承(改変することは自由だが，新しい著作物にも元と同じライセンスを付けること)を求めるかについて，著作者の意思を表示することで，他者における適切な利用を許諾している。

(2) コミュニケーションと情報デザイン [p.114]

1 A ア．6

B イ．2 ウ．1

C エ．7 オ．5

D カ．6

解説 D $2^5=32$，$2^6=64$であるので情報量は5ビットと6ビットの間である。よって確実に当てるために必要な質問の最小回数は6回となる。

最低限必要な質問回数kは，$2^k \geqq 52$で特定することができる。事象の数をnとすると，$k \geqq \log_2 n$となる。この例では事象の数nは52なので，kは6回とな

る。

2 ア．④

解説 それぞれの録画モードの1秒当たりの動画のファイルサイズは，以下のようになる。

Ⅰ：24×1920×1200×100
=5,529,600,000[bit]

Ⅱ：24×1920×780×200
=7,188,480,000[bit]

Ⅲ：8×960×580×400
=1,781,760,000[bit]

よって，小さい順にⅢ＜Ⅰ＜Ⅱとなる。

3 a ア．① イ．⑤ ウ．⑥
b エ．1 オ．2
c カ．4 キ．4

解説 a：この方法では，サイコロの目は次のように表される。

サイコロの1の目：000010
サイコロの2の目：100000
サイコロの3の目：100010
サイコロの4の目：101000
サイコロの5の目：101010
サイコロの6の目：101101

c：3ビット列の組み合わせのパターンは次の4通りである。

000，010，100，101

3ビット列を次のように対応させると，

000 → 00
010 → 01
100 → 10
101 → 11

サイコロの目は次のように表される。

サイコロの1の目：0001
サイコロの2の目：1000
サイコロの3の目：1001
サイコロの4の目：1100
サイコロの5の目；1101
サイコロの6の目：1111

(3) コンピュータとプログラミング [p.116]

1 ア．27 イ．371 ウ．33 エ．①
オ．② カ．① キ．①

解説 桜の予測開花日を求める問題である。

ア～ウは，経験則についての説明文を正しく読み取れば解ける問題である。

エは，プログラムを1行ずつトレースして考える。

オ・カを考えるため，(04)行直後の右辺に着目すると，繰り返し処理が実行されるたびに

1回目(yosoku=1)
Kion(0)+Kion(1)
2回目(yosoku=2)
Kion(0)+Kion(1)+Kion(2)
3回目(yosoku=3)
Kion(0)+Kion(1)+Kion(2)+Kion(3)

となり，最終項がKion(yosoku)となっていることがわかる。しかし，(05)行が実行されるとyosokuが+1された値に変わるため，(04)行でKion(yosoku)となっていた最終項が(05)行の実行でKion(yosoku-1)を意味することとなる。よって，繰り返し処理を抜けた時点のruisekiはKion(yosoku-1)までの和なので，開花予測日はyosoku-1となる。

2

ア．① イ．④ ウ．② エ．⑦
オ．① カ．⓪ キ．③ ク．④

解説 物体の放物運動のシミュレーションに関する問題である。

ア～ウでは，時間間隔を変えてシミュレーションした結果，ずれが生じた原因について考察している。時間間隔が大きいものほど描画点の間隔が広いので，物理の知識がなくても解答できる。なお，鉛直方向の速度に関しては，区間内での平均速度を用いてシミュレーションすると，より精度の高い結果が得られる。

エは，最後の点の描画がy>0で終わっていることから判断できる。y=0と指定していた場合，条件が満たされず永久に描画を続ける。

オ・カは飛距離を数値で答える問題だが，図2から，時間間隔が最も小さいものが最も遠くまで到達していることが読み取れる。

キについて，図3は放物運動をシミュレーションしたものなので，投げ上げ位置の角度から判断できる。

クでは，図4から，最大飛距離となる角度が40度～60度の間になることが推

測されるので，その間の角度についてさらに調べるべきである。

(4) 情報通信ネットワークとデータの活用 [p.118]

1 ア．⑦ イ．⑧ ウ．⓪ エ．⑥
オ．②，④

解説 WWWはインターネット上にあるWebページを閲覧するサービスで，HTTPというプロトコルが使われている。WebページはHTMLという言語で記述されており，Webサーバに保存されたWebページのデータはブラウザというソフトウェアを利用して閲覧することができる。クライアントは，URLからドメイン名を取り出し，WebサーバのIPアドレスをDNSサーバに問い合わせをすることで閲覧が開始される。

2 ア．② イ．①

解説 ア：⓪SNSで動画情報を投稿すると動画平均再生回数に相関関係が生じるといえる。
①動画平均再生回数が増えるからといって，SNSの投稿件数が増えているとは限らない。
③動画平均再生回数は月を追うごとに増えてはいない。
④一年を通してSNSの投稿件数と動画平均再生回数が増える関係は一定であるとはいえない。
⑤SNSの投稿回数によって動画平均再生回数は決まるとはいえない。
⑥７月におけるSNSの投稿件数と動画平均再生回数を示す点は直線から遠い位置にあり，その点を取り除くと相関係数の値が大きくなるため誤りであるといえる。
イ：回帰直線式$y = 57.465x + 671.95$より，１回のSNSでの動画投稿に当たり，直線の傾きが57.465より概ね57回増えている。

目次

1章 情報社会と私たち

2章 メディアとデザイン

3章 システムとデジタル化

4章 ネットワークとセキュリティ

5章 問題解決とその方法

6章 アルゴリズムとプログラミング

実習

総合問題

01 情報社会

教科書p.4〜9

教科書の確認

1 情報社会と情報 ［教 p.4- 5］

情報とは，事物や（①　　　　）の内容や様子を示し，（②　　　）や意思を決めるときの判断材料になる事柄をいう。知識は，情報を分析して（③　　　　）に役立つように（④　　　　）したものである。

新しい情報は，既存の情報やデータを用いて創られる。データは，（⑤　　　），観察や観測，（⑥　　　）などによって得られる。情報技術の発達で，人や物，社会や（⑦　　　）から大量のデータを収集して（⑧　　　　　）として蓄積し，解析して（③）に活用されている。

20世紀の半ばに（⑨　　　　　　）が発明され，ラジオやテレビなどのメディアが発達して（⑩　　　　　）が到来した。さらに（⑪　　　　　　　）が登場し，高速な情報伝達が可能になり，情報技術の進展が，社会や（⑫　　　　　）の変革を加速させた。

●データ・情報・知識の関係

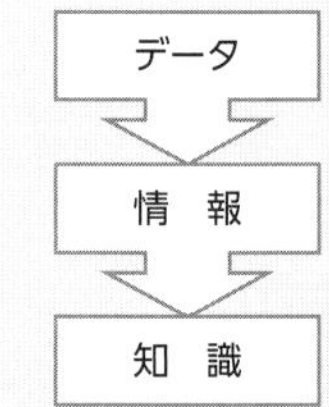

●第４次産業革命
人工知能やIoTなどの高度に発達した情報技術とデータサイエンスを基盤として，経済発展と社会的課題の解決を実現する。

2 情報の特性 ［教 p.6- 7］

情報社会では，大きさや形がある具体的な「（①　　　）」だけでなく，情報のように（②　　　　　）抽象的な「（③　　　）」も重要となる。

人の記憶は失われても情報は残る。このように，情報が消えずに残る性質を（④　　　　）という。また情報は，比較的簡単に複製（コピー）することができる。その性質を（⑤　　　　）という。さらに情報は，伝わりやすく，広まりやすい。その性質を（⑥　　　　）という。

情報には，ほかにも，情報を受け取る人によって（⑦　　　）や評価が異なる情報の（⑧　　　　）や，情報の発信者や受信者の（⑨　　　）が介在する情報の（⑩　　　　）などの特性がある。

●「こと」と「もの」の違い
「情報（こと）」は「物（もの）」とは異なり，次の性質がある。
・形がない
・消えない
・容易に複製・伝播する

3 情報のモラルと個人に及ぼす影響 ［教 p.8- 9］

情報社会では，実社会と同様に守るべき（①　　　　）と（②　　　　）がある。ネットワークの向こうにいる情報の（③　　　　）や（④　　　　）を想像し，他人に迷惑をかけたり，（⑤　　　）に遭ったりしないように気を付ける。

コンピュータを仕事で活用することに適応できないテクノ（⑥　　　　）症や，過度に情報機器に依存してしまうテクノ（⑦　　　　）症など人体への精神的な影響を引き起こしている。特に，（⑧　　　　　　　　　）などを毎日，長時間利用するあまりに日常生活に支障をきたす（⑨　　　　　　　）依存の疑いが強い若者が少なくない。

●SNS利用の注意点
・他人の知的財産権，肖像権，個人情報やプライバシーの権利を侵害しない
・無責任な発言や，他人を誹謗・中傷しない
・他人や組織の信頼や利益の損失を引き起こすような，不用意な発言や画像の公開は行わない
・デマ情報を流したり，拡散させたりしない
・個人情報は，求められても提供しない

Note

練習問題

知 **1** **⑴データ，⑵情報，⑶知識は，次のア～ウのうち，どれを表す事例か答えなさい。一般に，⑴から⑵，⑵から⑶が創られていくものとする。**

ア．気温のグラフ　イ．過去10年間の年間最低気温の分析結果
ウ．気温

知 **2** **次のア～カは，⑴工業社会，⑵情報社会，⑶新しい情報社会のいずれかを支える代表的な基盤技術を表している。下のア～カの基盤技術を⑴～⑶に分類しなさい。**

ア．人工知能　イ．蒸気機関　ウ．コンピュータ
エ．印刷技術　オ．インターネット　カ．ビッグデータ解析

思 **3** **次のア～ウは，情報の⑴残存性，⑵複製性，⑶伝播性のいずれかに関係している。⑴～⑶に関係するものを選び，記号で答えなさい。**

ア．短期間でコンピュータウイルスの被害が世界に広がる。
イ．映画や音楽など市販のコンテンツの違法コピーが後を絶たない。
ウ．人の噂や誤った情報がいつまでも消えずに残っている。

思 **4** **次のア～エの中から，不特定多数を対象としたコミュニケーションの注意点について適切なものをすべて選び，記号で答えなさい。**

ア．無責任な発言をしたり，他人を誹謗・中傷したりしない。
イ．会社の信用を損ねるような発言や画像をSNSに投稿しない。
ウ．デマ情報を流したり，拡散させたりしない。
エ．SNSでは，プロフィールやプライバシーを積極的に公開する。

思 **5** **次の⑴～⑷の記述のうち，スマートフォンのマナーとして適切なものには○を，適切でないと思われるものには×を記しなさい。**

⑴　電車内ではマナーモードに設定し，混雑時には電源を切る。
⑵　図書館・映画館では，通話してもよいが小さな声で話す。
⑶　人を撮影する場合，公開しなければ，相手の了承は不要である。
⑷　帰宅途中にメールが届いたので，歩きながらすぐに返信した。

1
⑴
⑵
⑶

2
⑴
⑵
⑶

3
⑴
⑵
⑶

4

5
⑴
⑵
⑶
⑷

▶考えてみよう

情報化の進展の中で，個人の好みに合った情報が自動的に提供されるようになってきている。このことによる問題点と対策を考えてみよう。

02 情報社会の法規と権利(1)

教科書p.10〜12，p.186

教科書の確認

1 知的財産権 [教p.10]

知的活動の中で創作した時に，その創作者に与えられる権利を(①　　　　)という。(①)は，主として(②　　　)の発展に寄与する(③　　　　)と，(④　　　)の発展に寄与する(⑤　　　　)などで構成されている。(③)は，(⑥　　　　)に届け出て認められるとその権利が発生する(⑦　　　　)である。一方，(⑤)は届け出て登録する必要がなく，創作した時点で権利が発生する(⑧　　　　)である。

●おもな知的財産権の構成

- 知的財産権
  - 産業財産権
    - 特許権
    - 実用新案権
    - 意匠権
    - 商標権
  - 著作権
    - 著作者の権利
    - 著作隣接権

2 産業財産権 [教p.11]

産業財産権の概要は，下表のとおりである。

名称	条件	保護期間
(①　　　)権	ものまたは方法の(②　　　)面のアイデアのうち(③　　　)なもの。(⑤)と比べてライフサイクルが長いもの	出願から(④　　)年
(⑤　　　)権	物品の(⑥　　　)，構造などの(②)面のアイデアで(⑦　　　)できるもの。ライフサイクルが(⑧　　　)もの	出願から10年
(⑨　　　)権	物品(物品の部分を含む)の(⑥)，模様，(⑩　　　)など，ものの外観としての(⑪　　　)	出願から25年
(⑫　　　)権	商品や(⑬　　　)について自他の識別力を有する文字，(⑭　　　)，記号，立体的形状，(⑩)，(⑮　　)，ならびにそれらの組み合わせ	登録から(⑯　　)年(更新あり)

●保護期間の延長
医薬品などの特許は，存続期間の延長措置の制度がある。また，商標権は登録を更新することが可能である。

●二次的著作物
小説を漫画化するなど，著作物に創作的な加工をすることによって創られる著作物。

●編集著作物
詩集や百科事典など，編集に創作性がある著作物。

3 著作者の権利 [教p.12，p.186]

小説，(①　　　)，絵画，(②　　　)，写真，コンピュータプログラムのように，思想または(③　　　)を創作的に表現したものを(④　　　　)といい，(④)を創作した人には(⑤　　　　)が与えられる。

(④)を創作した人が(⑥　　　　)である。なお，共同で創作し，各人の寄与が分離できないものを(⑦　　　　　)という。

著作者がもつ権利は，大きく(⑧　　　　　)と(⑤)(財産権)に分けられる。(⑧)は，著作者の人格的な利益を保護する権利であり，公表権，(⑨　　　　)，(⑩　　　　　)がある。

財産権をもつ人を(⑪　　　　)という。なお，(⑤)の保護期間は，原則として，創作時から(⑥)の死後(⑫　　)年を経過するまでである。

●著作権の保護期間
国内では，創作時から始まり著作者が死亡した翌年の1月1日から起算して70年間。

Note

練習問題

知 **1** **スマートフォンに関して，次の(1)～(4)にあてはまる産業財産権を答えなさい。**

(1) スマートフォンの形状や模様，色彩に関するデザイン

(2) 製造業者などが，自社製品であることや信用保持のために製品や包装に表示するマーク

(3) 長寿命，小型軽量化したリチウムイオン電池に関する発明

(4) カバーしたままでも受信感度が低下しないようなアンテナの構造に関する考案

1
(1)
(2)
(3)
(4)

知 **2** **次のア～ソのうち，著作権法上での著作物をすべて選び，記号で答えなさい。**

ア．地震速報　イ．アニメ　ウ．レポート　エ．写真集
オ．マンガ　カ．彫刻　キ．アイデアや理論　ク．流行語
ケ．地名　コ．翻訳された書籍　サ．自動車のデザイン
シ．計測したデータ　ス．百科事典　セ．俳句　ソ．新聞

2

知 **3** **次の(1)～(3)の著作者人格権について，教科書p.186を参照し，関連している説明文を下のア～ウから選び，記号で答えなさい。**

(1) 公表権　(2) 氏名表示権　(3) 同一性保持権

ア．著作物の内容などを意に反して改変されない権利
イ．著作物を公表するか，しないかを決める権利
ウ．著作物の公表にあたって，氏名を表示するかしないか，表示するならば実名にするか変名にするかを決める権利

3
(1)
(2)
(3)

知 **4** **次の(1)～(4)の下線部は誤っている。正しい語句に直しなさい。**

(1) 著作者の権利は，著作物を<u>届け出た</u>時点で権利が発生する。

(2) 著作者の人格的な利益を保護する権利を<u>財産権</u>という。

(3) 著作権の保護期間は，創作時から始まり，著作者の死亡した翌年の1月1日から<u>50</u>年間である。

(4) 著作権（財産権）は財産的な利益を保護する権利であり，譲渡することができる。譲渡を受けた人は<u>著作者</u>になる。

4
(1)
(2)
(3)
(4)

▶調べてみよう

日本の作家の小説は海外で著作物として保護されるか，調べてみよう。

03 情報社会の法規と権利(2)

教科書 p.13〜15

教科書の確認

1 伝達者の権利／権利の侵害例 [教 p.13]

歌手・(①)・俳優などの (②)，CDなどの製作者，(③) 事業者など，著作物などを公衆に (④) する人や事業者を著作隣接権者といい，(⑤) と呼ばれる権利をもっている。(④) 内容に (⑥) は必ずしも必要ではなく，(④) されるものも著作物とは限らない。

他人の著作物を (⑦) (コピー) したりWebサイトなどで利用したりする場合には，原則として (⑧) の (⑨) を得る必要があり，(⑨) なしに利用した場合には著作権侵害にあたる。

●著作隣接権と人格権
著作隣接権では，実演家に限り人格権がある。

2 著作権の例外規定 [教 p.13]

著作権法では，一定の例外的な場合に (①) などを制限して，(②) などに (③) を得ることなく利用できることを定めている。例えば，(④)，私的使用のためのコピー，(⑤) や公共図書館，(⑥) 目的でのコピーなどである。

3 情報の利用と公開 [教 p.14〜15]

情報社会では，さまざまな情報や (①)，あるいは (②) が公開されている。私たちはそれらを積極的に活用して，新たな (①) を構築したり，(③) したりする活動を行う。

(④) を公正に利用して，創作活動を円滑に進めるためには，著作者が自ら，(④) の利用条件を意思表示することが望ましい。例えば，(⑤) という組織は，(④) について，次のような (⑥) を表示することを提案している。

クリエイティブ・コモンズ・ライセンス

マーク	条件	内容
	BY：(⑦) (Attribution)	著作者や (④) に関する情報を表記すること (必須である)
	NC：(⑧) (NonCommercial)	(⑨) 目的で利用しないこと
	ND：(⑩) (No Derivative Works)	(④) を (⑪) しないこと
	SA：(⑫) (Share Alike)	(⑪) することは自由だが，新しい (④) にも元と同じ (⑥) を付けること

●著作者人格権の制限
著作権 (財産権) が制限される場合でも，著作者人格権は制限されない。

●パブリックドメイン
著作者の許諾なしに自由に利用できる状態を示す。一方，クリエイティブ・コモンズ・ライセンスは，条件付きで著作物の利用を認める時に用いる。

●クリエイティブ・コモンズ・ライセンス
(例) CC BY-NC-SA

(意味) 著作者や著作物の情報の表示を求める。営利目的でなければ改変を認めるが，改変前と同じライセンスを付けることを条件にする。

Note

練習問題

知 **1** **著作物の伝達者の権利に関する次のア～オの記述のうち，誤りを含むものをすべて選び，記号で答えなさい。**

ア．著作物の伝達者には，歌手や俳優などの実演家，CDなどの製作者，放送事業者などが考えられる。

イ．著作物を公衆に伝達する人や事業者を著作伝達権者という。

ウ．伝達者の権利は，実演などの計画が行われた時点で発生する。

エ．鳥や虫の鳴き声などは著作物ではないため，録音して公表しても伝達者の権利は付与されない。

オ．著作物の伝達者では，実演家に限り人格権が与えられている。

思 **2** **次の(1)～(5)の行為で，著作権を侵害していない場合には○を，侵害している場合には×を記しなさい。**

(1) 江戸時代の絵画をうちわに模写して文化祭の来客に配布した。

(2) 部活動でアニメのキャラクターを印刷したＴシャツを作った。

(3) レンタルCDを借りてきて，自分で聴くためにパソコンにコピーした。

(4) キャラクターグッズをデジタルカメラで撮影し，自分のWebページで紹介した。

(5) 自分のSNSに，裁判所の許諾を得ずに裁判の判例を掲載した。

思 **3** **著作権者の許諾を得なくても例外的に著作物を利用できる場合がある。それに該当するものを，次のア～エのうちから選び，記号で答えなさい。**

ア．友人のためにテレビ番組を録画して，友人にあげた。

イ．課題レポートに，Webページ上の統計データの一部を引用した。

ウ．高校の文化祭で，有名な脚本家の演劇を上演したが，予算をオーバーしそうなので入場料を100円徴収した。

エ．放課後に教室で友人らとバンドの練習をするときに，市販の楽譜を全員分コピーして使った。

知 **4** **撮影した写真をWebページで公開する。撮影者名を載せて改変せずに利用するなら営利目的でも利用を認めたい。次のア～エのどのクリエイティブ・コモンズのライセンスを組み合わせて表示すればよいか，記号で答えなさい。**

ア．
イ．
ウ．
エ．

1

2
(1)
(2)
(3)
(4)
(5)

3

4

1 章

04 情報社会の法規と権利(3)

教科書p.16〜19

教科書の確認

1 個人情報 [教 p.16]

(① 　　　　　　　　　　)は，個人情報の有用性に配慮しつつ，個人の(② 　　　)や利益を保護することを目的として，個人情報を収集する(③ 　　　　　　　　　　)の義務などを規定している。

(①)で定められた個人情報とは，(④ 　　　)する個人に関する情報で，氏名，(⑤ 　　　)，生年月日，(⑥ 　　　)，電話番号，(⑦ 　　　)，職業など，個人を(⑧ 　　　)できる情報をいう。指紋や顔認識のデータなど個人の(⑨ 　　　　)な特徴を表す情報や，(⑩ 　　　　　　)や運転免許証の番号，マイナンバーなど個人を(⑧)できる情報((⑪ 　　　　　　　　))も個人情報と定められている。特に，氏名，(⑤)，生年月日，(⑥)の4つを(⑫ 　　　　　　)といい，住民票に記載される。人種，信条，病歴などは(⑬ 　　　　　　　　)といい，取り扱いには特に配慮が必要である。

●個人情報
ほかの情報と組み合わせることで個人を識別できる情報も個人情報である。

●スマートフォンの管理
スマートフォンには，自分や他者の個人情報が数多く記録されており，細心の注意を払って管理する。

2 プライバシーの保護 [教 p.17]

知られたくない情報を公開されたり，他人から(① 　　　)や侵害を受けたりしない個人の私生活上の自由を(② 　　　　　　　　)という。

本人の許可なしに(③ 　　　)を撮影されたり，利用されたりしない権利が，裁判の(④ 　　　)で認められている。この権利を(⑤ 　　　　　)という。

●プライバシーの権利
個人情報保護法のように法律で規定されていない。裁判の判例で確認されている権利である。

●プライバシーマーク
個人情報に対して適切な保護措置を行っている会社などの事業者に与えられるマーク。

3 個人情報の提供と流出/個人情報の保護と管理 [教 p.18-19]

ポイントカードや(① 　　　)カードを作る時，インターネットでの(② 　　　)情報の入力や通信販売を利用する時など，私たちはいろいろな場面で個人情報を他者に知らせることがある。

個人情報を収集する目的で，本物に似せた偽のWebサイトに誘導して，ユーザIDや(③ 　　　　　　)を入力させて不正に取得する(④ 　　　　　　　　)や，キーロガーやスパイウェアによる個人情報の流出被害も起きている。(⑤ 　　　　　　　　　　)に感染することで，コンピュータ内にある情報が流出することもある。

利用者がサービスの中止を(⑥ 　　　　)に伝えるまではサービスの提供を続ける方式((⑦ 　　　　　　　　))と，利用者がサービスを利用する意思を(⑥)に伝えるまではサービスを提供しない方式((⑧ 　　　　　　))がある。

●キーロガー
キーボードを使ってコンピュータに入力する文字を記録するソフトウェアやハードウェア。

●スパイウェア
利用者の情報を収集し，その情報を情報収集者へ自動的に送信するソフトウェア。

Note

練習問題

知 **1** **次のア～オのうち，個人情報保護法で定められた個人情報といえるものをすべて選び，記号で答えなさい。**

ア．指紋や顔写真など生存する個人の身体的な特徴を表す情報

イ．人種，信条，社会的身分，病歴などの要配慮個人情報

ウ．亡くなった人の氏名，住所，生年月日など

エ．他の情報と組み合わせることで個人を識別できる情報

オ．パスポートの旅券番号など個人を識別できる個人識別符号

1

思 **2** **次の(1)～(3)の行為で，個人情報が流出した場合に予想されるトラブルの例を下のア～ウから選び，記号で答えなさい。**

(1) インターネット販売で，クレジットカード番号を登録した。

(2) 商店街の懸賞付きアンケートに，自分の住所と名前を書いた。

(3) SNSにスマートフォンのメールアドレスを掲載して公開した。

ア．知らない店からダイレクトメールが届くようになった。

イ．スマートフォンに大量のメールが届くようになった。

ウ．クレジット会社から覚えのない請求がきた。

2

(1)

(2)

(3)

思 **3** **次のア～ウのうち，肖像権を侵害していると思われる行為をすべて選び，記号で答えなさい。**

ア．友人が撮影した海の風景を無断でSNSに掲載した。

イ．自分が撮影した集合写真を無断でSNSに掲載した。

ウ．入場料を払って入館した写真展に展示されていたアイドルの写真を，スマートフォンで撮影してSNSに掲載した。

3

知 **4** **次のア～ウのうち，正しい記述を１つ選び，記号で答えなさい。**

ア．利用者がサービスの中止を事業者に伝えるまではサービスの提供を続ける方式をオプトインという。

イ．利用者がサービスを利用する意思を事業者に伝えるまではサービスを提供しない方式をオプトアウトという。

ウ．本物に似せた偽のWebサイトに誘導し，個人情報を不正に収集する手口をフィッシング詐欺という。

4

▶考えてみよう

スマートフォンには，どのような種類の個人情報が記録されているか調べ，スマートフォンの管理について考えてみよう。

05 情報技術が築く新しい社会

教科書p.20〜23

教科書の確認

1 身近な情報システム ［教 p.20〜21］

大量の情報を高速に処理するには，(① 　　　　　　　)に接続された個々の(② 　　　　)が連携しながら，全体としてまとまりをもって動く仕組みが必要となる。この仕組みを(③ 　　　　　　)という。コンビニエンスストア(コンビニ)は，いつ訪れても(④ 　　　　)が少なく，いろいろな商品がバランスよく品揃えされている。これは(⑤ 　　　　)システムが活用されているからである。

身近な(③)として，予約システム，(⑥ 　　)観測システム，銀行の(⑦ 　　　　)，全地球測位システム，高度道路交通システムの一つである(⑧ 　　　　)などがある。

●全地球測位システム
(Global Positioning System：GPS)は，人工衛星からの電波を利用して，位置を測定するシステムである。このGPSを用いて，ルート案内やカーナビゲーションなどのサービスが提供されている。

2 電子マネーの普及 ［教 p.21］

(① 　　　　　　　)とは貨幣価値を(② 　　　　　)なデータで表現したもので，データ通信によって(③ 　　　)する。(①)には，専用の(④ 　　　　　　)に貨幣価値データを記録し，店舗での買い物や，電車やバス等の交通機関の利用などで用いる(⑤ 　　　　　　)型電子マネーやスマートフォンを用いた(⑥ 　　　　　)が普及している。

●電子決済の型
電子決済では，事前に現金を専用の端末や預金口座などからチャージするプリペイド型と，クレジットカードなどを用いて後で支払うポストペイ型がある。

3 注目される情報技術 ［教 p.22］

学習・(① 　　　)・(② 　　　)・判断など，人間の知的なふるまいをコンピュータを使って人工的に模倣した技術を(③ 　　　　　)(AI)という。(④ 　　　)学習やそれを用いた画像・(⑤ 　　　　　)，自然言語処理，(⑥ 　　　　　)，問題解決などの研究が進められている。

あらゆるモノ(物体)がインターネットに接続され，相互に通信を行う環境を(⑦ 　　　　)という。現在では，(⑦)で，モノから収集される多種多様で大量のデータ((⑧ 　　　　　　　))を(③)で分析することによって得られた情報が，社会で有効に活用されている。

●暗号資産(仮想通貨)
ブロックチェーンという技術を用いて取引するデジタルデータの貨幣で，電子マネーとは異なる。銀行を通さず直接送金することができる。

●仮想現実(VR)
人が知覚できる仮想環境を構築する技術。利用者は仮想環境の中で行動しながら仮想の世界に働きかける。

4 新しい社会での課題解決 ［教 p.23］

近年では，(① 　　　　　)が普及して，実世界((② 　　　　　　　)空間)の各種(③ 　　　　　)やカメラ，GPSなどから大量に収集されるデータが，(④ 　　　　　　)空間で集約される。そのビッグデータを(⑤ 　　　　　　)(AI)が解析して，実世界の課題を解決するための情報や，新たな(⑥ 　　　)を創造する手掛かりを提供する。

●拡張現実(AR)
現実の環境にコンピュータを利用して情報(静止画や動画等)を付加するなど，現実を拡張する技術。

Note

練習問題

知 **1** **次の(1)～(4)は，社会の中の情報システムについて述べたものである。どの情報システムについて述べたものか，下のア～エから適切なものを選び，記号で答えなさい。**

(1) 銀行やコンビニエンスストアなどに設置され，現金の支払い・預金・振り込みなどができるシステム
(2) 人工衛星からの電波を利用して，位置を測定するシステム
(3) 店舗内で商品を販売した時点での情報を活用するシステム
(4) 高度道路交通システムの一つで，高速道路などの出入口で，自動で料金を収受するシステム

ア．POS　イ．GPS　ウ．ETC　エ．ATM

知 **2** **次の(1)～(5)は何を説明しているか，最も ふさわしい名称を【A群】から，またその利用例を【B群】から選び，記号で答えなさい。**

(1) あらゆるモノ（物体）がインターネットに接続され，相互に通信する環境
(2) ブロックチェーン技術を用いて取引するデジタルデータの資産
(3) 人間の知的なふるまいをコンピュータで人工的に模倣する技術
(4) 人が知覚できる仮想環境を構築する技術
(5) 現実の環境にコンピュータを利用して情報（静止画や動画など）を付加する技術

【A群】ア．仮想現実（VR）　イ．IoT　ウ．暗号資産
エ．人工知能（AI）　オ．拡張現実（AR）

【B群】a．試着アプリ　b．オンラインゲーム　c．画像認識
d．ビッグデータの収集　e．仮想通貨での決済

知 **3** **コンビニエンスストアの商品管理において，情報の流れを示す矢印の意味について，右の図中の(1)～(4)にあてはまるものを次のア～エから選び，記号で答えなさい。**

ア．商品の発注
イ．バーコードによる商品情報
ウ．売れた商品の種類と数
エ．配送経路と各店の商品の数と種類

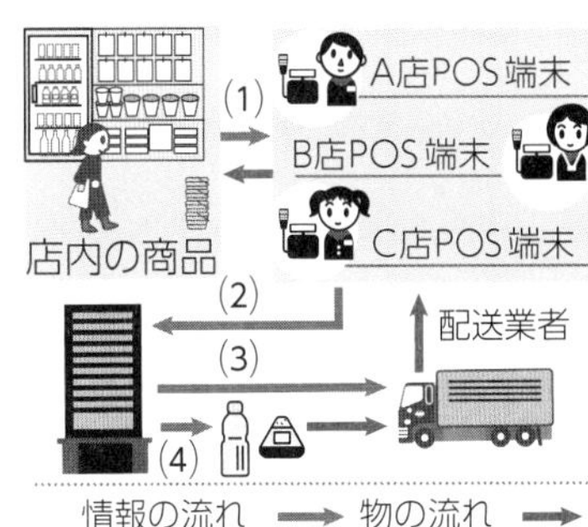

1
(1)
(2)
(3)
(4)

2【A群】　【B群】
(1) ，
(2) ，
(3) ，
(4) ，
(5) ，

3
(1)
(2)
(3)
(4)

▶調べてみよう

新しい情報技術を用いた社会の課題解決や，新たなサービス提供の事例を調べてみよう。

1章 章末問題

知 **1** **次の(1)～(4)の産業財産権の名称を答えなさい。また，(1)～(4)が保護される期間をア～エからそれぞれ選び，記号で答えなさい。**[教p.11]

(1) 商品やサービスに使用するマークを保護する権利

(2) 物品の構造，形状にかかわる考案を保護する権利

(3) 発明を保護する権利

(4) 物品のデザインを保護する権利

ア．出願から10年　　イ．出願から20年

ウ．出願から25年　　エ．登録から10年(更新あり)

	(1)	(2)	(3)	(4)
名称				
期間				

アドバイス

1

(1)記号，立体的形状，色彩，音やそれらの組み合わせも登録することができる。

(2)(3)と比較して，早期に実現でき，ライフサイクルが短いものが多い。

(3)技術面のアイデアで高度なもの。

(4)形状や模様，色彩などが対象になる。

思 **2** **次の(1)～(6)は，許諾や承諾を得ずに行ってよいか。よい場合は○を，よくない場合は，侵害する権利をア～カからすべて選び，記号で答えなさい。**[教p.12～13]

(1) Webページに友人が撮影した富士山の写真を掲載する。

(2) 海外の作家の作品を日本語にする。

(3) 友人の描いたイラストをコピーする。

(4) 教室で先生が新聞記事のコピーを配布して授業を行う。

(5) 友人と一緒に撮った写真をSNSに掲載して公開する。

(6) 有名な詩人が創った詩の一部を，市民を集めて朗読する。

ア．複製権　　イ．同一性保持権　　ウ．肖像権

エ．翻訳権　　オ．公衆送信権　　カ．口述権

(1)	(2)	(3)	(4)	(5)	(6)

2

・複製権…著作物を複製（コピー）する権利

・同一性保持権…著作物の内容を意に反して改変（変更や削除）されない権利

・肖像権…肖像を撮影・利用されない権利

・公衆送信権…著作物を公衆に送信する権利

・口述権…言語の著作物を口述する権利

知 **3** **次の条件に該当するクリエイティブ・コモンズ・ライセンスマークを下のア～ウの中から１つ選び，記号で答えなさい。**[教p.15]

原作者のクレジット(氏名，作品名など)を表示し，非営利目的，かつ元の作品を改変しないことを条件に，作品を自由に再配布できる。

ア

イ

ウ

答

3

クリエイティブ・コモンズ・ライセンスは，著作者の意思を尊重しながら，条件付きで著作物の利用を認める仕組みである。

知 **4** **次のア～カの中から，個人情報保護法で定められた個人情報とはいえないものをすべて選び，記号で答えなさい。**[教p.16]

ア．住所　　イ．故人の氏名　　ウ．マイナンバー

エ．指紋　　オ．メールアドレス　　カ．グループ名

答

4

個人情報保護法では，生存する個人に関する情報で，個人を識別できる情報を個人情報という。

態 **5** **高校の文化祭で，１，２年生が，流行している卒業ソングを皆で振付を考え，踊りながら歌った。それを録画した映像をDVDに保存し，複製して３年生全員に贈ることにした。次の問いに答えなさい。**

[教 p.12～13]

(1) このDVD作成に使用する著作物は何か，３つ答えなさい。

(2) この例では，教育機関としての著作物の例外的な使用に該当しない。その理由を書きなさい。

(3) この問題点を解決するためにはどうしたらよいか書きなさい。

(1)			
(2)			
(3)			

思 **6** **次の文章の空欄に当てはまる語句を記入し，下の問いに答えなさい。**

[教 p.22～23]

人間の知能の働きを，コンピュータを使って模倣した技術を（　ア　）という。また，あらゆるモノ（物）が（　イ　）に接続され，相互に通信を行う環境を（　ウ　）という。近年では，（ウ）が普及して，各種センサやカメラ，GPSなどから①大量に収集されるデータを（ア）が解析して②社会的課題を解決するための情報を提供する。

ア	イ	ウ

(1) 下線部①を何というか答えなさい。　　（　　　　　　　　）

(2) 下線部②が示す社会的課題の解決事例を答えなさい。

知 **7** **右図は，配車システムでの情報の流れを表したものである。(1)～(4)の矢印の説明を次のア～エから選び，記号で答えなさい。** [教 p.23]

ア．利用者までの到達時間が最も短い車に，配車するよう依頼

イ．利用者の配車依頼から，利用者の位置情報を取得

ウ．利用者の乗車記録を取得

エ．GPSで各車の位置情報をリアルタイムに取得

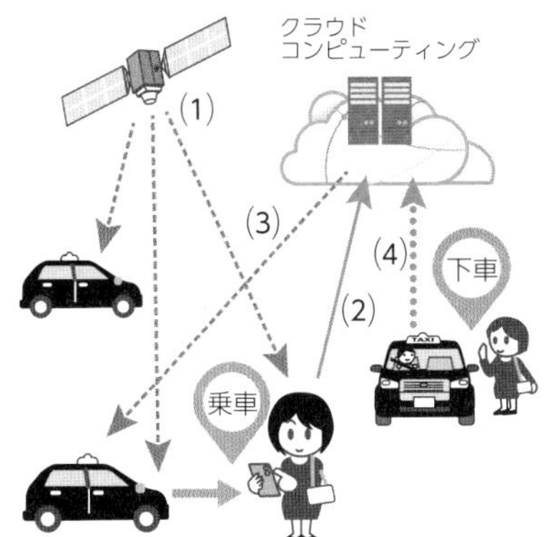

(1)	(2)	(3)	(4)

アドバイス

5

(1)著作物には，言語，音楽，舞踏，映画，美術，写真，編集著作物などがある。著作物の質に関係なく，思想または感情を創作的に表現すれば著作権が生じる。

(2)著作権法第35条の「学校その他の教育機関における複製等」を参照する。

(3)対価を支払って著作物を利用することも考える。

6

ア～ウ　新しい情報技術の概要とその名称について理解しておく。

(1)多様な種類や形式のデータがリアルタイムに収集，更新，蓄積されている。

(2)人や社会，自然から多種・多様なデータを収集・解析して社会的課題の発見や解決に役立てている。

7

ア：クラウド上のサーバで分析し，最短の時間で到着する車に連絡する。

イ，エ：人工衛星からの電波を利用して，車も利用者も地図上の位置を取得する。

ウ：乗車記録のデータを解析し，可視化して経営戦略に利用する。

06 メディアとコミュニケーション(1)

教科書p.26〜29

教科書の確認

1 メディアの分類 [教p.27]

メディアを3つの側面に分けて，その意味を考えてみよう。

まず，情報を人々に伝えるための（①　　　　）がある。（①）には，新聞やラジオ放送，テレビ放送，電話などがある。次に，文字や音声，画像など，伝えたい情報を表現するための（②　　　　）がある。さらに，電話の音声やデータを伝える電話線や電波など，情報を物理的に伝達するための（③　　　　）がある。このメディアの3つの側面がお互いに機能して，人に情報が伝えられる。

2 メディアの発達 [教p.27]

情報を人々に伝えるための情報メディアでは，人類誕生後，言葉が生まれ，（①　　　　）（オーラル）により情報が表現されていたものが，文字の発明で（②　　　　）により表現されるようになる。さらに15世紀の活版印刷の発明により，新聞や書籍などの（③　　　　）が普及し知識が急速に伝達されるようになる。19世紀には（④　　　　），（⑤　　　　）などの電気通信技術により，離れたところにいる人に瞬時に情報を伝達できるようになる。20世紀に入ると（⑥　　　　），（⑦　　　　）などの放送が開始され，一方向の情報伝達であるが，広い範囲の不特定多数の人々に対して多量の情報を伝達することができるようになった。

さらに20世紀の後半には（⑧　　　　）が登場し，（⑨　　　　）など，地理的な制約を越え，双方向の情報伝達が可能になった。

3 表現メディアの特性 [教p.28]

情報を表現するメディアには，それぞれの特性がある。

具体的な量や言葉の意味，法律などは，（①　　　　）の方が正確に伝えやすい。ただし，（①）が文章となり，長くなるにつれて情報の受け手は読む時間が必要になる。一方，色や形などの情報は，（①）より（②　　　　）や（③　　　　）の方が適切かつ簡潔に伝えられる。

（④　　　　）で伝えられる聴覚情報は，どちらを向いていても受信できる。写真やポスターなど，（⑤　　　　）は，（①）で表現しにくいものでも短時間で多くの情報を伝達できる。

（⑥　　　　）は，スポーツなど動きのある情報を伝える時にふさわしい表現メディアである。ほかの表現メディアに比べ（⑦　　　　）が圧倒的に多い。

●メディア
発信者から受信者に情報が届けられる際に，かかわったすべてのもの。情報を表現する手段，情報を送受信する仕組み，さらに情報を伝達する物体もメディアであるといえる。

●メディアの分類
- 情報メディア…情報を人々に伝える。
- 表現メディア…伝えたい情報を表現する。
- 伝達メディア…情報を物理的に伝達する。

●マスメディア
新聞，雑誌，ラジオやテレビ放送のように，新聞社，出版社，放送局など特定の発信者から，不特定多数の受信者へ向けての情報伝達にかかわる情報メディアのこと。
マスメディアは，おもに発信者から受信者への一方向の情報伝達を行い，電話やインターネットは，双方向の情報伝達が可能な情報メディアである。

Note

練習問題

知 **1** **次の(1)〜(3)に対応するメディアを下のア〜チからそれぞれすべて選び，記号で答えなさい。**

(1) 情報メディア　(2) 表現メディア　(3) 伝達メディア

ア．郵便　イ．電波　ウ．動画　エ．電話　オ．テレビ放送
カ．音声　キ．Webページ　ク．電線　ケ．静止画
コ．紙　サ．電子メール　シ．書籍　ス．新聞
セ．DVD　ソ．ラジオ放送　タ．文字　チ．空気

知 **2** **次の(1)〜(5)のような情報の伝達は，文字，図形，音声，静止画，動画のうちのどの表現メディアの特徴を活かしたものか答えなさい。**

(1) いろいろな方向を向いている人に危険を知らせる。
(2) スポーツのような動きのある情報を伝達する。
(3) イメージで伝えることができ，子どもでもわかりやすい。
(4) 風景などの２次元情報をわかりやすく伝達する。
(5) 具体的な量や言葉の意味を人に伝える。

知 **3** **次の(1)〜(5)の表現メディアの説明について，正しいものには○を，間違っているものには×を記しなさい。**

(1) 音声で伝えられる聴覚情報は，どちらを向いていても受信できる特徴があるため，どのような情報も音声で伝えた方がよい。
(2) 色や形などの情報は，画像や図形より文字の方が適切かつ簡潔に伝えられる。
(3) 静止画は，文字で表現しにくいものでも短時間で多くの情報を伝達できる。
(4) 動画は，再生時間の制約を受けるメディアである。
(5) 走行中の自転車への注意や危険を知らせる看板などには，文章を用いた方がよい。

知 **4** **次の(1)〜(4)の情報メディアが利用する表現メディアを下のア〜エからそれぞれすべて選び，記号で答えなさい。**

(1) 新聞　(2) ラジオ　(3) テレビ　(4) 雑誌

ア．文字　イ．音声　ウ．静止画　エ．動画

1
(1)
(2)
(3)

2
(1)
(2)
(3)
(4)
(5)

3
(1)
(2)
(3)
(4)
(5)

4
(1)
(2)
(3)
(4)

▶考えてみよう

住宅街の近くにある駅前に開店したパン屋を，コストを抑えて上手に宣伝したい。どのような情報メディアを使えばよいか考えてみよう。

07 メディアとコミュニケーション(2)

教科書p.30〜33

教科書の確認

1 伝達メディアの特性 [教p.30]

伝達メディアには，情報を保存して時間的に伝達する（① ）メディアと，情報を空間的に伝達する（② ）メディアがある。

2 メディアリテラシー [教p.30〜31]

インターネットには多くの有益な情報が存在している。しかし，誰でも自由に情報を発信することができるため，発信者の不注意による誤った情報や内容に偏りのある情報，意図的に発信された偽りの情報などの場合もある。インターネットの情報は，（① ）が保証されているとはいえない。

また，デジタル情報は，コンピュータ間でデータを送受信する時に，まれに送信データと受信データが一致しないような誤りが発生する。そのため，情報の（② ）にも注意を払う必要がある。

このように情報社会を生きていくには，メディアからの情報を主体的に読み解く能力やメディアにアクセスして活用する能力，メディアを通じてコミュニケーションを行う能力などを身に付けることが求められる。これらを総称して（③ ）という。

3 コミュニケーションの形態 [教p.32〜33]

（① ）を行うにはさまざまな方法があり，適切な方法やメディアを選択する必要がある。発信者と受信者の人数や位置関係，(①) の（② ）によって次のように分類できる。

発信者と受信者の人数による分類では，発信者１人に対し，受信者も１人である (①) を（③ ）（個別型），発信者１人に対し，受信者が複数である (①) を（④ ）（マスコミ型），反対に受信者１人に対し，発信者が複数である (①) を（⑤ ）（逆マスコミ型），発信者も受信者も複数である (①) を（⑥ ）（会議型）と分類できる。

発信者と受信者の位置関係による分類では，相手と直接対面している（⑦ ）(①)，相手が離れたところにいる（⑧ ）(①) に分類できる。

(①) の (②) による分類では，相手からすぐ反応がある（⑨ ）(①) と相手がいつ受信したかわからない（⑩ ）(①) とに分類できる。

●記録メディア
紙，CD，DVD，BD，フラッシュメモリ，ハードディスクドライブ，SSDなどがある。

●通信メディア
通信機器や電話回線，LANケーブル，光ファイバなど有線の通信ケーブル，また，スマートフォンなどで使う無線の電波や，声や音を伝える空気などがあり，情報を空間的に伝達する。

●信憑性
内容が正しく確かで，信用できる度合いのこと。

●信頼性
情報が伝達する過程で，情報の精度や正確さが損なわれていない度合いのこと。

Note

練習問題

知 **1** **次の(1)～(5)のうち，空欄にあてはまる用語を，ア．信頼性，イ．信憑性，のどちらかを選び，記号で答えなさい。**

(1) 匿名で掲示板に記載してあることや，知らない人からのメールの内容は，(　　)が低い。

(2) コンピュータ間でデータを送受信するとき，まれに誤りが発生し，(　　)が損なわれる場合がある。

(3) プログラムミスが多発すると，(　　)を失ってしまう。

(4) 情報の(　　)とは，情報伝達する過程で，情報の精度や正確さが損なわれていない度合いのことである。

(5) 情報の(　　)とは，内容が正しく確かで，信用できる度合いのことである。

知 **2** **次の(1)～(5)のような伝達手段では，情報の受け手との関係やそれぞれの手段に，どのような特徴があるか。下の位置関係および同期性からそれぞれ1つずつ，特徴からそれぞれ2つずつ適当なものを選び，記号で答えなさい。**

(1) 会話　(2) 電話　(3) 電子メール

(4) プレゼンテーション　(5) Webページ

位置関係：ア．一緒の場所にいる　イ．離れた場所にいる

同期性：ウ．時間を共有している　エ．時間を共有していない

特徴：

A．相手の反応を確認しながら情報を伝達できる。

B．対象の人数や場所などの制約がある。

C．いつでも情報を発信できる。

D．相手がいつ情報を受け取ったかはわからない。

思 **3** **次の(1)～(4)のような情報伝達に最も適する情報メディアを下のア～キから選び，記号で答えなさい。**

(1) 飲食店の新規顧客開拓のため，メニューや割引クーポン券を多くの人に公開し，集客につとめる。

(2) 会社の支社へ出張中に本社の会議に参加し，社員の顔の表情などを確認しながら意見交換を行う。

(3) 返事を急がない連絡や，個人的な相談などをする。

(4) 個人的な相談や連絡で，返事を急ぐ。

ア．電子掲示板　イ．電子メール　ウ．Webページ

エ．郵便　オ．新聞　カ．電話　キ．テレビ会議システム

1

(1)

(2)

(3)

(4)

(5)

2

(1)位置関係

同期性

特徴

(2)位置関係

同期性

特徴

(3)位置関係

同期性

特徴

(4)位置関係

同期性

特徴

(5)位置関係

同期性

特徴

3

(1)

(2)

(3)

(4)

08 メディアとコミュニケーション(3)

教科書p.34〜37

教科書の確認

1 インターネットのコミュニケーション ［教p.34〜37］

(①)(メール)の送り先には「(②)(To)」「(③)」「(④)」の3つがあり，いずれも複数のメールアドレスを並べることができる(⑤)という特徴をもつ。インターネット上でメッセージを記録したり，そのメッセージに対して返事を書き込んだりするシステムを(⑥)(BBS)という。

(⑦)とは，テキストメッセージのやり取りや無料通話などによるメッセージ交換機能を有するアプリの総称である。写真やイラストなどをやり取りする機能を有するものもある。

(⑧)とは，インターネットなどを通して，お互いの映像を見ながらリアルタイムに会話ができるサービスである。パソコンやスマートフォンを使い，家族や友人などのプライベートから企業での会議まで利用されている。

インターネット上で回答を募って疑問を解消するためのWebサイトのことを(⑨)という。利用者が質問を公開し，それに回答できるほかの利用者が書き込みを行うといった形式になっており，不特定多数の利用者から回答を募ることができる。

(⑩)は，「ウェブ」+「ログ(記録)」の造語で，日記などを時系列に公開できるWebページの総称をいう。(⑩)の閲覧者がその記事に対する(⑪)(コメント)を投稿したり，記事をほかの(⑩)から逆リンク形式で(⑫)(トラックバック)したりする機能がある。

(⑬)は，インターネット上における個人間のコミュニケーションを促進し，社会的なネットワークの構築を支援するサービスのことである。特技や趣味など，自分がどのような人物なのかというプロフィールや日常生活を公開することにより，より親密なコミュニケーションを期待することができる。

Webブラウザを使い，電子メールの作成や送受信を行うシステムを(⑭)という。(⑭)ではメールシステム自体がデータセンタに置かれ，インターネットを通じてその内容を読みにいく仕組みなので,場所や端末を選ばずにメールでのコミュニケーションが可能である。

(⑮)とは，不特定多数の利用者が動画を投稿して不特定多数の利用者と共有して視聴できるサイトのことである。投稿された動画は，ほかの利用者のリクエストに応じ，ブラウザを通じて(⑯)方式で再生される場合が多い。

●電子掲示板
インターネット上でメッセージを記録したり，そのメッセージに対して返事を書き込んだりするシステム。

●メッセージアプリ
テキストメッセージのやり取りや無料通話などによるメッセージ交換機能を有するアプリの総称。

●ビデオ通話
インターネットを通じて，お互いの映像を見ながらリアルタイムに会話ができるサービス。

●Q＆Aサイト
インターネット上で回答を募って疑問を解消するためのWebサイト。

●ブログ
日記などを時系列に公開できるWebページの総称。

●SNS
インターネット上における個人間のコミュニケーションを促進し，社会的なネットワークの構築を支援するサービス。

●Webメール
Webブラウザを使い，電子メールの作成や送受信を行うシステム。

●動画投稿サイト(動画共有サイト)
不特定多数の利用者が動画を投稿して不特定多数の利用者と共有して視聴できるサイト。

Note

練習問題

知 **1** **次の(1)～(8)のインターネットを利用したサービスについての説明のうち，正しいものには○を，誤っているものには×を記しなさい。**

(1) SNSに自分のプロフィールを公開するため，詳細な個人情報を投稿しなければならない。

(2) 動画投稿サイトに動画を投稿するときには匿名で投稿できるが，動画に写りこんでいる背景やもち物，服装などから個人を特定できる可能性がある。

(3) 海外に電子メールを送るには，通信回線として国際電話を利用するため，非常に高価になる。

(4) ブログの機能として，閲覧者がその記事に対するコメントを投稿したり，記事をほかのブログから逆リンク形式でトラックバックしたりする機能がある。

(5) Webメールは，メールソフトのインストールが不要で，場所や端末を選ばず，インターネットに接続できる環境とWebブラウザがあれば利用できる。

(6) ビデオ通話では，1対1の会話しかできない。

(7) 電子掲示板は，匿名における文字中心のコミュニケーションであるため，誤解が生じたり，やり取りが感情的になったりする場合がある。

(8) Q＆Aサイトの質問への回答は，専門家や自信のある人からの回答であるため，回答の内容を完全に信用してよい。

1
(1)
(2)
(3)
(4)
(5)
(6)
(7)
(8)

知 **2** **次の表の(1)～(4)には適切な語句を入れ，(5)～(10)には適切な語句をどちらか選び，答えなさい。**

項目	To	CC	BCC
言葉の意味	「((1))」という意味である	((2))の略で，「((3))」という意味である	((4))の略である
可視性	ほかの受信者から((5)見える・見えない)	ほかの受信者から((6)見える・見えない)	ほかの受信者から((7)見える・見えない)
返信の必要性	一般的には((8)必要・不要)	一般的には((9)必要・不要)	一般的には((10)必要・不要)

2
(1)
(2)
(3)
(4)
(5)
(6)
(7)
(8)
(9)
(10)

▶考えてみよう

SNSやメッセージアプリなどを利用するにあたり，自分から情報を発信・投稿する際に気を付けなければならないことを考えてみよう。

09 情報デザイン(1)

教科書p.38~41

教科書の確認

1 情報バリアフリー ［教p.38］

現代社会において，障がい者や高齢者などが情報を送受信することは大切であるが，それを妨げるバリアはまだ多い。そのバリアを取り除くことを（① ）という。例えば，視覚障がい者が「新聞や雑誌の文字が読み取れない」というバリアのある状態から，（② ）ソフトウェアを使って「新聞のWebサイトをリアルタイムに，一人で読むことができる」というバリアのない状態になることなどがあげられる。

2 ユニバーサルデザイン ［教p.39］

年齢，言語，国籍，身体能力などに関係なく，すべての人にとって使いやすい製品や生活しやすい環境を設計することを（① ）という。情報バリアフリーは，「（② ）を取り除く」という意味であるのに対し，（①）は「はじめから（②）がないように設計する」という考え方である。（①）の一例として，言語に頼らず情報を伝えることができる（③ ）（絵文字）がある。

3 Webアクセシビリティ ［教p.40］

障がい者や高齢者など心身の機能に制約のある人でも，Webページで提供されている情報に問題なくアクセスし，利用できることを（① ）と呼ぶ。例えば，画像などのテキスト以外の要素には，同等の内容を記述した（② ）（代替文字列）を付けることで，視覚障がい者に対しても音声読み上げソフトウェアにより情報を伝えられ，（①）が高くなる。

4 ユーザビリティとユーザインタフェース ［教p.41］

ソフトウェアやWebサイトなどの使いやすさのことを（① ）という。さまざまな機能に，できるだけ簡単な操作でアクセスできることや，使っていて（② ）や戸惑いを感じないことなどが，優れた（①）につながる。

（①）を低下させる原因の1つに，（③ ）が，利用者の心理や認知などの特性に合っていないということがあげられる。（③）とは，利用者が実際に見たり触れたりする部分，つまり，情報の（④ ）や，データ入力方式などの操作感をいう。

●情報デザイン
効果的なコミュニケーションや問題解決のために，情報を整理したり，情報を受け手に対してわかりやすく伝達したり，操作性を高めたりするための方法および技術。

●情報バリアフリー
障がい者や高齢者などが情報を送受信する上で，それを妨げるバリアを取り除くこと。

●ユニバーサルデザイン
年齢，言語，国籍，身体能力などに関係なく，すべての人にとって使いやすい製品や生活しやすい環境を設計すること。

●Webアクセシビリティ
障がい者や高齢者など心身の機能に制約のある人でも，Webページで提供されている情報に問題なくアクセスし，利用できること。

●ユーザビリティ
ソフトウェアやWebサイトなどの使いやすさのこと。

●ユーザインタフェース
情報の表示形式や，データ入力方式などの操作感のこと。

Note

練習問題

思 **1** **おもちゃ会社に勤務するAさんは，下のア～オの方針で会社のWebページのデザインをすることにした。この中で，Webアクセシビリティの観点から問題があると思われるものをすべて選び，記号で答えなさい。**

ア．子ども向けの内容なので，子どもでも操作できるように，すべての操作をマウス中心に考えた。

イ．子どもが色の情報だけで操作できるように，操作説明文の色と操作ボタンの色をそろえ，操作ボタンは色の情報だけで表示した。

ウ．画像にはすべて代替テキストを添えて，何の情報なのかわかるようにした。

エ．文字の表示の邪魔にならないような背景画像を配置した。

オ．最新の動画技術を使用したので，動画をきちんと表示するように最新のブラウザの使用を指定した。

1

知 **2** **次の(1)～(10)の説明は，それぞれどの概念を実現するための方策か。下のア～エから選び，記号で答えなさい。**

(1) 店の入り口を手動扉から自動ドアに変更した。

(2) Webページのデザインにおいて，情報の受け手に配慮した色遣いをする。

(3) 手で触れることで情報を得ることができる触覚ディスプレイ。

(4) ソフトウェアの操作を間違えた場合に「1つ前に戻る」ことができる。

(5) Webページ上に表示される画像ファイルに，画像と同じ内容を記述した代替テキストを付ける。

(6) ディスプレイ上の文字のサイズを大きくする。

(7) 慣れないソフトウェアを操作している時に，ヘルプを見ることができたりマニュアルを閲覧できたりする仕組みになっている。

(8) 自動販売機の硬貨投入口が大きくなっていて，商品の選択ボタンが高い位置と低い位置の両方に設置してある。

(9) コンピュータの画面を読み上げる音声読み上げソフトウェア。

(10) 水道の蛇口近くに手を出すと，水が自動的に出てくる。

ア．Webアクセシビリティ　　イ．情報バリアフリー
ウ．ユーザビリティ　　エ．ユニバーサルデザイン

2

(1)
(2)
(3)
(4)
(5)
(6)
(7)
(8)
(9)
(10)

▶調べてみよう

Webサイトのユーザビリティが高いユーザインタフェースを調べてみよう。

10 情報デザイン(2)

教科書p.42〜45

教科書の確認

1 フォントと文字の工夫 [教p.42〜43]

文字の種類を(①)と呼ぶ。(②)は読みやすく，長文でも目が疲れない(①)であり，(③)は(②)よりも目立ちやすい(①)である。

また，用途を誤ると異なる印象を与えることがあり，(④)や(⑤)を研究発表などの真面目な場面で用いると，稚拙な印象や不真面目な印象を与えることがある。

文字の(⑥)や(⑦)に違いがないと，資料が単調になり，内容を把握しにくくなる。(⑧)や(⑨)などの強調箇所の文字を大きく太くすることにより，情報の受け手がどこを優先して読むべきか，直感的にわかるようになる。

●フォント
文字の種類のこと。

●フォントの比較

明朝体　ゴシック体

筆書体　ポップ体

2 表やグラフの利用 [教p.44]

データの正確な値を表したい場合には，(①)が適している。一方，データの全体的な傾向を見せたい場合には，(②)を用いるとよい。

●図解のいろいろ

流れ

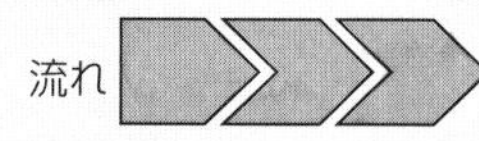

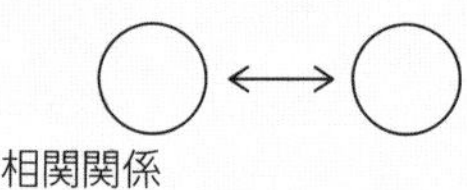

相関関係

構造

3 配色の工夫 [教p.44〜45]

色には(①)・(②)・(③)の三つの属性があり，これらにより色が決定する。(①)とは赤，青，緑などの(④)のことで，(②)とは(⑤)を表す属性である。同じ(①)の色でも，(②)が高いほど鮮やかになり，低いほど灰色に近くなる。(③)とは(⑥)を表す属性で，(①)や(②)が同じでも(③)が低いほど黒っぽく，高いほど明るい色になる。

(①)を順序立てて環状に並べたものを(⑦)という。(⑦)で向かい合った色を(⑧)，隣り合った色を(⑨)といい，(⑧)は互いの色を最も目立たせる色の組み合わせであり，(⑨)を組み合わせるとまとまりがある印象になる。

4 色覚バリアフリー [教p.45]

人の色覚には(①)があり，誰でも同じように色を識別できるとは限らない。この(①)に配慮することが必要であり，これを(②)と呼ぶ。

●色覚バリアフリー
人それぞれがもち合わせる色覚の多様性に配慮すること。

Note

練習問題

知 **1** **次の(1)〜(4)に該当するフォントを下のア〜エから選び，記号で答えなさい。**

(1) 情　(2) 情　(3) 情　(4) 情

ア．筆書体　イ．ゴシック体　ウ．明朝体　エ．ポップ体

思 **2** **次の(1)〜(4)のうち，フォントや文字に関する説明として正しいものには○を，間違っているものには×を記しなさい。**

(1) 筆書体は，筆で書いたような文字に見えるので，プレゼンテーションのスライドなどの資料に用いる。

(2) 一般的に，長文の場合には読みやすく，目が疲れない明朝体を用いる。

(3) タイトルや小見出しなどは大きくすると読みづらくなるので，なるべく大きさや太さは変えない方がよい。

(4) 明朝体の文章の中で目立たせたい部分がある場合には，その部分にゴシック体を用いるとよい。

知 **3** **次の(1)〜(4)の図解は，どの説明を図解するときに用いるとよいか。下のア〜エから選び，記号で答えなさい。**

(1)

(2)

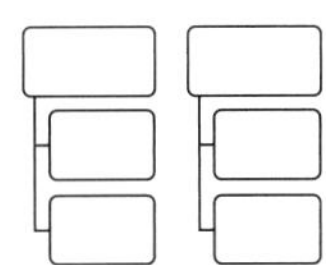

(3)

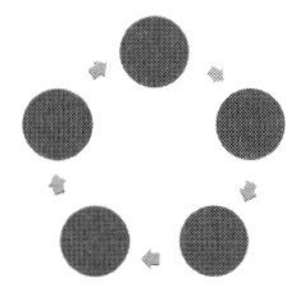

(4)

ア．各班とその班員の関係　イ．生態系のピラミッド

ウ．入学試験の出願から合格手続きまでの流れ

エ．リサイクルの説明

1

(1)

(2)

(3)

(4)

2

(1)

(2)

(3)

(4)

3

(1)

(2)

(3)

(4)

▶調べてみよう

身の回りで，見分けやすい色の組み合わせを利用しているものを探してみよう。

11 情報デザインの実践(1)

教科書p.46〜49

教科書の確認

1 レイアウトの検討 [教p.46]

文書の配置および表現方法など，全体的なデザインを検討する。表や(①)，グラフ，(②)などを利用し，視覚的な効果を考える。

●レイアウトの検討
全体的なデザインを検討する。

2 文書の構成を考える [教p.46]

報告書やレポート，論文などの場合には，(①)→(②)→(③)で文書を構成する。

●文書の構成
文書は序論→本論→結論で構成する。

3 調査方法や実験方法に従って調査を行う [教p.46]

行いたい調査や実験に関して最適な方法を検討して，場所や日時，具体的な(①)を検討する。(①)が決まったら実際に調査を行う。

必要に応じて書籍や論文など(②)を検索し，参考にした場合には，最後に(③)として記載する。また，すでに公表されている著作物の一部を掲載することを(④)という。

●調査方法や実験方法に従った調査
調査や実験に関して最適な方法で，かつ，具体的な調査方法を検討する。

4 全体のデザインを調整する [教p.47]

文字は，(①)や(②)，(③)，および(④)を変えることにより相手に伝わりやすくなる。タイトルは(⑤)にするだけでなく，(②)を大きくしたり(⑥)したりする。また，段落ごとに改行して見やすくする。本文の文章は，スムーズに読みやすい(⑦)とするなどの工夫をする。また，調べた結果を，(⑧)やグラフで表現すると見やすくなる。さらに，本文の内容に関連した(⑨)や図などを入れると，視覚的にわかりやすくなる。

●全体のデザインの調整
・文字は，フォントやサイズ，スタイル，および配置を変えると相手に伝わりやすくなる
・タイトルはゴシック体を用いて，サイズを大きくし，センタリングする
・本文の文章は，明朝体とし，段落ごとに改行する
・調べた結果を，表やグラフで表現し，本文の内容に関連した画像や図などを入れる

5 レイアウトの確認 [教p.47]

最後に，全体の(①)・(②)を見直して調整し，見やすくわかりやすい書面になるように工夫する。文書の中に表や図を用いた場合は，表○や図○といった通し番号とともに(③)を配置する。その際，表の場合は表の(④)に，図の場合には図の(⑤)に配置する。

各小見出しには，項目番号を付けて見やすくし，(⑥)を用いて項目の左端の位置をそろえ，範囲を明確にする。

●レイアウトの確認
・全体の構成・配置を見直して調整する
・文書の中に表や図を用いた場合は，通し番号とともにタイトルを配置する
・各小見出しには，項目番号やインデントを用いる

Note

練習問題

知 **1** **次の図は，３つの文書の構成とその具体的な項目例を示している。図の（1）～（6）にあてはまる語句を下のア～カから選び，記号で答えなさい。**

序論	本論	結論

テーマ ＞（ 1 ）＞（ 2 ）＞（ 3 ）＞（ 4 ）＞（ 5 ）＞（ 6 ）

ア．結果　イ．方法　ウ．考察　エ．まとめ
オ．目的　カ．調査

思 **2** **次の⑴～⑸のうち，文書の作成に関する説明として正しいものには○を，間違っているものには×を記しなさい。**

⑴ レポートを書く際，多くの内容を書き込むために極端に余白を小さくしても構わない。

⑵ 調査方法を書くにあたり，調査に携わっていない人が読んで内容が把握できないことは仕方ないことである。専門的な表現になっても，詳細に記載することが重要である。

⑶ 調べた結果をひと目でわかりやすく表現するため，表を使う。

⑷ アイコンや図形をダウンロードして使用する際には，必ず著作権を侵害していないかどうかを確認する必要がある。

⑸ 文書の中に表や図を用いた場合，タイトルの表示は表・図ともに，表や図の下に配置する。

知 **3** **引用の要件について，次の（1）～（7）にあてはまる語句を下のア～キから選び，記号で答えなさい。**

・引用する資料はすでに（　1　）されていること
・引用を行う（　2　）があり，引用部分が（　3　）になっていること
・本文が（　4　）で引用文が（　5　）であり，引用される分量が（　6　）最小限度の範囲内であること
・出所の（　7　）が必要なこと

ア．主　イ．必要　ウ．必然性　エ．明確　オ．公表
カ．明示　キ．従

知 **4** **以下は，参考文献の示し方について順番を示している。次の（1）～（10）に当てはまる語句を下のア～コから選び，記号で答えなさい。**

○書籍の場合　（1）．（2）．（3），（4），（5），（6）．
○Webページの場合　（1）．“（7）”．（8）．（9），（10）．

ア．総ページ数　イ．出版年　ウ．版表示　エ．著者名
オ．入手先（URL）　カ．出版者　キ．入手日付（アクセス日）
ク．書名　ケ．Webページの名称　コ．Webページの題名

1
⑴
⑵
⑶
⑷
⑸
⑹

2
⑴
⑵
⑶
⑷
⑸

3
⑴
⑵
⑶
⑷
⑸
⑹
⑺

4
⑴
⑵
⑶
⑷
⑸
⑹
⑺
⑻
⑼
⑽

12 情報デザインの実践(2)

教科書p.50〜53

教科書の確認

1 プレゼンテーション [教p.50〜53]

相手に直接自分の意思やアイデアを効率よく伝える(①　　　　)の方法のことをプレゼンテーションという。

まず，最初にプレゼンテーションを行う(②　　　　)や，参加者に何をどこまで理解してもらうのかといった(③　　　)や(④　　　)を定める。次に，参加者の(⑤　　　)，関心の度合い，(⑥　　　　)，内容についての(⑦　　　)や経験などを事前に調べておく。

さらに，本やインターネット，(⑧　　　　　　)調査，話し合いなどから必要な情報を(⑨　　　)・整理・分析して，説明する内容や表現方法を考える。最後に，発表の(⑩　　　)や(⑪　　　)，コンピュータの利用などの形式，(⑫　　　)の項目などについて確認しながら，(⑬　　　　　　　　　　)を作成する。

スライドを作成するには，最初に(⑭　　　　　)(テンプレート)を用いたり，(⑮　　　　　　　　　)を作成したりして，デザインを統一する。

プレゼンテーションを実施する前には，必ず(⑯　　　　　　)を行う。あらかじめ(⑯)用の(⑰　　　　　　　　)を作っておき，確認した項目をチェックする。

スライド発表の場合，プレゼンター(発表者・説明する人)は，作成したスライドを表示しながら，適切な声の(⑱　　　　)と(⑲　　　)ではっきりと話すなど，注意を払ってプレゼンテーションを行う。

プレゼンテーションの実施後に(⑳　　　)を行う。聴き手に依頼してプレゼンテーションを(⑳)してもらい，(④)がどれだけ達成されたかを把握する。話し手と聴き手が交代してプレゼンテーションを行う場合は，相互に(⑳)し合う。

得られた(⑳)の結果については，精査し，(⑯)あるいは企画・作成の段階まで(㉑　　　　　　　　　)してプレゼンテーションを改善する。

プレゼンテーションは，(⑳)や改善など各段階を流れに沿って何度も繰り返すことで，さらに内容がよくなることがある。その手法の一つに，(㉒　　　　　)サイクルがある。(㉒)サイクルは，(㉓　　　　　)(計画)，(㉔　　　)(実行)，(㉕　　　　　　)(評価)，(㉖　　　　　　)(改善)の４つの段階があり，この順番に段階を繰り返すことで，継続的な改善を行うことができる。

●プレゼンテーション
相手に直接自分の意思やアイデアを効率よく伝える情報伝達の方法のこと。

●プレゼンテーションの流れ
企画・作成・リハーサル→実施→評価→改善
場合によっては，評価や改善から企画・作成・リハーサルへフィードバックすることもある。

●フィードバック
リハーサルや実施した際の評価をもとに改善や調整をすること。

●プレゼンテーションの内容
・導入(テーマ，目的，概要を示す)
・展開(内容を整理し，順序立てて示す)
・まとめ(主張をまとめる)

●スライドマスタ
複数のスライドに対して文字のサイズや色，背景など，スライド内の書式を一度に変更する機能のこと。

●PDCAサイクル
Plan(計画)→Do(実行)→Check(評価)→Action(改善)

Note

練習問題

知 **1** **効率よく準備を進め，効果的なプレゼンテーションを行うための流れを表すように，次の(1)〜(6)にあてはまる適切な語句を答えなさい。**

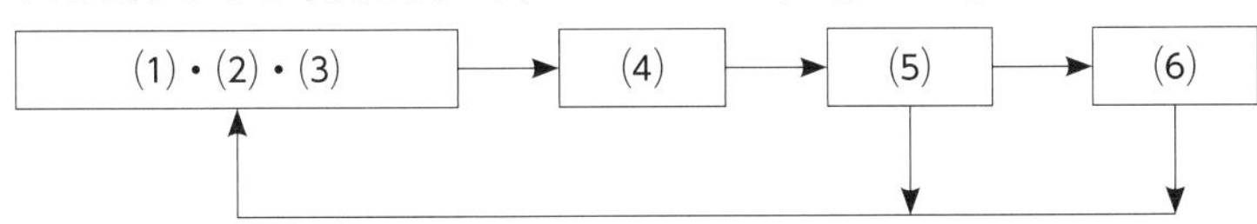

知 **2** **次の各項目は，わかりやすいスライドを作成するために必要な工夫である。(1)〜(7)にあてはまる語句を下のア〜キから選び，記号で答えなさい。**

・文章での表現ではなく，(　1　)で表現したり，(　2　)や図を利用したりする
・文字は(　3　)大きくし，(　4　)を詰めない
・(　5　)や配色を考える
・データは表や(　6　)にして，見やすくする
・関連する(　7　)にまとめる

ア．行間　イ．グラフ　ウ．キーワード　エ．書体
オ．太く　カ．箇条書き　キ．グループ

思 **3** **次の(1)〜(6)のプレゼンテーションの実施時に発表者が注意すべき点について，正しいものには○を，間違っているものには×を記しなさい。**

(1) 原稿を棒読みして，なるべく早く終わらせる。
(2) 重要な部分はゆっくりと話す。
(3) 主語と述語を明確にして一文を短くする。
(4) 話しているときには直立不動の状態を保つ。
(5) 説明中は前を向かず，できるだけ原稿の方を向く。
(6) 聴き手が注目しているかなど，状態を把握する。

知 **4** **次の(1)〜(4)のPDCAサイクルについての説明で，それぞれどの段階を示しているか下のア〜エから選び，記号で答えなさい。**

(1) 実施した内容が計画通り行われて，当初の目標を達成しているかを確認し，評価する。
(2) 問題を整理し，目標を立て，その目標を達成するための計画を立てる。
(3) 評価結果をもとに，内容の改善を行う。
(4) 目標と計画をもとに，実行する。

ア．Plan　イ．Do　ウ．Check　エ．Action

1
(1)
(2)
(3)
(4)
(5)
(6)

2
(1)
(2)
(3)
(4)
(5)
(6)
(7)

3
(1)
(2)
(3)
(4)
(5)
(6)

4
(1)
(2)
(3)
(4)

13 情報デザインの実践(3)

教科書p.54〜59

教科書の確認

1 Webページとは ［教p.54］

インターネット上で，(① 　　　　) を用いて閲覧することが可能な１ページを (② 　　　　) といい，複数の (②) で構成されている意味のあるまとまりのことを (③ 　　　　) という。また，(③) 内は，(④ 　　　　) や (⑤ 　　　　) の構造になっている。

2 HTML ［教p.54］

Webページを作るには，(① 　　　　) という言語を使用し，(② 　　　　) やワードプロセッサ，Webページ作成ソフトウェアなどを使って作成する。(①) では，「<」と「>」で挟まれた (③ 　　) で文字列を囲うことにより，Webページのレイアウトやリンクなどを設定する。このことを (④ 　　　　) という。(⑤ 　　　　) は，(①) を読み込むと，(③) を解釈して指示通りに画面上に表示する。

3 CSS ［教p.55］

文書やレイアウト，デザインなどすべての情報を (① 　　　　) で記述すると，内容がわかりづらく複雑となるため，文書構造の記述は (①) で，レイアウトやデザインなどの定義は (② 　　　　)（スタイルシート）で行うなど，役割を分担させることで，効率よくWebページを作成することができる。

4 HTMLファイルの作成 ［教p.56〜57］

HTMLでは，<(① 　　　　)>と</(①)>の間の部分がWebページの内容として解釈される。<(② 　　　　)>と</(②)>の間（ヘッダ部）には，表示するWebページのタイトルなど，ファイル全体に関係するヘッダ情報を入力する。<(③ 　　　　)>と</(③)>の間（本文）には，文字や画像の表示に関するタグなどを記述する。

メニューとなるWebページに (④ 　　　　) を設定し，メニューから各自が作成したWebページを表示できるようにする。さらに，メニューのWebページへ戻るための (④) をそれぞれのWebページに設定する。(④) 先ファイルが別の場所に保存されている場合，ファイル名の前に (⑤ 　　) を入力する。(⑤) には (⑥ 　　　　) を指定することもできる。

●Webページ
インターネット上で，ブラウザを用いて閲覧することが可能な１ページのこと。

●Webサイト
複数のWebページで構成されている意味のあるまとまりのこと。

●ハイパーリンク
複数の文章や画像などを結び付けるための情報。

●マークアップ
「<」から「>」で挟まれたタグで文字列を囲うことにより，Webページのレイアウトやリンクなどを設定すること。

●CSS
Webページの文字や画像の大きさ，色，配置，背景色など文書の視覚的なスタイルを定義する規格。

●Webサイトの公開の流れ
企画・作成・テスト→公開(実行)→評価→改善
場合によっては，評価や改善から企画・作成・テストへフィードバックすることもある。

Note

練習問題

知 **1** **次の(1)〜(6)のタグはどのような機能をもっているか，下のア〜カから選び，記号で答えなさい。**

(1) <p>〜</p>　(2) <img src="ファイル名">

(3) <a href="リンク先ファイル名">〜</a>　(4)

(5) <title>〜</title>　(6) <hn>〜</hn>（nは1〜6）

ア．見出しとして表示する　イ．タイトルを表示する

ウ．改行する　エ．ほかのページにリンクする

オ．段落を設定する　カ．画像を表示する

思 **2** **次の(1)〜(6)のうち，Webサイトに関する文章として正しいものには○を，そうでないものには×を記しなさい。**

(1) Webサイトを制作する場合，サイトマップを作成するとよい。

(2) 画像ファイルを用いる場合には，サイズがコンパクトな形式の画像データを用いる。

(3) 判別しやすい配色を心掛けたWebページは，Webアクセシビリティが低い。

(4) 表示したい画像ファイルがHTMLファイルとは別の場所に保存されている場合，画像ファイル名の前に代替テキストを入れてタグを記述する。

(5) CSSとは，文書の視覚的なスタイルを定義する規格である。

(6) リンクは，メニューのWebページへ戻るため以外では，設定してはいけない。

知 **3** **次のCSSの書式について，(1)〜(3)にあてはまる名称と意味の組み合わせをア〜ウ，A〜Cからそれぞれ選び，記号で答えなさい。**

CSSの書式　(1){(2)：(3)；}

名称：　ア．プロパティ　イ．値　ウ．セレクタ

意味：　A．どうする　B．どこに　C．何を

知 **4** **次の(1)〜(6)が効率よくWebサイトを公開するための流れを表すように下のア〜カより選び，記号で答えなさい。**

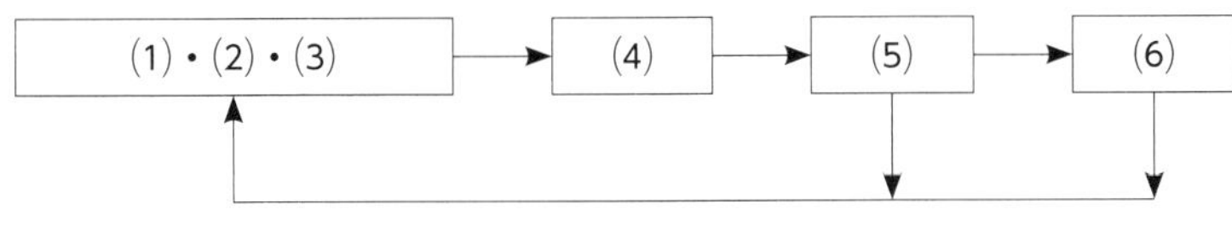

ア．改善　イ．作成　ウ．公開　エ．評価　オ．企画　カ．テスト

1
(1)
(2)
(3)
(4)
(5)
(6)

2
(1)
(2)
(3)
(4)
(5)
(6)

3
(1)
名称
意味
(2)
名称
意味
(3)
名称
意味

4
(1)
(2)
(3)
(4)
(5)
(6)

2章

2章 章末問題

思 **1** **メディアリテラシーの「情報を読み解く能力」とは，どのような能力か答えなさい。**［教 p.30］

態 **2** **1年B組の伊藤さんは，田中さんと一緒に作成したレポートを添付して加藤先生へ電子メールで送ろうとしている。送信前に修正すべき点と具体的な修正案をそれぞれ2つ答えなさい。**［教 p.34～35］

差出人(R) itou_takashi@bcde.ed.jp Bcc
宛先 katou_naoto@bcde.ed.jp
Cc tanaka_keiko@bcde.ed.jp
件名(S)
添付ファイル 1 個(M) 11.9 KB
1B01_情報課題 1 .docx 11.9 KB
段落 <p> プロポーショナル

加藤先生

先週のレポートを添付します。

ご確認のほどよろしくお願いいたします。

修正点	修正案

知 **3** **報告書やレポートを作成する上で，次の(1)～(4)が表している語句を答えなさい。**［教 p.47］

(1) 文章の書き出しの位置をそろえる時などに用いる字下げのこと
(2) 本文の上に位置し，余白に日付などを表示することができる範囲のこと
(3) 各小見出しの前につけて見やすくするための番号のこと
(4) タイトルなどを左右方向に対して中央に配置すること

(1)		(2)	
(3)		(4)	

アドバイス

1
インターネットは，誰でも自由に情報を発信することができるため，信憑性が保証されているとはいえない。
インターネット上での送受信中に情報が損なわれる可能性もあり，情報の信頼性にも注意を払う必要がある。

2
誰が，誰に，どんな用件でメールをしたのか，相手にわかりやすく伝わるように注意する。

3
・タイトルはゴシック体にするだけでなく，サイズを大きくしたりセンタリングしたりする
・各小見出しには，項目番号を付けて見やすくし，インデントを用いて文章の書き出しの位置をそろえ，項目の範囲を明確にする
・ヘッダは本文の上に位置して余白に日付などを表示できる範囲を表す

思 **4** **レポート作成時に次の(1)，(2)を参考にする場合，参考文献の記載はどう表記すればよいか答えなさい。**［教p.49］

(1) 実教花子氏が執筆した「情報通信社会の未来」という書籍を参考にした。なお，この書籍は20XX年に実教出版より発行され，総ページ数は128ページであった。

(2) 「実教学園大学での研究」というWebページを実教太郎氏が公開しており，その中の「世界の環境問題」という題名のページを20XX年○月X日に閲覧した。なお，このWebページのURLは，http://www.jikkyo.ac.jp/world.htmlである。

思 **5** **プレゼンテーションソフトウェアを用いて視聴覚や動きをともなうような情報を伝達しようとする時には，どのような工夫をすればわかりやすく伝達することができるか，表現メディアに注目して説明しなさい。**［教p.52］

知 **6** **テキストエディタ上で，文章が2行で表示されるHTMLファイルを作成した。このファイルをブラウザで表示したが，1行で表示された。どのように修正すればよいか答えなさい。**［教p.57］

知 **7** **HTMLで画像ファイル(pic1.jpg)の表示をしたいが，HTMLファイルと画像ファイルが別の場所に保存されている。画像ファイルが以下の場所に保存されているとき，HTMLファイル上ではどのような指定が必要か答えなさい。**［教p.57］

HTMLファイル…topフォルダ

画像ファイル…top/image/scene1/pic1.jpg

アドバイス

4
(1)書籍の場合には，著者名，書名，出版者，出版年，総ページ数，が必要である。
(2)Webページの場合には，著者名，Webページの題名，Webページの名称，URL，入手日付が必要である。

5
文字以外の表現メディアを用いる。

6
HTMLでの改行はbrタグを用いる。

7
画像ファイルを表示するためにはimgタグ<img src "画像ファイル">を用いる。HTMLファイルと画像ファイルが別の場所に保存されているため，HTMLファイルから画像ファイルへの相対パスを考える。

14 情報システムの構成(1)

教科書p.62〜65

教科書の確認

1 コンピュータの構成 [教 p.62]

図は，コンピュータを構成する装置を表したものである。①〜⑥にあてはまる装置名を書きなさい。

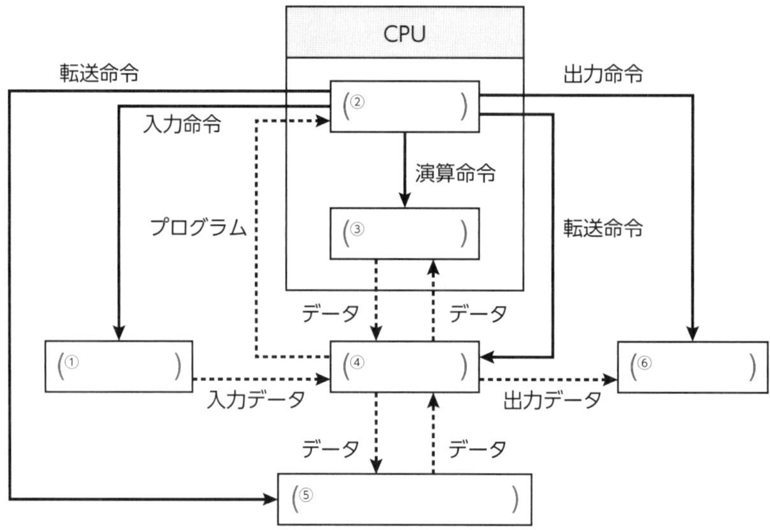

●中央処理装置(CPU)
コンピュータを構成する装置のうち演算装置，制御装置を合わせたもの。

●プログラム
コンピュータで情報を処理するための手順を一定の形式で表したもの。

2 CPUの動作 [教 p.63]

主記憶装置とCPU内部の基本的な構成は次のようになっている。

○主記憶装置…命令やデータを保存する。

○プログラムカウンタ…主記憶装置のどの(①　　　)の命令を次に取り出すかを指定する。

○命令レジスタ…主記憶装置から取り出した(②　　　)を一時的に保存する。

○命令解読器…命令を(③　　　)して各部を制御する。

○データレジスタ…(④　　　)を一時的に保存する。

○演算装置…加算などの(⑤　　　)やその他の演算を行う。

●レジスタ
CPU内の極めて高速に読み書きできる記憶装置。プログラムカウンタはそのうちの一つである。

3 計算の仕組み [教 p.63〜65]

(①　　　　　　)で指定された番地の(②　　　)を(③　　　　　)に取り出し，(④　　　　　)がそれを解読し実行する。プログラムの停止を命令する「STOP」が実行されるまで，これらの一連の動作が繰り返し行われる。このとき，CPU内の各装置と(⑤　　　　　)の間で，命令やデータがやり取りされる。

●仮想コンピュータの命令

READ	メモリからレジスタに読み出し
WRITE	レジスタからメモリに書き込み
ADD	レジスタ間の和
STOP	プログラムの停止

Note

練習問題

知 **1** **次のア～クのコンピュータの装置や周辺機器を，入力装置，出力装置，主記憶装置，補助記憶装置のいずれかに分け，記号で答えなさい。**

ア．ハードディスクドライブ　イ．マウス　ウ．プリンタ
エ．SSD　オ．キーボード　カ．ディスプレイ
キ．メモリ　ク．マイク

知 **2** **次のア～カに示す仮想のコンピュータのCPU内部の基本構成に関する記述で，正しいものをすべて選び，記号で答えなさい。**

ア．データレジスタは，プログラムやデータを一時的に保存する。
イ．プログラムカウンタは，主記憶装置のどの番地の命令を次に取り出すかを指定する。
ウ．命令解読器は，命令を解読して各部を制御する。
エ．命令レジスタは，加算などの算術命令やその他の演算を行う。
オ．演算装置は，主記憶装置から取り出した命令を一時的に保存する。
カ．プログラムカウンタもレジスタの一つである。

思 **3** **ある仮想コンピュータについて，次の問いに答えなさい。**
なお，主記憶装置には図のような命令が１～５番地に，データが10～１１番地にそれぞれ保存されているものとする。また，仮想コンピュータの命令は，p.32の側注に準ずるものとする。

(1) プログラムカウンタが「２」のとき，命令レジスタに取り出される命令は何か答えなさい。

(2) プログラムカウンタが「３」のとき，命令が実行されるとデータレジスタＡの内容は実行前と実行後ではどのように変化するか答えなさい。

	番地
READ A, (10)	1
READ B, (11)	2
ADD A,B	3
WRITE (12),A	4
STOP	5
	⋮
2	10
6	11
	12

(3) 12番地にデータが保存されるのは，プログラムカウンタがいくつのときの命令が実行されたときか答えなさい。

(4) このプログラムを実行した結果，12番地に保存されるデータは何か答えなさい。

(5) このプログラムは，何を計算したものか答えなさい。

(6) ３番地に保存されている命令を「ADD B,A」のように書き換えると，プログラムを実行した結果は正しくならない。正しい結果を得るためには，何番地の命令をどのように書き換えればよいか答えなさい。ただし，３番地の命令はもとに戻してはいけない。

1
入力装置
出力装置
主記憶装置
補助記憶装置

2

3
(1)
(2)
(3)
(4)
(5)
(6)

3章

15 情報システムの構成(2)

教科書p.66〜67

教科書の確認

1 ソフトウェアの種類 [教p.66]

ソフトウェアには，(①) システム (OS) のような基本ソフトウェアのほかに，ワードプロセッサ，表計算ソフトウェア，プレゼンテーションソフトウェア，Webブラウザ，画像処理ソフトウェアなどの応用ソフトウェア ((②) ソフトウェア) がある。

OSは，周辺機器を動作させる (③) というプログラムを追加することで，さまざまな周辺機器に対応することができる。このため，応用ソフトウェアを使う場合には，周辺機器の違いをほとんど意識することなく作業をすることができる。

多くのOSでは，画面上に (④) と呼ばれる画像で応用ソフトウェアやファイルを表示し，これをマウスで操作するとウィンドウが開いて命令を実行したり内容を表示したりする。このような環境を (⑤) という。これに対して，文字で命令を入力して実行させる環境を (⑥) またはCLIという。

●周辺機器
入出力装置や補助記憶装置など，コンピュータ本体以外のものをいう。

2 情報機器の接続 [教p.67]

情報機器を相互に接続する規格を (①) という。コンピュータとプリンタ，キーボード，ハードディスクなどの周辺機器との接続は (②) や無線を利用する。(②) を利用する場合，(③) でコンピュータと周辺機器を接続して，データやプログラムなどを入出力する。

複数の機器をネットワークに有線で接続する時に利用する装置である (④) や異なるネットワークを相互接続する (⑤) などの通信機器とコンピュータを接続するには，有線の場合は，LANケーブルを用いて (⑥) 規格を使用する。

タブレットやスマートフォンなど，無線を利用できる情報機器では，無線通信の規格として，(⑦) を利用して通信機器に接続する。この通信機器は無線LAN (⑧) と呼ばれるもので，駅や空港など公共の施設に設置されている場合もある。

この他，デジタル映像や音声を入出力するインタフェースとしては，デジタルテレビなどの家庭用AV機器も接続できる (⑨) などがあり，イヤホンとスマートフォンなどの短い距離の情報機器をつなぐ無線の規格としては，(⑩) がある。

●ハブ
複数の機器をネットワークに有線で接続する時に利用する集線装置のこと。機能によってスイッチと呼ばれるものもある。

●ルータ
異なるネットワークを相互接続する機器のこと。

●IEEE 802.11
IEEE (米国電気電子学会) が定めた無線LANの国際規格の総称である。

Note

練習問題

知 **1** **次のア～オのソフトウェアに関する記述で，正しいものをすべて選び，記号で答えなさい。**

ア．オペレーティングシステムは，ハードウェアの違いを吸収してアプリケーションソフトウェアとの仲介をしている。

イ．応用ソフトウェアはドライバというプログラムを追加することで，さまざまな周辺機器に対応することができる。

ウ．オペレーティングシステムが動作を管理しているので，周辺機器の機種が異なっても特別なプログラムを追加しなくてもよい。

エ．多くのオペレーティングシステムでは，画面上のアイコンをマウスで操作するGUIという環境にある。

オ．異なるオペレーティングシステムで同一のアプリケーションソフトウェアを利用する仕組みとして，Webアプリケーションソフトウェアがある。

1

知 **2** **次のア～クのコンピュータに接続されている情報機器を，(1)データを記憶する機器，(2)データを入力する機器，(3)データを出力する機器，(4)ネットワークに使用する機器に分類し，記号で答えなさい。**

ア．ルータ　イ．デジタルビデオカメラ　ウ．キーボード

エ．光学ドライブ　オ．ディスプレイ　カ．マウス

キ．ハードディスク　ク．プリンタ

2

(1)

(2)

(3)

(4)

思 **3** **次のア～オのインタフェースに関する記述で，正しいものをすべて選び，記号で答えなさい。**

ア．情報機器を相互に接続する規格をインタフェースという。

イ．コンピュータとプリンタを接続する場合は，無線通信規格のIEEE 802.11を利用できない。

ウ．通信機器とコンピュータを有線で接続するには，LANケーブルを用いてイーサネット規格を使用する。

エ．ハブをネットワークに有線で接続する時には，HDMIケーブルを使用する。

オ．USBケーブルでコンピュータと周辺機器を接続して，データやプログラムなどを入出力することができる。

3

▶調べてみよう

スマートフォンでイヤホンを利用する際，使用できるインタフェースを調べてみよう。

16 情報のデジタル化(1)

教科書 p.68〜71

教科書の確認

1 アナログとデジタル [教 p.68〜69]

時間や温度のように連続して変化する量を，時計の針の位置や水銀柱の長さのように連続した量で表現することを（① ）という。一方，連続して変化する量を，一定の間隔で区切った数字や，段階的な数値で表現することを（② ）という。

アナログではノイズ（雑音）が混じると波形が変化し，もとの情報が変わってしまうが，デジタルの場合は，ノイズが混じっても，波形の高低がわかれば，情報を元通りに（③ ）することができる。したがって，デジタルでは，多少のノイズには影響されず，情報を正確に（③）することができる。

デジタル化すると情報は数値化されるため，修正や編集などの加工が容易になり，（④ ）や暗号化などの複雑な計算も可能となる。（④）とは，一定のルールに従って，データの意味を保ったままデータ量を小さくする処理のことをいう。これには，文書ファイルやプログラムファイルなど，１ビットでもデータが変わっていると正しく利用できないようなデータに用いられる，圧縮前と展開後のデータが完全に同じになる（⑤ ）と，画像や音声など，多少のデータの変更が許容されるデータに用いられる，圧縮効率の高い（⑥ ）がある。

デジタル化により，数値，文字，音声，静止画や動画などの情報を０と１で表すことができる。そのため，これらの情報を，コンピュータや記録メディアに取り込んで（⑦ ）的に扱うことができる。

●アナログ
連続して変化する量を連続した量で表現すること。

●デジタル
連続して変化する量を，一定の間隔で区切った数字や，段階的な数値で表現すること。

●展開
圧縮されたデータをもとのデータに戻すこと。解凍や復元，伸張などともいう。

2 ２進数と情報量 [教 p.70]

コンピュータ内部では，高低２種類の電圧を「１」と「０」に対応させている。また，CDではピットとランドの変化する部分を「１」，連続している部分を「０」に対応させている。このように「０」と「１」の組み合わせで数を表現する方法を（① ），この方法で表した数値を（② ）と呼ぶこととする。

この０と１の２つの状態しかもたない（③ ）の最小単位をビットといい，２進数の（④ ）桁に相当する。１ビットで表現できる状態は（⑤ ）通りであり，この場合の情報量を１ビットという。また，（⑥ ）ビットをまとめて１（⑦ ）といい単位は[B]で表す。１（⑦）は（⑧ ）通りの情報を表現することができる。このように，より多くの情報を表すにはビット数を増やしていけばよい。

●情報量の単位

単位	関係
bit	—
B	1B＝8bit
KB	1KB＝1024B
MB	1MB＝1024KB
GB	1GB＝1024MB
TB	1TB＝1024GB
PB	1PB＝1024TB
EB	1EB＝1024PB

2^{10}＝1024である。

Note

練習問題

知 **1** **次のア～オの記述のうち，デジタル情報の特徴にあてはまるものをすべて選び，記号で答えなさい。**

ア．水銀柱の長さのように連続した量で表現する。

イ．連続的に変化する量を段階的な数値で表現する。

ウ．すべての情報を０と１の数値として表現できる。

エ．ノイズが混じると波形が変化し，もとの情報が変わってしまう。

オ．圧縮などによりデータ量を小さくすることができる。

知 **2** **次の情報量の単位を，小さいものから順に並べ替えなさい。**

MB　B　GB　KB　TB　bit

知 **3** **次の問いに答えなさい。**

(1)　１ビットで表現できる情報量は何通りか求めなさい。

(2)　１バイトで表現できる情報量は何通りか求めなさい。

(3)　３バイトは何ビットか求めなさい。

(4)　8KBをバイトに直す計算式を書きなさい。

(5)　3GBをMBに直す計算式を書きなさい。

(6)　1024×1024KBは何GBか求めなさい。

知 **4** **次の問いに答えなさい。**

(1)　コインを４回投げたとき，裏表をすべて記録するには何ビットの情報量が必要か求めなさい。

(2)　大小２つのサイコロを投げたとき，出た目の組み合わせをすべて表すには何ビットの情報量が必要か求めなさい。

(3)　白と黒のパネルを８行８列に並べるとき，何バイトの情報量が必要か求めなさい。

(4)　1GBは２の何乗バイトになるか求めなさい。

(5)　100通りの情報を表すには少なくとも何ビット必要か求めなさい。

思 **5** **次の問いに答えなさい。**

(1)　AAABBCCCCをA3B2C4と可逆圧縮した。これと同じ方法で圧縮したA5B4C3は，圧縮前と比較して何文字分データを削減できたか求めなさい。

(2)　○○○○●●●●●●●●●を(1)と同様に圧縮すると○４●２●３●２となる。ところがこれを白黒コピーすると，人間には●と●の区別がつきにくい。そこでこの２つを同じ●とみなして圧縮することにした。このときどのように圧縮されるか，また可逆圧縮と比べていくつデータを削減できたか求めなさい。

1

2

　＜　＜

＜　＜　＜

3

(1)

(2)

(3)

(4)

(5)

(6)

4

(1)

(2)

(3)

(4)

(5)

5

(1)

(2)

3章

1

2

17 情報のデジタル化(2)

教科書p.72~77

教科書の確認

1 演算の仕組み [教p.72~73]

コンピュータでは，「0」と「1」という2つの信号で演算や制御を行うが，この演算や制御を行う回路を(①)という。

基本的なものに，(②)(AND)回路，(③)(OR)回路，(④)(NOT)回路がある。コンピュータはこれらの3つの(①)の組み合わせですべての計算を行うことができる。

AND回路は，(⑤)つの入力と(⑥)つの出力をもつ回路で，2つの入力が(⑦ともに・いずれか一方が)1の時だけ，出力信号が1になる回路である。OR回路は，(⑧)つの入力と(⑨)つの出力をもつ回路で，入力の(⑩ともに・いずれか一方が)1であれば，1を出力する。NOT回路は，(⑪)つの入力と(⑫)つの出力をもつ回路で，入力した信号を(⑬)した値を出力する。

●真理値表
論理回路や論理式について，考えられるすべての入力の組み合わせと，対応する出力を一つの表に書き表したもの。

2 数値と文字の表現 [教p.74~77]

私たちが日常使っている数値は，0~9までの10種類の数字を用いた(①)進数で表現されているが，この数値も，0と1の組み合わせで表現することができる。2進数で(①)進数の数値を表現すると桁数が多くなるので，2進数を下位(右側)から(②)桁ずつに区切ったものを(③)進数で表現する方法がよく使われる。(③)進数では，(④)種類の数字が必要であるため，0~9の数字とA~(⑤)の英字を使用する。

1桁上がるごとに各桁の(⑥)は，10進数では(⑦)倍になるが，2進数では(⑧)倍，16進数では(⑨)倍になる。

文字や記号といった文字列も0と1の組み合わせで表現することができる。この文字や記号を，2進数でどのように表すか取り決めたものを(⑩)という。

1バイトでは，2^8 = (⑪)種類の文字や記号を表すことができるため，英数字など種類の少ない文字種は，1バイトで表すことができる。

2バイトでは，$2^8 \times 2^8 = 256 \times 256 =$ (⑫)種類の文字や記号を表すことができる。

なお，文字コードにはいくつかの種類があり，日本語に対応した(⑬)や(⑭)，EUC，世界各国の文字体系に対応させた(⑮)などがある。

●10進数，2進数，16進数の関係

10進数	2進数	16進数
0	0000	0
1	0001	1
2	0010	2
3	0011	3
4	0100	4
5	0101	5
6	0110	6
7	0111	7
8	1000	8
9	1001	9
10	1010	A
11	1011	B
12	1100	C
13	1101	D
14	1110	E
15	1111	F

●指数の計算
aのn乗(a^n)は，aをn回掛け合わせる数を表現している。
$a^0 = 1$ (注)0ではない
$a^1 = 2$
$a^2 = 2 \times 2$
$a^3 = 2 \times 2 \times 2$

Note

練習問題

知 **1** 次の(1)～(3)の論理積，論理和，否定の真理値表を完成させなさい。

(1) 論理積(AND)

入力		出力
A	B	L
0	0	
0	1	
1	0	
1	1	

(2) 論理和(OR)

入力		出力
A	B	L
0	0	
0	1	
1	0	
1	1	

(3) 否定(NOT)

入力	出力
A	L
0	
1	

知 **2** 次の10進数は2進数に，2進数は10進数に変換しなさい。

① $35_{(10)}$　② $118_{(10)}$

③ $11001101_{(2)}$　④ $11011010_{(2)}$

知 **3** 次の16進数は2進数に，2進数は16進数に変換しなさい。

① $B5_{(16)}$　② $9F_{(16)}$

③ $10101101_{(2)}$　④ $11010110_{(2)}$

知 **4** 右の文字コード表において，次の問いに答えなさい。

(1) 「M」に対応する文字コードを16進数で表しなさい。

(2) 「$」に対応する文字コードを2進数で表しなさい。

(3) 文字コード$6A_{(16)}$に対応する文字を答えなさい。

(4) 文字コード$01011100_{(2)}$に対応する文字を答えなさい。

	2進数	0000	0001	0010	0011	0100	0101	0110	0111
2進数	16進数	0	1	2	3	4	5	6	7
0000	0	NUL	DLE	(空白)	0	@	P	'	p
0001	1	SOH	DC1	!	1	A	Q	a	q
0010	2	STX	DC2	"	2	B	R	b	r
0011	3	ETX	DC3	#	3	C	S	c	s
0100	4	EOT	DC4	$	4	D	T	d	t
0101	5	ENQ	NAK	%	5	E	U	e	u
0110	6	ACK	SYN	&	6	F	V	f	v
0111	7	BEL	ETB	'	7	G	W	g	w
1000	8	BS	CAN	(	8	H	X	h	x
1001	9	HT	EM	)	9	I	Y	i	y
1010	A	LF	SUB	*	:	J	Z	j	z
1011	B	VT	ESC	+	;	K	[	k	{
1100	C	FF	FS	,	<	L	¥	l	|
1101	D	CR	GS	-	=	M	]	m	}
1110	E	SO	RS	.	>	N	^	n	‾
1111	F	SI	US	/	?	O	_	o	DEL

1

(1)

出力
L

(2)

出力
L

(3)

出力
L

2

①

②

③

④

3

①

②

③

④

4

(1)

(2)

(3)

(4)

3 章

2

18 情報のデジタル化(3)

教科書p.78~81

教科書の確認

1 2進数の加算と減算 [教 p.78]

2進数の加算や減算は，10進数と同じように桁ごとに計算を行う。

例えば0101 $_{(2)}$ と1001 $_{(2)}$ の加算は，一番下の桁が1＋1で繰り上がるので (①) となり，その上の桁では繰り上がりの (②) を含めた (③) つの数字1，0，0を加算する。以下同様に桁ごとの加算と繰り上がりに注意して (④) と結果が求まる。

1010 $_{(2)}$ －0101 $_{(2)}$ の減算は，一番下の桁の計算が0－1なので上の桁から借りて，繰り下がりの (⑤) つの1から1を減算する。以下同様に桁ごとの減算と繰り下がりに注意し，(⑥) が求まる。

2 負の数の表現／補数を使った減算 [教 p.79]

コンピュータでは，負の数を表現する場合，(①) を利用する。(①) とは，ある自然数に対して，足すと1桁増える最も (②) な数のことである。(①) を使って計算することで，コンピュータの内部では減算もすべて (③) で行うことができる。減算用の回路を用意しなくてよいため，(④) が簡単になるメリットがある。

3 コンピュータでの実数の表現 [教 p.80]

小数部分を含む実数を表す場合には，「符号部　指数部×仮数部」という形の (①) がよく使われる。2進数での (①) の表し方は，基本的には10進数と同じであるが，すべてを0と1で表現しなければならないので，次の工夫をする。

符号部　(②) を正，(③) を負とする。

指数部　一番小さな指数が0となるように数値を加え，調整する。

仮数部　最上位の桁は常に (④) となるので，(④) を省略し，その次の2番目の桁からを仮数部とする。

4 コンピュータでの計算と誤差 [教 p.81]

2進数の小数の各桁は，2^{-1}，2^{-2}，2^{-3}，2^{-4}，…となり，これらの組み合わせの (①) によって10進数の小数を表している。

例えば，10進数の0.1は，2進数では0.00011001100…となり，途中から同じ数を繰り返す (②) になる。そこでコンピュータでは，ある有限の桁で丸め処理を行うため，誤差が生じることになり，この誤差を (③) と呼ぶ。

●補数
ある自然数に対して，足すと1桁増える最も小さな数のことである。

●補数の求め方
2進数の補数は，次のように求めることができる。
①各桁の0と1を反転する
　例　0101 → 1010
②1を足す
　例　1010＋1＝1011
　　　0101の補数は1011

●浮動小数点数
小数点以下の桁数を固定しない表示方法で指数形式に変換したときの指数部と仮数部を用いて表現する。

●丸め誤差
IEEE 754-2008標準ではいくつかの丸めアルゴリズムが定義されている。最近接な値に丸めたり，0や正の無限大・負の無限大に近い側に丸めたりする。

Note

練習問題

知 **1** 次の２進数の計算をしなさい。

① $0101_{(2)}+0110_{(2)}$　② $1011_{(2)}+0011_{(2)}$

③ $1100_{(2)}-0101_{(2)}$　④ $1010_{(2)}-0111_{(2)}$

1
①
②
③
④

知 **2** 次の２進数の補数を求めなさい。

① $0010_{(2)}$　② $1101_{(2)}$

③ $10110001_{(2)}$　④ $01001100_{(2)}$

2
①
②
③
④

知 **3** 次の問いに従い，10進数の4.25を16ビットの２進数の浮動小数点数で表しなさい。ただし，浮動小数点数は，符号部１ビット，指数部５ビット，仮数部10ビットとする。

(1) 10進数の4.25を２進数の小数にしなさい。

(2) (1)で求めた２進数を浮動小数点数にしなさい。

3
(1)
(2)

思 **4** 10進数の0.8は，２進数では0.11001100…となり，循環小数になる。そこでコンピュータでは，ある有限の桁で丸め処理を行うため丸め誤差が生じる。小数第８位で０に丸め処理をした場合の誤差を求めなさい。

4

19 情報のデジタル化(4)

教科書p.82~83

教科書の確認

1 音声の表現 [教 p.82~83]

音は空気の振動が伝わっていく波(縦波)の現象である。1秒間に含まれる波の数を(①)といい,単位をヘルツ[Hz]で表す。また,1個の波が伝わる時間を(②)といい,単位を秒[s]で表す。例えば,1秒間に200個の波が伝わる場合,(①)は200[Hz]となり,(②)は1/200=0.005[s]となる。

マイクロホンでアナログの電気信号に変換した音声をデジタル化する過程は次のようになる。

①波を一定の(③)に分割し,量として取り出す。取り出した点を(④)といい,この操作を(⑤)という。この時,分割する(③)を(⑥)といい,1秒間に(⑤)する回数を(⑦)という。

②(⑧)に対しても一定間隔に分割し,(④)の値に最も近い段階値で表す。この操作を(⑨)という。この時,(⑨)する際の段階の数(ビット数)を(⑩)という。

③(⑨)した数値を2進数の0と1の組み合わせに置き換える。この操作を(⑪)という。

④2進数にした数値を高低2種類の(⑧)に置き換える。このように,音声情報を2進数の符号に変換する方式は,(⑫)(パルス符号変調)方式と呼ばれる。

下図は(⑥)の違いを示している。右図の方が,(⑥)が小さく,(④)の間隔が短い。そのため左図の丸で囲んだ部分のように(⑤)されない部分も右図では(⑤)されている。

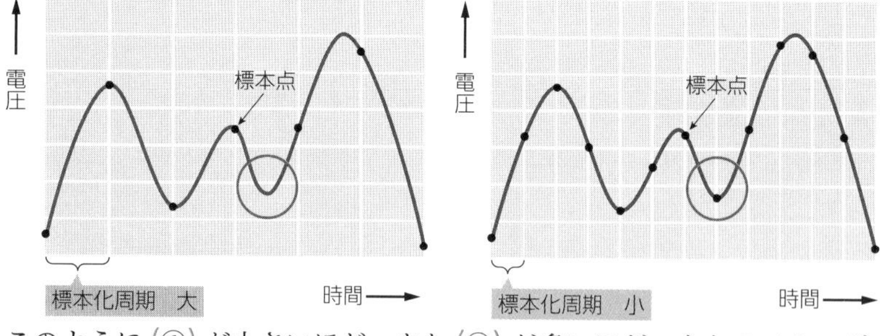

このように(⑥)が小さいほど,また(⑩)が多いほど,もとのアナログの(⑬)に近くなる一方,(⑭)は増える。

●縦波
波が伝わるとき,その進行方向に振動する波のこと。縦波に対して,波の進行方向に垂直な方向に振動する波を横波という。

●周波数と周期
1秒間に含まれる波の数を周波数といい,1個の波が伝わる時間を周期という。
周波数をf,周期をTとするとT=1/fが成り立つ。
これは,標本化周波数と標本化周期にも成り立つ。

●標本化定理
もとのアナログ波形を構成する正弦波のうち,最も周波数の大きい(周期の小さい)ものに着目し,この周期の半分より小さい時間間隔で標本化すれば,もとの波を再現できること。

Note

練習問題

知 **1** **音声のデジタル化について，正しいものを次のア～オからすべて選び，記号で答えなさい。**

ア．標本化周期が小さいほど，もとのアナログ波形に近くなる。

イ．標本化周期が小さいほど，データ量は小さくなる。

ウ．標本化周波数は，標本化周期の逆数になっている。

エ．量子化ビット数が多いほど，もとのアナログ波形に近くなる。

オ．音声が単一の正弦波で周波数が100Hzの場合，最小の標本化周波数は50Hzである。

1

思 **2** **標本化周期と標本化周波数について，次の問いに答えなさい。**

(1) 標本化周波数が100Hzのとき，標本化周期は何秒になるか。

(2) 標本化周期を0.04秒とすると，標本化周波数は何Hzになるか。

(3) 標本化周波数が1000Hzのとき，１秒間の標本点は何個になるか。

(4) 最高で1500Hzの周波数の音声をデジタル化するには，何Hz以上の標本化周波数が必要か。また，その理由を簡単に書きなさい。

理由

2

(1)

(2)

(3)

(4)

※理由は左に記入

知 **3** **量子化について，次の問いに答えなさい。**

(1) 16段階で量子化を行うとき，量子化ビット数はいくつになるか求めなさい。

(2) CDの量子化ビット数は16ビットである。これは何段階に量子化するか，2^nの形で表しなさい。

(3) ハイレゾリューション音源の量子化ビット数は24ビットである。これはCDの量子化の段階の数の何倍にあたるか，2^nの形で表しなさい。

3

(1)

(2)

(3)

知 **4** **図に示した音声について，時間０～７での標本点を図中に記入し，量子化した結果，および符号化した結果をそれぞれ表中に書きなさい。**

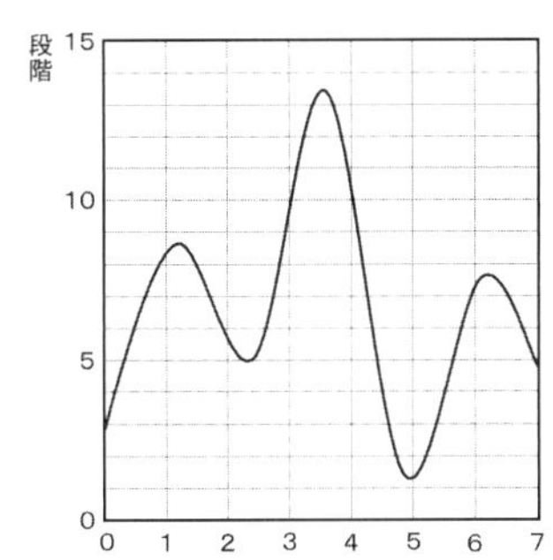

4

時間	量子化	符号化
0		
1		
2		
3		
4		
5		
6		
7		

3章

20 情報のデジタル化(5)

教科書p.84〜87

教科書の確認

1 カラー画像 [教p.84]

テレビやコンピュータのディスプレイは，一般に光の（①　　　）の組み合わせによってあらゆる色を表現している。光の（①）とは赤，緑，（②　　）である。これらの色の光は混ぜると明るさが増し，（③　　）に近づく。これを（④　　　）という。一方，カラープリンタは，色の（①）の組み合わせによってあらゆる色を表現する。色の（①）とは，シアン，（⑤　　　），イエローである。これらの色は混ぜると暗くなり（⑥　　）に近づく。これを（⑦　　　）という。

画像を構成する最小の単位を（⑧　　　）（ピクセル）という。赤，緑，（②）のそれぞれの明るさを256段階にするために，（⑨　　）ビットずつ割り当てると，1（⑧）あたり合計（⑨）×3＝24ビットのデータ量が必要となる。これだけのデータ量があると，約1677万色まで表現できる。通常このような画像を24ビット（⑩　　　）と呼ぶ。

●減法混色
カラープリンタでは，インクの特性により正確に黒を表現できないため，三原色のインクに黒を加えた４色の組み合わせで印刷をしているものが多い。

2 画像のデジタル化／解像度と階調 [教p.85]

画像は，平面上に明るさや色の濃淡が連続的に分布した情報である。画像をデジタル化するには，画素の（①　　　）を光センサで一定の（②　　　）で読み取り（③　　　）する。その後は基本的には音声と同様に，（④　　　）した数値を２進数で表し，０と１の組み合わせに置き換える。画像の（③）では，画像を細かく分割することにより，きめ細かくなめらかな画像が得られる。画像の精度は，画素の数で決まり，（⑤　　　）で表現する。

●解像度
解像度とは，画素の細かさのことをいう。ディスプレイの解像度は横×縦の総画素数で表現し，１インチ(2.54cm)の中に入る画素数を，dpi (dots per inch) や ppi (pixels per inch) という単位で表す。
一般的にプリンタでは解像度をdpiで表すが，１つの画素を表すのに複数のドットを用いるため，ディスプレイの解像度と一致しないことがある。

3 図形の表現／動画の表現 [教p.86／p.87]

画素の濃淡で画像を扱う方法は，（①　　　）形式と呼ばれる。一方，直線，円などの基本的な図形を使って画像を描き，その座標や使用する図形の指定などで記述する方法は，（②　　　）形式と呼ばれる。（②）形式で図形を表現する場合，これらを数値情報として保存し，（③　　　）を少なくすることができる。

動画は，（④　　　）を連続的に表示したものである。

動画を構成している１枚１枚の画像を（⑤　　　）と呼ぶ。また１秒あたりに再生する（⑤）数を（⑥　　　）と呼び，単位を（⑦　　　）で表す。

●ジャギー
ペイント系ソフトウェアで作成した画像は，点（画素）の集まりとして１画素ずつ表現するので，拡大するとジャギー（ギザギザ）ができる。

Note

練習問題

知 **1** **赤，緑，青の各懐中電灯の電源スイッチをOFF（消灯）にした場合を0，ON（点灯）にした場合を1とする。次の問いに答えなさい。**

赤	緑	青	合成色
0	0	0	黒
0	0	1	青
0	1	0	緑
0	1	1	ア
1	0	0	イ
1	0	1	ウ
1	1	0	エ
1	1	1	白

(1) 3つの懐中電灯の光を重ね合わせた部分の色は右の表のようになった。表のア～エの色を答えなさい。

(2) 懐中電灯のうち1つが故障してしまった。残りの2つで表現できる色はいくつか答えなさい。

(3) 上記の(2)で表現できた色の一つに，マゼンタがあった。このことより，故障したのは何色の懐中電灯といえるか答えなさい。

知 **2** **画像を構成する画素の赤，緑，青それぞれの明るさを表現するために，2ビットずつ割り当てたとき，次の問いに答えなさい。**

(1) 明るさの段階は何階調になるか答えなさい。

(2) 全部で何色の色を表現できるか答えなさい。

知 **3** **次のア～オの図形のデジタル表現に関する記述のうち，正しいものをすべて選び，記号で答えなさい。**

ア．ペイント系ソフトウェアで作成した画像は，拡大するとジャギーができる。

イ．ラスタ形式では，基本的な図形を使って画像を描いている。

ウ．ベクタ形式では，座標などを数値情報として保存しているので，データ量を少なくすることができる。

エ．ベクタ形式の図形は，ドロー系ソフトウェアで描く。

オ．画素の濃淡で画像を扱う方法は，ベクタ形式と呼ばれる。

知 **4** **次のア～エの動画の仕組みに関する記述のうち，誤っているものを1つ選び，記号で答えなさい。**

ア．少しずつ動きが変化する静止画を，時間に沿って連続的に表示したものである。

イ．1秒間に表示する静止画を多くすると，動きが滑らかになる。

ウ．表示する静止画を切り替える速度を速くすると，動きがぎこちなくなる。

エ．フレームレートを大きくすると，動きが滑らかになる。

1
(1)
ア
イ
ウ
エ
(2)
(3)

2
(1)
(2)

3

4

21 情報のデジタル化(6)

教科書p.88〜89

教科書の確認

1 静止画と動画のデータ量 [教p.88]

ラスタ形式の静止画のデータ量は，各画素を表現するために用いる(①)を合計したものである。例えば，1画素の色の明るさの度合いをRGB各8ビットの(②)階調で表現すると，1画素のデータ量は24ビットつまり(③)バイトで表現できるので，静止画のデータ量は3 [B] × (④)で求められる。

なお，動画のデータ量を求めるには，各フレームの画像データ量に(⑤)と(⑥)を乗じて求める。

2 圧縮された画像形式 [教p.88]

圧縮されていない静止画の画像形式として(①)形式などがあるが，解像度(画素数)に比例してデータ量が大きくなるため，情報通信には向いていない。そこで，ネットワーク上では通常，デジタルカメラで利用され24ビットフルカラーを扱える(②)形式，Webページや簡単なアニメーションで利用されるが256色しか表現できない(③)形式，Webページで利用され24ビットフルカラーを扱える(④)形式などの，圧縮を伴う画像形式を用いる。

なお，ともに24ビットフルカラーを扱え，圧縮された画像形式である(②)形式と(④)形式であるが，(②)形式は(⑤)圧縮であり，(④)は(⑥)圧縮である。

●JPEG形式
Webページやデジタルカメラで利用される。24ビットフルカラーを扱えるが，非可逆圧縮である。

●GIF形式
Webページや簡単なアニメーションで利用される。256色しか表現できない。

●PNG形式
Webページで利用される。24ビットフルカラーを扱え，可逆圧縮である。

3 ランレングス圧縮と圧縮率 [教p.89]

連続する同一記号の列を，列の長さを示す(①)で置き換える方式を(②)圧縮という。例えば，「AAABBAA」はAが3回，Bが2回，Aが2回続いているので「A3B2A2」と表す。

さらに，AとBの2種類なら最初はAではじまると決めておくことにより，「(③)」と表すことができる。

圧縮前のデータ量が256ビットであるデータを圧縮したところ，圧縮後のデータ量は192ビットになった。このときの圧縮率[%]は，次のような式で計算でき，(④)と求められる。

(⑤)のデータ量／(⑥)のデータ量×100

このとき，圧縮率の値が小さいほど圧縮率が(⑦)い，といい圧縮の効率がよいことを意味する。

●ランレングス圧縮
白と黒の情報しかないモノクロファクシミリ(FAX)で利用されている。

Note

練習問題

知 **1** 解像度1280×720の24 [bit] フルカラー画像のデータ量は何[MB] になるか，小数第３位を四捨五入して求めなさい。

1

知 **2** 解像度1024×768の24 [bit] フルカラー画像を１フレームの静止画として60 [fps] で表示した場合，５分間の動画を作成すると，データ量は何 [GB] になるか，小数第３位を四捨五入して求めなさい。

2

思 **3** 次の(1)〜(5)のうち，圧縮された画像形式に関する説明として正しいものには○を，間違っているものには×を記しなさい。

(1) JPEG形式は，Webページやデジタルカメラで利用される。

(2) GIF形式は，24ビットフルカラーを扱える。

(3) PNG形式は，24ビットフルカラーを扱えるが，非可逆圧縮である。

(4) GIF形式は，アニメーションで利用される。

(5) JPEG形式は，24ビットフルカラーを扱えるが，非可逆圧縮である。

3

(1)

(2)

(3)

(4)

(5)

思 **4** 図のデータ（８×８ビット）のAの部分を０，Bの部分を１として，以下の約束に従って上から順番に１行ごとに圧縮すると，データ量は何ビットになるか求めなさい。また，圧縮率は何％になるか，小数第２位を四捨五入して求めなさい。

<約束>

① 最初のビットは，Aで始まる場合は０，Bで始まる場合は１とする。

② 次の３ビットは，最初のビットと同じ文字が続く個数を表す。ただし，「個数－１」として表現する。

③ 文字が変わるたびに，②と同様に３ビットで何個続くかを表す。

B	B	B	B	B	B	B	B
B	B	B	B	B	B	B	B
B	B	A	A	A	A	A	A
B	B	B	B	B	A	A	A
B	B	B	B	B	A	A	A
B	B	A	A	A	A	A	A
B	B	B	B	B	B	B	B
B	B	B	B	B	B	B	B

4

データ量

圧縮率 ％

3章

2

3章　章末問題

思 **1** 図１の回路を半加算回路といい，その真理値表は下のようになる。この半加算回路を図２のように組み合わせた回路を全加算回路といい，半加算回路と比較して下の桁からの繰り上がりを加算できる機能をもっている。この全加算回路の真理値表を作成しなさい。

[教 p.73]

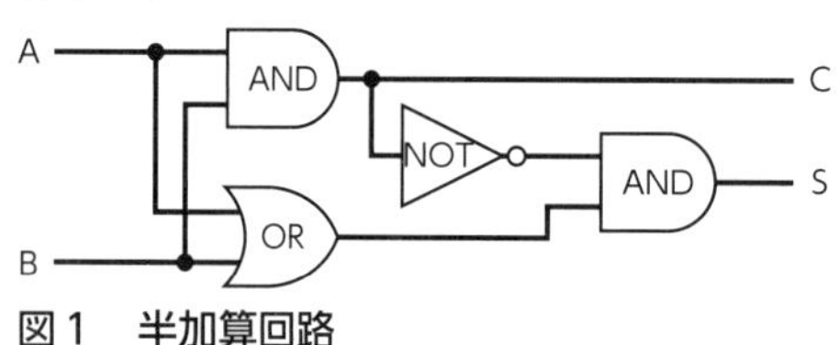

図１　半加算回路

表１　半加算回路の真理値表

入力		出力	
A	B	C	S
0	0	0	0
0	1	0	1
1	0	0	1
1	1	1	0

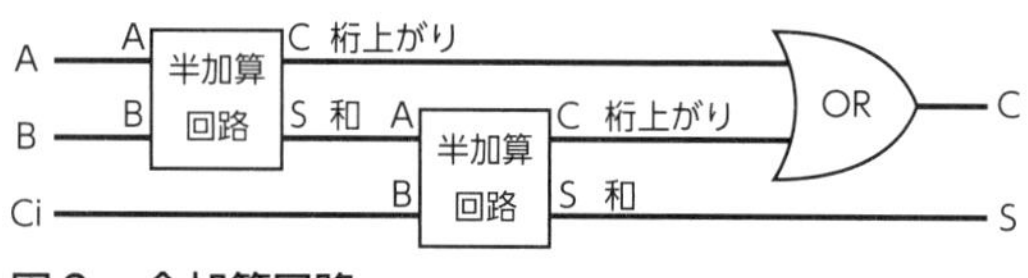

図２　全加算回路

表２　全加算回路の真理値表

入力			出力	
A	B	Ci	C	S

アドバイス

半加算回路の真理値表を参考にしながら順に考える。

知 **2** 次の２進数の計算を補数を使った式に直して計算しなさい。

[教 p.79]

① $1101_{(2)} - 1011_{(2)}$

② $1010_{(2)} - 0001_{(2)}$

③ $1100_{(2)} - 1010_{(2)}$

2

引く数の補数を求め，引かれる数にその補数を足して桁上がりを無視すると減算と同じ結果になる。
補数は，ある自然数に対して，足すと１桁増える最も小さな数のことである。
２進数の補数は，①各桁の０と１を反転し，②その数に１を足すことにより求めることもできる。

知 **3** **10進数の2.75を，16ビットの2進数の浮動小数点数で表しなさい。ただし，この浮動小数点数は符号部1ビット，指数部5ビット，仮数部10ビットとする。**[教 p.80]

知 **4** **解像度が320×240で24ビットフルカラーの動画について，次の問いに答えなさい。**[教 p.88]

(1)　1フレームのデータ量は何KBになるか求めなさい。

KB

(2)　フレームレートを30fpsとすると，1時間の動画のデータ量は何GBになるか。四捨五入して小数第1位まで求めなさい。

GB

知 **5** **あるアナログ波形を構成する正弦波のうち，最も周波数の小さなものが50Hz，最も周波数の大きいものが1600Hzであった。このアナログ波形を再現するための最小の標本化周波数はいくらになるか求めなさい。**[教 p.83]

Hz

アドバイス

3
10進数を2進数の小数にし，浮動小数点数にする。
2.75＝2＋0.5＋0.25と分けられ，それぞれは
$2=2^{1}$
$0.5=2^{-1}$
$0.25=2^{-2}$
である。

4
(1) 1フレームのデータ量は，「1画素のデータ量×画素数」で求められる。

(2)動画のデータ量は，「1フレームのデータ量×フレームレート×時間数」で求められる。

5
周波数がより大きな音声の方が，同じ時間間隔に含まれる波の数が多くなる。

22 情報通信ネットワーク(1)

教科書p.92〜97

教科書の確認

1 ネットワークの構成 [教p.92〜93]

(① 　　　　)を利用した通話のように，回線を占有して通信する方式を(② 　　　　)という。これに対して，インターネットのように異なる宛先のデータを同じ回線に混在させて流すことのできる方式を(③ 　　　　)といい，この時やり取りされる一定の長さの通信データを(④ 　　　　)という。

学校や会社などの限られた範囲のネットワークを(⑤ 　　　　)といい，(⑤)の内部では，サービスを要求する(⑥ 　　　　)と，ファイルの保管や印刷処理など特定のサービスを提供する(⑦ 　　　　)からなる(⑧ 　　　　)を構成している場合が多い。また，(⑤)どうしを広い範囲で結んだものを(⑨ 　　　　)といい，世界中の(⑤)や(⑨)が接続され世界規模に発展したネットワークが(⑩ 　　　　)である。

●回線交換方式
通信時に回線を占有して通信を行う方式。

●パケット交換方式
データをパケットに分割し通信を行う方式。

●ネットワークの規模
LAN＜WAN＜インターネット

●クライアントサーバシステム
処理を行うサーバを，処理を要求するクライアントで共有するシステム。

2 情報通信の取り決め [教p.94〜97]

情報伝達における約束ごとを(① 　　　　)（通信規約）といい，インターネットでは(② 　　　　)と呼ばれる(①)群に基づいてデータの送受信を行っている。(②)は以下の4つの層に分かれている。

階層		おもな役割	プロトコルの例
4層	(③ 　　　　)層	通信ソフトウェアとの間でのやり取りに関するプロトコル	HTTP，SMTP，POP，FTP，FTPSなど
3層	(④ 　　　　)層	信頼性の高い通信を行うためのプロトコル	TCPなど
2層	(⑤ 　　　　)層	データを目的地に運ぶためのプロトコル	IPなど
1層	(⑥ 　　　　)層	電気的な信号のレベルなどの取り決め	イーサネットなど

人間が覚えやすいように，IPアドレスをわかりやすい名前に付け替えたものを(⑦ 　　　　)という。(⑦)は階層構造になっており，各階層を「.」で区切って表記する。この表記における一番右の部分は(⑧ 　　　　)と呼ばれ，国ごとに割り当てられる(⑨ 　　　　)と，国や地域とは関係なく別の基準で割り当てられる(⑩ 　　　　)の2種類がある。(⑦)とIPアドレスを相互に変換するのが(⑪ 　　　　)である。

ルータの役割の1つが経路選択であり，この経路は，ルータ内にある(⑫ 　　　　)に従って決定している。

●IPアドレス
インターネット上のコンピュータを識別する固有の番号。

●ドメイン名
IPアドレスを人間が覚えやすい名前に付け替えたもの。

Note

練習問題

知 **1** **次の図は，小規模なLANの構成を表したものである。(1)～(5)に該当する装置を下のア～オから選び，記号で答えなさい。**

ア．LANケーブル
イ．光ファイバケーブル
ウ．ルータ
エ．ONU（光回線終端装置）
オ．無線LANアクセスポイント

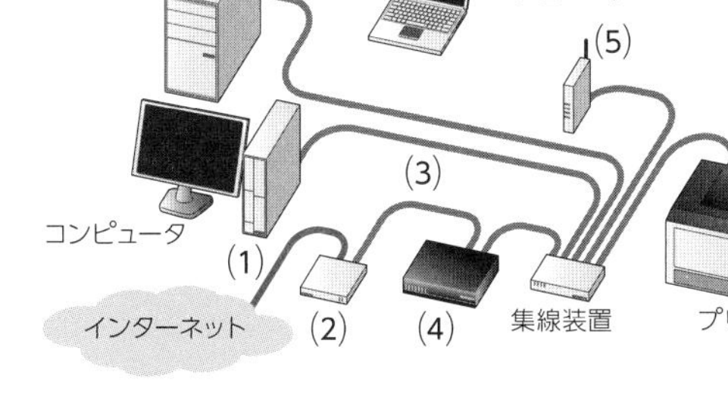

知 **2** **インターネットに関する次の(1)～(5)の説明に該当するものを下のア～オから選び，記号で答えなさい。**

(1) ネットワーク上の交差点でパケットの行き先を案内する装置
(2) データの正確性を保証するプロトコル
(3) パケットに付けられた宛先や送り主などの情報が入ったデータ
(4) インターネット上のコンピュータなどの装置を表す固有の番号
(5) ルーティングを行い，パケットをやり取りするプロトコル

ア．ヘッダ　イ．ルータ　ウ．TCP　エ．IPアドレス　オ．IP

知 **3** **インターネットに関する次の(1)～(3)の説明の［　　］に当てはまる用語または数字を答えなさい。**

(1) IPアドレスが192.168.1.xのxは［　　］通り存在する。
(2) インターネット上で一つの重複もなく割り当てられているIPアドレスを［　　］IPアドレスいう。
(3) IPv6ではIPアドレスは［　　］ビットで構成される。

知 **4** **次の図のようなネットワークにおいて，ルータ5のルーティングテーブルに関して(1)～(8)に適切な語句を答えなさい。**

宛先ネットワーク	インタフェース	ゲートウェイ	メトリック
ネット1	E0	直接	1
ネット2	E0	ルータ2	(1)
ネット2	E0	ルータ4	(2)
ネット3	E0	(3)	3
ネット3	E0	(4)	2
ネット4	(5)	ルータ1	2
ネット5	(6)	(7)	(8)

1
(1)
(2)
(3)
(4)
(5)

2
(1)
(2)
(3)
(4)
(5)

3
(1)
(2)
(3)

4
(1)
(2)
(3)
(4)
(5)
(6)
(7)
(8)

23 情報通信ネットワーク(2)

教科書p.98〜101

教科書の確認

1 ワールドワイドウェブ ［教 p.98］

(① 　　　　　　　　　　)(WWW)は，インターネット上にあるWebページを閲覧するサービスであり，(② 　　　　)というプロトコルが使用される。Webページは，ほかの情報への関連付けを埋め込むことができる(③ 　　　　　　　　)形式で作成されており，(④ 　　　　)という言語を用いて記述する。Webページのデータは(⑤ 　　　　　　　)上に保存され，ユーザがこれを閲覧するためには(⑥ 　　　　　)というソフトウェアを利用する。(⑥)ではプロトコル名や(⑤)のドメイン名やパス名などで構成される(⑦ 　　　　)という表記方法でWebページの場所を指定する。

2 電子メール ［教 p.99］

電子メール(メール)の作成と送受信には(① 　　　　　)を使い「ユーザ名@(② 　　　　　　　)」という書式の(③ 　　　　　　　　　　)を指定して情報のやり取りを行う。一般的にメールの送信には(④ 　　　　),受信には(⑤ 　　　　)というプロトコルを使用する。

3 転送速度とデータ量 ［教 p.100］

ネットワークを通じてさまざまな資料や画像などのファイルを入手することを，(① 　　　　　　　)という。情報通信の速度は，1秒間に何ビットのデータを転送できるかによって表現し，その単位を(② 　　　　)で表す。データ量では1K＝(③ 　　　　　)ごとに単位を変化させる場合が多いが，速度は1k＝(④ 　　　　　)ごとに単位を変化させる。

4 効率的に転送する工夫 ［教 p.101］

ネットワークを通じてデータを送受信する際，(① 　　　　　　)や(② 　　　　)が大きな問題となる。デジタル情報は，(③ 　　)することができるので，大容量のデータは(③)して送信するようにする。インターネットでは(④ 　　　　)という圧縮形式がよく使われる。

5 安全・便利に転送する工夫 ［教 p.101］

圧縮の技術は，セキュリティを高めるために(① 　　　　　　　)を設定した圧縮でファイルを(② 　　　　)することにも利用される。また，複数のファイルをまとめて1つに圧縮してファイルを送信する時やデータの保管・管理の際の利便性を高めるなどの用途にも用いられる。

●ワールドワイドウェブ(WWW)
インターネット上にあるWebページのデータを閲覧するサービス。

●電子メール
インターネット上で手紙のように特定の人と情報をやり取りするサービス。

●データ転送速度の単位

単位	倍数
bps	—
kbps	1kbps=1000bps
Mbps	1Mbps=1000kbps
Gbps	1Gbps=1000Mbps
Tbps	1Tbps=1000Gbps

●転送時間の計算
データの転送時間［秒］
$$=\text{データ量[bit]} \div \left(\text{転送速度[bps]} \times \frac{\text{転送効率[\%]}}{100}\right)$$

●圧縮の必要性
ネットワークを通じてデータを送受信する際，データ量や通信速度が大きな問題となり，可能な限りデータ量を小さく送受信したい。

●圧縮率の計算
圧縮率［%］
＝圧縮後のデータ量÷圧縮前のデータ量×100

Note

練習問題

知 **1** 次の図は，ブラウザでWebページが表示される仕組みを模式的に表したものである。(1)〜(3)に該当する機器名を，(4)〜(9)に該当する処理内容をそれぞれア〜ウ，エ〜ケから選び，記号で答えなさい。

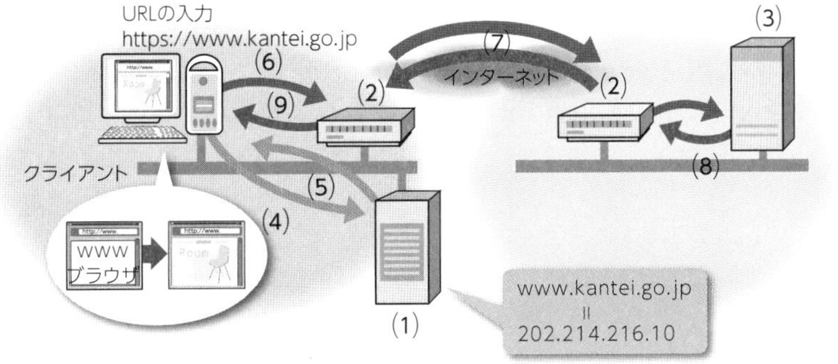

機器名

ア．ルータ
イ．Webサーバ
ウ．DNSサーバ

処理内容

エ．IPアドレスをクライアントに通知する。
オ．閲覧したいWebページのURLや送信元のIPアドレスなどを添付し，パケットとして送信する。
カ．Webページのデータがクライアントに届けられブラウザに表示される。
キ．パケットを中継する。
ク．Webページのデータを送信する。
ケ．IPアドレスを問い合わせる。

知 **2** 128Mbpsの通信速度で512MBのデータ量を転送するのにかかる時間を計算しなさい。ただし，転送効率は100％とし，解答は小数第2位で四捨五入すること。

知 **3** 圧縮前のサイズが560KBの文書ファイルを圧縮したところ，圧縮後は350KBとなった。この時の圧縮率を求めなさい。

1
機器名
(1)
(2)
(3)
処理内容
(4)
(5)
(6)
(7)
(8)
(9)

2

3

▶考えてみよう

インターネットでは通信機能をグルーピングして階層化し，プロトコルを決めるなどして，通信手順を共通化している。WWWの仕組みと電子メールの仕組みで共通している箇所をあげてみよう。

24 情報セキュリティ(1)

教科書p.102~105

教科書の確認

1 ユーザIDとパスワードの管理 [教p.102]

コンピュータやインターネットのサービスを利用する際に，正規の利用者であることを識別するための(①)と，本人であることを確認するための(②)の組み合わせが使われる。この当人が正規の利用者であると認識することを(③)という。(①)と(②)は他人に知られないように，本人が自己管理する必要があるが，(④)などにも注意をするべきである。

●情報セキュリティの定義
情報の機密性，完全性，可用性を確保することと定義されている。

2 マルウェアの対策 [教p.103]

悪意のあるソフトウェアを総称して(①)または(②)といい，正常なプログラムに偽装して活動する(③)や自分自身で増殖し単独で活動する(④)などに分類される。

(②)に感染しているかどうか検査し，感染していたら(②)を取り除くソフトウェアを(⑤)といい，導入後は(②)の特徴を収録した(⑥)を最新のものへ自動更新するような設定にしておくことが大切である。

常に(②)に対して警戒し，OSやアプリケーションソフトウェアのセキュリティ更新プログラムである(⑦)が公開されたらすぐに適用するなどの行動を心がける。

●さまざまなウイルス
自分自身で増殖し，ほかのファイルやシステムに寄生して活動するコンピュータウイルス，情報を勝手に送信するスパイウェア，意図しない広告を表示するアドウェア，ファイルを勝手に暗号化した上で暗号化解除と引き換えに金銭を要求するランサムウェアなどがある。

3 不正アクセス対策 [教p.104]

外部から重要なデータを保存しているコンピュータへ不正に侵入されないように，ネットワークの(①)に設置する装置やソフトウェアの総称を(②)という。

4 サイバー犯罪 [教p.105]

コンピュータやネットワークを悪用した犯罪を(①)という。(①)の種類と内容を次の表に示す。

●サイバー犯罪の具体例
インターネットオークションでの詐欺，不正アクセスによる情報入手，改竄，破壊，妨害行為，個人情報流出によるなりますし詐欺など。

種類	内容
(②)	他人のユーザID，パスワードを無断で使用して不正にネットワークにアクセスする，なりすまし行為など。
(③)	コンピュータを不正に操作したり，データを改竄，窃盗，破壊したりするなど。
(④)	ネットワークを介してさまざまな犯罪を行うなど。

Note

練習問題

知 **1** **次の問いに答えなさい。**

(1) 電話番号などを宛先にしてその場限りの番号を送るなどして認証する方法を何というか答えなさい。

(2) 意図しない広告を表示するウイルスを何というか答えなさい。

(3) コンピュータを不正に操作したり，データの破壊や窃盗，改竄したりすることを何というか答えなさい。

(4) 偽のWebサイトに誘導し，IDやパスワード，クレジットカードの情報を盗み出す犯罪を何というか答えなさい。

1
(1)
(2)
(3)
(4)

知 **2** **次のア〜オの説明の中で，ソーシャルエンジニアリングに該当する内容をすべて選び，記号で答えなさい。**

ア．インターネット上における人と人とのコミュニケーションを促進しサポートする。

イ．ほかの利用者との会話などを盗み聞きする。

ウ．ファイルを勝手に暗号化し，暗号化の解除と引き換えに金銭を要求する。

エ．人為的に機密情報を入手する。

オ．ユーザIDやパスワードを入力しているところを盗み見する。

2

知 **3** **次の図は公開サーバを含むファイアウォールとDMZを用いたネットワークの構成の例を示した模式図である。この時，内部ネットワークからインターネットは利用可能であるとする。下の問いに答えなさい。**

(1) 公開サーバはアとイのどちらの機器か，記号で答えなさい。

(2) 図中の矢印は各機器からデータを閲覧する流れを表している。この矢印のうち閲覧不可の流れに×を書き込みなさい。

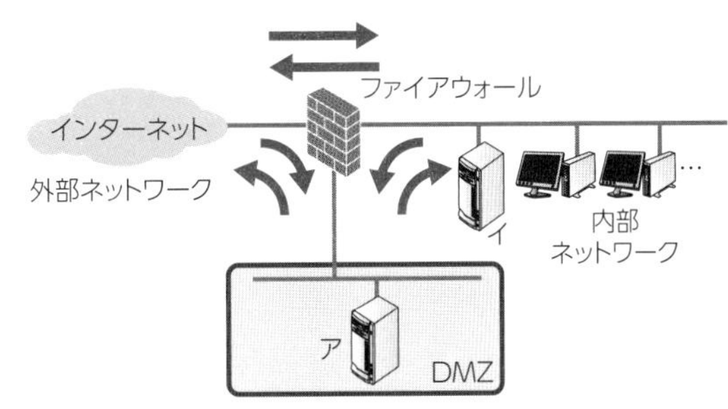

3
(1)
(2)問題文図中に記入

▶考えてみよう

パスワードを使い回さずに，本人が忘れないパスワードを複数作るにはどのような方法がよいか考えてみよう。

4章

25 情報セキュリティ(2)

教科書p.106〜109

教科書の確認

1 情報セキュリティポリシー ［教p.106］

情報セキュリティへの脅威から企業や組織の（①　　　　　）を守るために社員や構成員の意識の向上をうながすために策定される方針や行動指針を（②　　　　　　　　　　）という。

●企業や組織における情報セキュリティに対する脅威
ウイルス感染や災害などによる機器障害，システムへの不正アクセス，情報漏洩などがある。

●情報セキュリティポリシーの構成
基本方針，対策基準，実施手順の３つの階層で構成されることが一般的である。

2 アクセス制御 ［教p.106］

ネットワークの利用において，データを利用する権限を（①　　　　　）といい，これを利用者の立場や所属に応じて適切に付与しコントロールすることを（②　　　　　　）という。

●アクセス制御
例えば，学校内のネットワークで，教員は成績処理のデータにアクセスできるが，生徒はアクセスできない，といった制御を実現する技術。

3 フィルタリング ［教p.107］

インターネットなどを通じて出入りする情報を監視し，内容に問題があれば接続を拒否し，通信を遮断する技術を（①　　　　　　　　）という。アクセスしてはいけないWebサイトやカテゴリを指定する（②　　　　　　　　　）と，アクセスしてよいものを指定する（③　　　　　　　　　　）などがある。

4 VLAN ［教p.107］

物理的な接続に依存せず，スイッチにおけるLANケーブルの差し込み口である（①　　　　）を単位に仮想的なグループを作り，それぞれ分離されたLANを構築する手法を（②　　　　　　）という。これにより同じグループ内では通信できるが，異なるグループ間は通信できないといったアクセス制御を実現する。

●スイッチ
集線装置の一種。集線装置として動作するだけでなくVLANの設定など，さまざまな機能をもったものがある。

5 暗号化 ［教p.108］

情報を送信する時，第三者に盗聴されても内容がわからないようにする技術を（①　　　　）という。(①) する前の文を（②　　　）といい，(①) された文を（③　　　　　）という。また，(③) を (②) に戻すことを（④　　　）といい，(①) や (④) に使われる一定の規則を（⑤　　）という。

(①) の方式には，(①) と (④) に同じ (⑤) を使う（⑥　　　　　　　　　）や，ネットワーク上に公開した (⑤) である（⑦　　　　　）を使って相手に (①) してもらい，(④) には自分だけがもつ (⑤) である（⑧　　　　　）を使う（⑨　　　　　　　　　　　　），この２つの方式を組み合わせた（⑩　　　　　　　　　）などがある。

●暗号化
それぞれに処理速度や安全性の高さなどに違いがあり，用途に応じて使い分けられている。

Note

練習問題

知 **1** **次の(1)～(3)の説明に該当するものを下のア～ウから選び，記号で答えなさい。**

(1) プログラムやデータが壊れたり紛失したりした場合に備え，DVDや別のハードディスクなどにコピーしておくこと

(2) すべてのファイルに対して，アクセス権限をもつユーザ

(3) WANの公衆回線を専用回線のように利用できる仕組み

ア．アドミニストレータ　イ．VPN　ウ．バックアップ

知 **2** **共通鍵暗号方式に関する記述と公開鍵暗号方式に関する記述を次のア～エからそれぞれ２つずつ選び，記号で答えなさい。**

ア．一方と比べて暗号化と復号の処理速度が速い。

イ．対象が多くても秘密鍵の管理が容易である。

ウ．実用化されている暗号方式にRSA暗号がある。

エ．セッション鍵方式において，平文を暗号化するのに用いられる。

知 **3** **次の暗号文は，ある英文を，シーザー・ローテーションを用いて暗号化したものである。この暗号文は何文字前へずらすと復号でき，どのような英文になるか答えなさい。**

暗号文：M LEZI E OIC

知 **4** **次の図は，公開鍵暗号方式による通信を表したものである。(1)～(9)に該当する適当な語句を下のア～コから選び，記号で答えなさい。ただし，記号は複数回使ってよい。**

ア．平文　イ．暗号文　ウ．送信者A　エ．受信者B　オ．秘密鍵　カ．共有
キ．公開鍵　ク．暗号化　ケ．復号　コ．送信

1
(1)
(2)
(3)

2
共通鍵暗号方式

公開鍵暗号方式

3
文字数　　文字
メッセージ

4
(1)
(2)
(3)
(4)
(5)
(6)
(7)
(8)
(9)

▶考えてみよう

教科書p.108の図１，図２を見比べると，鍵の種類が描き分けられている。それぞれの方式の特徴と，描き分けられた絵がどのように対応するか考えてみよう。

4章

26 情報セキュリティ(3)

教科書p.110〜113

教科書の確認

1 デジタル署名と電子認証 [教 p.110〜111]

データの発信者が本人であることを証明する方法として，(①) がある。送信者は本人しかもっていない (②) で要約文を暗号化した (①) を文書に添付する。そして，受信者は平文から得られた要約文と送信者から送られた (③) および (①) の3つが，ある検査式を満たしているかを検証することで，その文書が本人からのものかどうか確認することができる。

(③) の持ち主を証明する電子データを (④) という。平文を送信する際に，送信者が (③) を信頼できる (⑤) に登録し，(④) の発行を受け，平文や (①) とともに (④) を添付した (③) を送信する。(③) が送信者本人のものかどうかは，(⑤) に照会することで確認できる。(①) が本人のものかどうかを (④) により第三者が証明する技術を (⑥) という。

●デジタル署名と電子認証
受け取ったデータが，誰かがなりすまして送信したものでなく，発信者が本人であることを証明するための技術。公開鍵暗号方式の技術を用いて実現している。

2 SSL/TLS [教 p.111]

Webページ上で情報をやり取りする際に用いられる暗号化技術に (①) がある。(①) で暗号化されたWebページのURLは「https://」で始まっていて，このプロトコルを (②) という。暗号化は (③) が利用されており，鍵のやり取りは，(④) と利用者の (⑤) 間で自動的に行われる。

3 電子すかし [教 p.112]

Webページに掲載された画像などは，簡単にコピーすることができるため，(①) の了解なく流用される恐れがある。このような著作権侵害を防ぐために，画像に著作者名などのすかし情報を入れておくことで不正コピーを特定することができる技術を (②) という。

●電子すかし
画像だけでなく，音声ファイルなどでも利用できる。著作権情報を埋め込んでも画質や音質にはほとんど影響を与えない。

4 誤り検出符号 [教 p.112]

デジタル情報を送受信する際に，各 (①) が転送中に変化したかどうかを確認するためのデータをパケットの中に加えることによって，誤りを検出するのが一般的である。このような付加データのことを (②) という。

●誤り検出符号
複数個のビットの逆転を検出できる方法や，データの誤りを検出するだけでなく，受信側で訂正できる方法などさまざまな種類がある。

Note

練習問題

知 **1** **次の図はデジタル署名と電子認証の仕組みを表したものである。(1)〜(5)には用語を，(6)，(7)には鍵の種類を，(8)〜(10)には処理内容を，それぞれ適当な語句を各選択肢より選び，記号で答えなさい。ただし，記号は複数回使ってよい。**

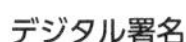

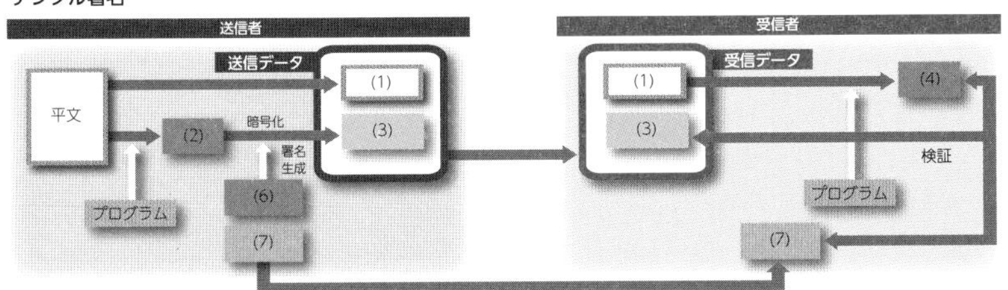

電子証明書

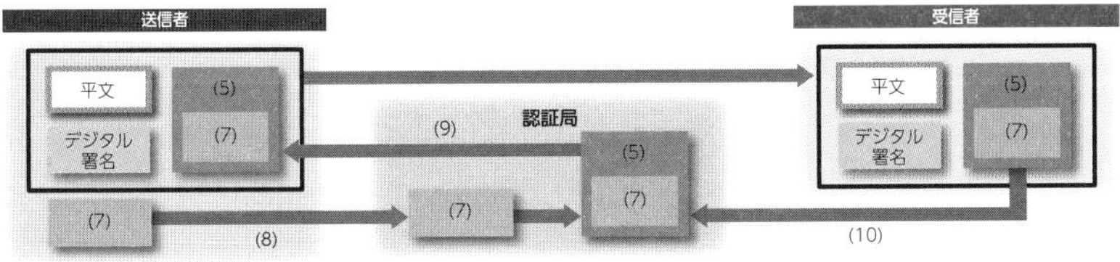

(用語)

ア．要約文　イ．平文　ウ．暗号文　エ．デジタル署名

オ．電子証明書　カ．比較

(鍵の種類)

キ．送信者の公開鍵　ク．送信者の共通鍵

ケ．送信者の秘密鍵　コ．受信者の公開鍵

サ．受信者の共通鍵　シ．受信者の秘密鍵

(処理内容)

ス．発行　セ．比較　ソ．照会　タ．届出

知 **2** **次のア〜オの記述で正しいものをすべて選び，記号で答えなさい。**

ア．要約文から平文には簡単に戻すことができる。

イ．ブラウザに鍵(錠)のマークが表示されている場合は，データがSSL/TLSによって暗号化されていることを示している。

ウ．SSL/TLSは共通鍵暗号方式のみが利用されている。

エ．デジタル署名だけではなりすましは防げない。

オ．データを送信する単位の中で，1の数が偶数になるようにパリティビットを付加するのが偶数パリティである。

知 **3** **次の(1)〜(3)の送信データについて，8ビットの偶数パリティでデータを送信する場合のパリティビットの値を答えなさい。**

(1)　0110011　(2)　0000100　(3)　0000000

1

用語

(1)

(2)

(3)

(4)

(5)

鍵の種類

(6)

(7)

処理内容

(8)

(9)

(10)

2

3

(1)

(2)

(3)

4章 章末問題

知 **1** **次のア～オの記述について，回線交換方式に関する説明，パケット交換方式に関する説明，どちらにも当てはまらない説明に分類しなさい。** [教 p.92]

ア．電話回線で用いられている。

イ．ヘッダと呼ばれる一定の大きさのデータに分割して送る。

ウ．通信中の利用者どうしが回線を独占するので，その間に他者がその回線を利用することはできない。

エ．複数の利用者で１つの回線を共有できる。

オ．ルータによって適当な経路を通ってデータが運ばれる。

回線交換方式（　　　　　　）

パケット交換方式（　　　　　　）

どちらでもない（　　　　　　）

知 **2** **次の【IPアドレスA】と【表】について，次の問いに答えなさい。** [教 p.96]

【IPアドレスA】

11010010 10001000 01100000 00100100

【表】

記号	IPアドレス	ドメイン名
ア	210.136.96.36	www.shugiin.go.jp
イ	164.97.249.143	www.homeaffairs.gov.au
ウ	23.34.101.244	www.ieee.org
エ	61.120.205.110	www.metro.tokyo.lg.jp

(1) 【IPアドレスA】は，ある機関のWebサーバのIPアドレスを２進数で表現したものである。８ビットずつドットで区切り，４つの10進数で表しなさい。

____

(2) 【表】を参照してその機関のドメイン名を求めなさい。

____

(3) 【表】の中でトップレベルドメインにgTLDが使用されているものをア～エから１つ選び，記号で答えなさい。

（　　　　　　）

知 **3** **次の(1)，(2)の記述に適したプロトコルの名称をアルファベット４文字で答えなさい。** [教 p.98]

(1) Webページを閲覧するサービスで用いられているプロトコル

（　　　　　　）

(2) メールを送信する際に用いられるプロトコル

（　　　　　　）

アドバイス

1
回線交換方式とパケット交換方式について，それぞれどのような場面で用いられているか，どのような仕組みで通信を実現しているかについて整理しておく。

2
(1) ２進数の桁の重み

1　1　0　1　0　0　1　$0_{(2)}$

2^7 2^6 2^5 2^4 2^3 2^2 2^1 2^0

(2) (1)の解答に対応するIPアドレスを表から探し，それに対応するドメイン名を求める。

(3) ccTLDは国ごとに割り当てられ，gTLDは国や地域に関係なく別の基準で割り当てが行われる。

3
プロトコルの名称はアルファベットの省略系で表されるものが多く混同しやすい。省略前の意味も含めて覚えるとよい。

知 **4** **4.1Gbpsの通信速度でBlu-rayディスク１枚分にあたる25GBの動画ファイルをダウンロードした。この時の転送効率は回線の混雑などの影響で通信速度の50%であったとする。動画ファイルを転送するのにかかる時間を計算しなさい。ただし，解答は小数第２位で四捨五入すること。** [教 p.100]

思 **5** **マルウェアの対策として，ウイルス対策ソフトウェアをコンピュータにインストールし常駐させた。このウイルス対策ソフトウェアを有効に機能させ続けるために行うべきことを簡潔に説明しなさい。** [教 p.103]

知 **6** **セッション鍵方式について，次の問いに答えなさい。** [教 p.109]

(1) 次に示す処理に使用する鍵の作成者と鍵の種類を，下のア～オからそれぞれ選び，記号で答えなさい。

鍵Ａ：平文の暗号化に使用する鍵　　：(　　)が作成した(　　)

鍵Ｂ：鍵Ａの暗号化に使用する鍵　　：(　　)が作成した(　　)

鍵Ｃ：暗号化された鍵Ａを復号する鍵：(　　)が作成した(　　)

作成者：ア．送信者　　イ．受信者

鍵の種類：ウ．共通鍵　　エ．公開鍵　　オ．秘密鍵

(2) セッション鍵方式を用いる利点について，共通鍵暗号方式と公開鍵暗号方式の特徴を踏まえて簡潔に説明しなさい。

思 **7** **８ビットの偶数パリティでデータを送信したら，受信データは，10101111となった。この時，１ビットの誤り検出によって誤りがなかったといえるか。理由とともに答えなさい。** [教 p.113]

誤りがなかったと(いえる／いえない)

理由

アドバイス

4

データの転送時間［秒］

$$=\text{データ量［bit］} \div \left(\text{転送速度［bps］} \times \frac{\text{転送効率［\%］}}{100}\right)$$

5

常に生み出される新たなマルウェアに対応する必要がある。

6

・共通鍵暗号方式

送信者が共通鍵を作成して平文を暗号化し，受信者に暗号文と共通鍵を送信する。受信者は，暗号文を共通鍵で復号する。

・公開鍵暗号方式

受信者が公開鍵と秘密鍵のペアを作成する。送信者は受信者が作成した公開鍵で平文を暗号化し，暗号文を受信者に送信する。受信者は，暗号文を秘密鍵で復号する。

7

偶数パリティは，８ビットの中にある１の個数が偶数になるように，最後の８ビット目を「1」または「0」とする。

27 問題解決(1)

教科書p.116〜118

教科書の確認

1 問題解決 [教p.116]

私たちが生活している社会には，さまざまな(①)が潜んでいる。(①)の発見や解決のためには，さまざまな手順や方法があるが，PDCAサイクルの考えをもとに問題解決の手順をまとめると，以下のようになる。

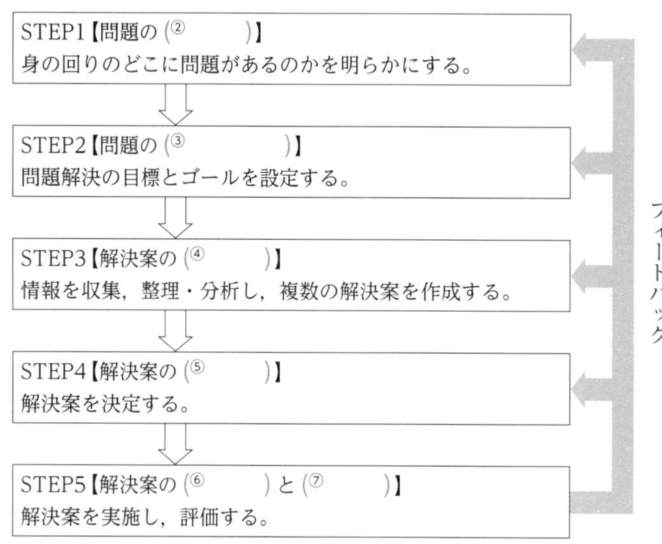

STEP1【問題の(②)】
身の回りのどこに問題があるのかを明らかにする。
STEP2【問題の(③)】
問題解決の目標とゴールを設定する。
STEP3【解決案の(④)】
情報を収集，整理・分析し，複数の解決案を作成する。
STEP4【解決案の(⑤)】
解決案を決定する。
STEP5【解決案の(⑥)と(⑦)】
解決案を実施し，評価する。
フィードバック

●問題
「あるべき姿(理想)と現実とのギャップ」という意味で用いられることがある。

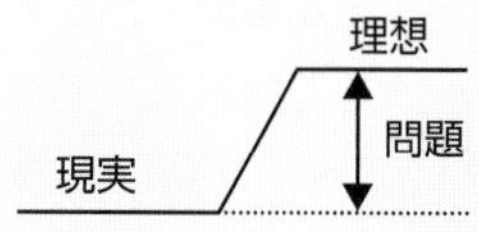

●PDCAサイクル
Plan(計画)，Do(実行)，Check(評価)，Action(改善)の4つの段階を繰り返すことで継続的な改善を行う。

●問題解決
現実を理想に近付け，両者のギャップ(問題)を埋める行為。

●ブレーンストーミング
A.F.オズボーンによって提唱された手法で，ブレーン(brain)は脳，ストーミング(storming)は嵐が吹くことの意味である。

2 問題の発見 [教p.117]

問題解決の手順において，最初のステップは問題の(①)である。どのような問題がどこに潜んでいるのか，問題を(①)するには現状を把握する必要がある。現状の把握には，さまざまな(②)の活用が考えられる。また，(③)を行ったり，SNSのグループチャット機能を活用したりするなど，より多くの人の意見を集約し，広い視点で現状を把握することも有効である。

●目的と目標の違い

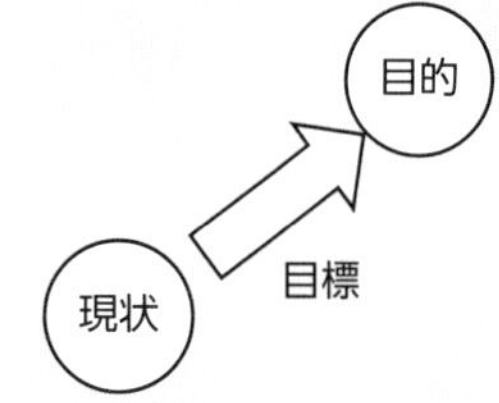

3 問題の明確化 [教p.118]

問題の(①)では，(②)と(③)の設定をする。(②)とは目指す(④)であり，(③)とは(②)を達成するための具体的な(⑤)である。また，いつまでに，どのような条件で問題解決を行うのか，(⑥)も明らかにする必要もある。さらに，グループで問題解決をする際には，それらを(⑦)する必要がある。

Note

練習問題

知 **1** **部活動で使用するシューズの購入について検討する。次の(1)～(5)の作業は，問題解決の手順のどのステップに該当するか。適当なものを下のア～オから選び，記号で答えなさい。**

(1) 試合でのパフォーマンスが上がらない。

(2) 購入後に使用してみて，想定していた特徴と価格が見合っているか否かを確認する。

(3) シューズを購入するのか，現在使用しているもので我慢をするのかを決定することをゴールとする。

(4) 毎月の小遣いの使い道を検討し，小遣いで購入できるシューズを決める。

(5) 各シューズの特徴や価格を調べて表にまとめたり，友人や対戦するチームの選手がどのようなシューズを履いているかを調べたりする。

ア．問題の発見　イ．問題の明確化　ウ．解決案の検討
エ．解決案の決定　オ．解決案の実施と評価

1
(1)
(2)
(3)
(4)
(5)

知 **2** **次のア～クのうち，ブレーンストーミングを行うにあたって注意すべき点として，正しいものをすべて選び，記号で答えなさい。**

ア．アイデアの質より量を大切にする。
イ．出されたアイデアを批判しない。
ウ．出されたアイデアの改善や組み合わせを歓迎する。
エ．誰もが受け入れやすいアイデアを出すようにする。
オ．質の高いアイデアを尊重する。
カ．なるべく突拍子もないアイデアは出さないようにする。
キ．奔放なアイデア，見当違いなアイデアを歓迎する。
ク．他人のアイデアを流用してはいけない。

2

思 **3** **次の会話は，修学旅行の班別行動の計画を話し合っている場面である。次のア～キの発言のうち，ブレーンストーミングのルールからはずれているものをすべて選び，記号で答えなさい。**

ア．「せっかくの修学旅行だから，班別行動の時はなるべくたくさんの観光スポットに行こうよ」
イ．「観光スポットのA，B，Cは絶対行きたいな」
ウ．「時間内にそんなにたくさん行けないよ」
エ．「それなら，市内周遊バスの1日券を使ってまわろうよ」
オ．「バスは待ち時間もあるし，満員だと疲れるから嫌だよ」
カ．「いっそのことタクシーにすれば，もっと時間短縮できるよ」
キ．「どうしてお金のかかることばかりいうんだよ」

3

28 問題解決(2)

教科書p.119〜123

教科書の確認

1 情報の収集 [教p.119]

問題が明確になったら，解決に向けた(①　　　　　)を行う必要がある。(①)の手段は，情報通信ネットワークの活用のほか，書籍や図書館の利用，(②　　　　　)による調査などがある。Webページ上の情報の中から，瞬時に必要な情報を検索するサービスとして(③　　　　　)がある。(③)では，(④　　　　　)の考え方を用いることで，効率よく情報を検索することができる。なお，検索したデータを利用する際は，著作権を侵害することのないよう注意する。

●フィールドワーク
街頭でのアンケート調査や聞き取り調査，実物観察などによって，情報を直接収集すること。

●検索サイト
検索サイトには価格の比較，地図や論文の検索など，対象を限定したサイトもある。

2 情報の整理・分析 [教p.120]

コンピュータの中で同じ分類の情報をもつファイルは同じ(①　　　　　)に入れ，(①)の中をさらに小分類の(①)を置いて(②　　　　　)にすることで見つけやすく整理できる。また，情報を共有する際には，(③　　　　　)を設定するなど適切に管理する。次に，収集した情報をその性質や目的に応じて適切な分析を行う必要がある。例えば，数値データであれば，(④　　　　　)を利用して収集したデータを表にしてそれをグラフで表現することにより，特徴を視覚的に把握することができる。

●フォルダ
ファイルをまとめるバインダーのような役割をするもの。ディレクトリともいう。

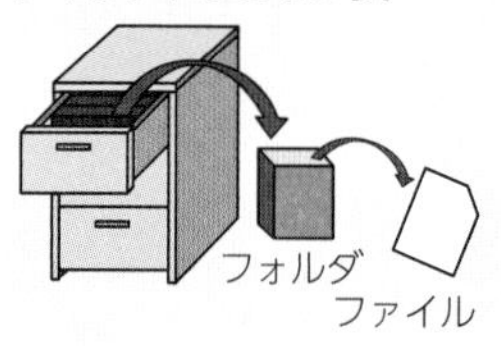

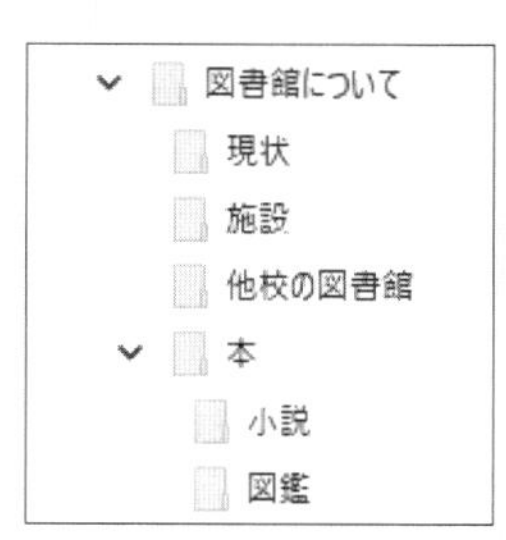

3 解決案の決定 [教p.121-122]

複数の解決方法から1つに絞る場合は(①　　　　　)などで解決案を比較する。1つの要素を改善すると，ほかの要素が悪化するような状態である(②　　　　　)も考えられる。

問題を解決するためには，計画を立案する必要があり工程表を作成するなど可視化することが重要である。例として(③　　　　　)などがある。メッセージアプリのグループチャット機能など非同期型のコミュニケーション手段でも，ある程度の(④　　　　　)を行うことができる。しかし，最終的な意思決定の際には，実際に会って話し合ったり，(⑤　　　　　)を利用したりするなど同期型のコミュニケーション手段を用いた方がよい。

●合意形成
ステークホルダー(stakeholder)という利害関係者の相互の意見の一致をはかることをいい，コンセンサスともいう。

4 解決案の実施と評価 [教p.123]

評価は，本人が自分自身を評価する(①　　　　　)，互いに評価し合う(②　　　　　)，実行した人とは別の人が評価する(③　　　　　)などに分類できる。また，問題解決の結果，評価がよくなかった場合，別の案(代替案)を考える必要もある。

Note

練習問題

知 **1 次の(1)〜(4)は，解決案の検討・決定をするときの記述である。正しいものには○を，正しくないものには×を記しなさい。**

(1) 情報収集の手段は，短時間で膨大なデータが得られる情報通信ネットワークを活用し，調査に時間がかかる書籍などは使用すべきではない。

(2) グループで情報を共有する際には，アクセス権を設定する。

(3) 文章のデータを単語や文節で区切り，それらの出現の頻度や他要素との相関，出現傾向，時系列などを分析することをテキストマイニングという。

(4) 最終的な意思決定の際には，非同期型のコミュニケーション手段でも十分に合意形成できるため非同期型を使用すべきである。

知 **2 次のア〜ウの記述は，検索サイトを使用する際の注意点について述べたものである。正しいものをすべて選び，記号で答えなさい。**

ア．たくさんの検索結果を出すために，検索ボックスに入力するキーワードは1つに絞る。

イ．検索したデータを引用する場合は出典を記載すれば，そのWebサイトに載っているすべてのデータを引用できる。

ウ．信憑性の高い情報を得るために，複数のサイトからのデータを比較する。

知 **3 ガントチャートの特徴として正しいものを次のア〜エからすべて選び，記号で答えなさい。**

ア．各作業の作業計画がわかりやすい。

イ．同一日程の各作業の順序関係がわかりやすい。

ウ．各作業の開始日，完了日が可視化できる。

エ．どの作業が重要であるかがわかる。

1

(1)

(2)

(3)

(4)

2

3

▶考えてみよう

自宅のパソコンや学校のパソコンのフォルダ構造は，どのようになっているだろうか。どのように整理し直すと目的のファイルが見つけやすくなるか考えてみよう。

29 データの活用(1)

教科書p.124~129

教科書の確認

1 データの収集 [教 p.124]

Webサイトで得られた情報と，ほかの方法から得られた別の情報と照らし合わせてその(①)を確認することが重要である。データを収集する際には，インターネット上の(②)を用いると便利である。すべてのデータを集めるのは難しい場合には，(③)(標本調査)を行う。

2 データの整理 [教 p.125]

一般にデータは，その性質によって(①)といわれる基準で分類できる。(②)(比率尺度)と(③)に相当するデータは数値で測定できる(④)(定量的データ)である。また，(⑤)と(⑥)に相当するデータは，数値で測定できない性質を表す(⑦)(定性的データ)である。収集した文字データを数値に対応させると処理効率が向上する。「はい」を1，「いいえ」を0に対応させることで，数値化することができる。これを(⑧)という。収集したデータの中には，(⑨)や，(⑩)が存在する場合がある。

3 データの分析と表計算 [教 p.126-129]

集めたデータを用いて効率よく，的確に分析を行うには，(①)(表計算ソフト)を用いるとよい。(①)では，表を作成するだけでなく，数式や(②)を用いて演算を行ったり，対象となるデータを検索したりすることができる。(①)の演算子は加算・減算で用いられる「+」や「−」は数学と同じ記号だが，乗算は「×」の代わりに「(③)」を，除算は「÷」の代わりに「(④)」を用いる。セル番地の指定には，(⑤)と(⑥)がある。(①)の並べ替えとフィルタの機能を使えば，データの順を並べ替えたり，必要なデータだけを表示したりすることができる。(①)には，多様な(②)が用意されている。例えば(⑦)は，合計を求める(②)である。( )内に並べられた計算のもとになる値やセル番地などの一つひとつを(⑧)という。(⑧)は，数値やセル番地，数値を入力した範囲，(②)などを「,(カンマ)」で区切って並べる。範囲は矩形領域で，左上端と右下端のセル番地を「:(コロン)」で区切って表す。集めたデータから分布の様子や特徴を表すために，それぞれ一つの値で要約する指標を(⑨)という。

●オープンデータ
国や地方公共団体および事業者が保有する官民データで，誰もがインターネットなどを通じて容易に利用できるように公開されたデータのこと。

●サンプリング
対象となるデータ全体の一部を取り出し，データ全体を推測するという手法がある。このように，一部のデータを取り出すこと。

●外れ値
ほかの多数のデータから大きく離れた値。

●欠損値
データの値が不明(空欄)であったり，収集されていなかったりする値。

●四則演算に用いる演算子

	数学	コンピュータ
加算	+	+
減算	−	−
乗算	×	*
除算	÷	/

●相対参照
アルファベットと数値の番地で参照するセルを指定する方法。

●絶対参照
コピーしても同じセルを参照するように指定する方法。行や列に$を付け，指定する。

Note

練習問題

知 **1** **次の(1)〜(4)の尺度水準について，性質と例としてあてはまるものをそれぞれ1つずつ選び，記号で答えなさい。**

(1) 間隔尺度　(2) 順序尺度　(3) 比例尺度　(4) 名義尺度

【性質】

ア．目盛りが等間隔になっているが，比率には意味がないデータ

イ．順序には意味があるが，間隔には意味がない数値を割り当てたデータ

ウ．分類や区別のために名前や特性で表したデータ

エ．原点の決め方が定まっており，間隔にも比率にも意味があり，比率が表せるデータ

【例】

a．長さ　b．震度　c．西暦　d．血液型

知 **2** **右の表はAさんとBさんとCさんがタイピングゲームを行い，4回分のスコアの結果をまとめたものである。なお，この得点は0点から20点までである。次の問いに答えなさい。**

(1) 表中のア〜キを求めるときに，使用する関数名を答えなさい。

(2) 標準偏差を計算する際，小数第3位を四捨五入をして小数第2位までを表示させるために，ある関数を用いた。その関数名を次の①〜④から1つ選びなさい。

① RANKUP関数　② ROUNDUP関数

③ ROUND関数　④ RANK関数

(3) 表の結果からデータのばらつきが大きいのは，Aさん，Bさん，Cさんのうち誰であるか答えなさい。

	Aさん	Bさん	Cさん
1回目	16	12	13
2回目	20	14	13
3回目	18	16	14
4回目	16	14	20
ア　最大値	20	16	20
イ　最小値	16	12	13
ウ　平均値	17.5	14	15
エ　中央値	17	14	13.5
オ　最頻値	16	14	13
カ　分散	2.75	2	8.5
キ　標準偏差	1.66	1.41	2.92

知 **3** **税込金額を計算するために，セルC2に「=B2*(1+C6)」と入力し，セルC3〜C4はセルC2をコピーして計算した。その結果，右図のようになり，プリンタとデジタルカメラの税込金額が誤った値となった。セルC2に入力するべき正しい式を答えなさい。**

	A	B	C
1	商品名	税抜金額	税込金額
2	パソコン	100,000	110,000
3	プリンタ	12,000	12,000
4	デジタルカメラ	10,000	10,000
5			
6		消費税率	0.10

1

(1)【性質】　【例】

(2)【性質】　【例】

(3)【性質】　【例】

(4)【性質】　【例】

2

(1)ア

イ

ウ

エ

オ

カ

キ

(2)

(3)

3

▶調べてみよう

表計算ソフトウェアの関数には，ほかにどのようなものがあるか調べてみよう。

(1) 平方根を求める関数　(2) 順位を出す関数

30 データの活用(2)

教科書p.130〜133

教科書の確認

1 データの可視化 [教p.130-133]

表計算ソフトでは，表にまとめられた数値から簡単にグラフを作ることができ，数値の傾向や特徴を視覚的に表現することができる。おもなグラフは，次のとおりである。

・(①)：一定間隔でのデータの変化を表す。気温など(②)とともに変化するデータに用いる。
・(③)：一定間隔でのデータの変化や項目間の比較を表す。降水量など，加算することに意味のあるデータに用いる。
・(④)：各項目の値の全体に対する割合を表す。扇形で囲まれた面積の比較になるため，もとの数値の大小関係よりも強調された印象を与える。
・(⑤)：複数のデータ系列の値のバランスを表す。系列間のバランスがよいと正多角形に近くなり，数値が高いと面積が広くなる。
・(⑥)（相関図，X－Yグラフ）：２つの変数を横軸・縦軸にして，収集したデータをカテゴリー化しないで座標に置いたグラフのこと。データがいくつかの群に分けられている時は，グラフ内の点の記号を変える。２つの変数間の(⑥)をまとめて表示することで，(⑦)を視覚的に表す。
・(⑧)：(⑥)を構成するデータに，もう一つの量的データを加え，それぞれを横軸，縦軸，円の大きさで表す。３つの変数間の関係をまとめて表示することができる。
・(⑨)：各階級の幅を横軸に，対応する度数を縦軸にしたグラフのこと。データの分布の様子や特徴を表す。
・(⑩)：データの最大値，最小値，第１四分位数，第２四分位数，第３四分位数を視覚的に表す。また，平均値を「＋」または「×」で記すこともでき，データ全体の散らばりや偏りを視覚的に表現できる。この(⑩)は，縦横どちらの方向で表してもよい。

●3Dグラフ
グラフには，2D（２次元）のグラフだけでなく，3D（３次元）のグラフもある。見栄えをよくしたり，値の違いを強調して見せたりする場合には効果があるが，視覚的に強調されるため，実際の項目間のデータ差を見誤ることがあるので注意が必要である。

●積み上げ棒グラフ
項目の合計と割合を表すグラフで，棒グラフの一つである。

●凡例
グラフなどで使用する記号や線，色などの意味を示したもの。

●グラフを作成する際の注意点
①グラフには，グラフタイトル，軸ラベル，凡例を入れる。
②軸ラベルには単位を入れる。

Note

練習問題

思 **1** **次の(1)～(8)のグラフの名称を答え，特徴と用途を下からそれぞれ選び，記号で答えなさい。**

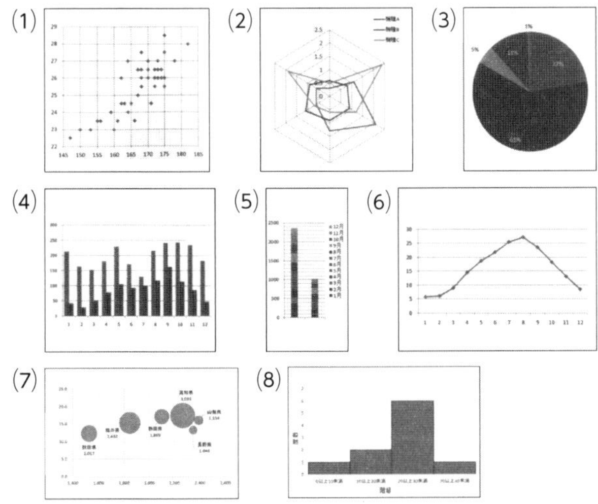

【グラフの特徴】

ア．項目間で数量を比較する際に用いる。

イ．３つの項目の関係性を分析する際に用いる。

ウ．数量の時間的な推移を表す際に用いる。

エ．全体に占める各項目の割合を表す際に用いる。

オ．多角形の面積で総合的な評価を表しゆがみで項目の偏りを表す。

カ．２つの項目に相関があるか否かを表すことができる。

キ．項目の合計と，その割合を表す際に用いる。

ク．各階級に応じた度数を表し，データの分布を表す際に用いる。

【グラフの用途】

ａ．月別降水量　　ｂ．月別の降水量と年間降水量

ｃ．東京の月別平均気温の推移　　ｄ．身長と靴のサイズの相関

ｅ．プリンタの性能評価　　ｆ．日本の地域別面積比

ｇ．各県の人口と面積と人口密度の比較

ｈ．小テストの点数の分布

知 **2** **次のア～オの記述は，グラフを作成する際の注意点について述べたものである。正しいものをすべて選び，記号で答えなさい。**

ア．グラフには，タイトルは付ける必要がない。

イ．グラフには，軸ラベルを入れる。

ウ．軸ラベルには単位を入れる。

エ．グラフは，用途に限らずどのグラフを選んでもよい。

オ．情報量が多くなって見づらくなるため，凡例はできる限り入れない。

1

(1)［名称］

［特徴］　　［用途］

(2)［名称］

［特徴］　　［用途］

(3)［名称］

［特徴］　　［用途］

(4)［名称］

［特徴］　　［用途］

(5)［名称］

［特徴］　　［用途］

(6)［名称］

［特徴］　　［用途］

(7)［名称］

［特徴］　　［用途］

(8)［名称］

［特徴］　　［用途］

2

31 データの活用(3)

教科書p.134〜139

教科書の確認

1 データ集計の種類 [教p.134]

集計は，大きく(①)と(②)の2つに分けられる。(①)とは，全体の傾向をつかむ時などに利用される。この時に作成される表を(③)という。(②)とは，複数の属性や質問項目などで掛け合わせて，それぞれの選択肢に該当する度数を集計する方法であり，項目間の相互関係を明らかにすることができる。この時に作成される表を(④)（分割表）という。

2 相関 [教p.134]

データ分析では，2つの量的変数に対して，一方の変数の値の増減が，他方の変数の値の増減に直線的な関係がある時，この2つの変数の間は(①)となり，(②)があるという。(③)とは相関の強さの強弱を判断する指標であり，－1から1の間を取る。

3 回帰 [教p.136]

原因から結果へのつながりがある関係を(①)という。(②)では2つの変数(x, y)間に方向性はないが，(①)では方向性がある。

(①)にある2つの変数を平面座標に置き換え，原因となる変数をx，結果となる変数をyとする。「xによってyが決まる」のように，2つの変数間の関係を表すことを(③)という。xとyで表される関係式(回帰式)を求めることを(④)という。2つの変数間の関係を，直線で表すことができる時には(⑤)（単回帰）という。また，その際の直線を(⑥)といい，$y=ax+b$の形で表される。この式のことを回帰直線式という。この回帰直線式を求めることを(⑦)という。また，回帰式が実際のデータに対して，どれだけ正確に表現できているかを表す値を(⑧)といい，(⑤)の場合は，相関係数の二乗で求めることができる。(⑧)は，0から1の間を取り，値が大きいほど回帰式の近くに実際のデータが集まっているといえる。

しかし，(⑧)の値が大きくても，当初考えられていたx(原因)とy(結果)の間に(①)があるとは限らない。この時，結果と原因の両方に関係する別の要因(因子)が存在する場合がある。この要因のことを(⑨)（交絡変数）という。(⑨)が存在する場合，(⑨)が真の原因の可能性がある。

●単純集計
それぞれの項目ごとに該当する選択肢の集計や，全体における比率を集計し，全体の傾向をつかむ時などに利用される。

●クロス集計
複数の属性や質問項目などで掛け合わせて，それぞれの選択肢に該当する度数を集計する方法であり，項目間の相互関係を明らかにすることができる。

●相関関係
どちらかが大きくなるともう一方も大きくなる傾向がある時(どちらかが小さくなるともう一方も小さくなる傾向がある時)，正の相関があるという。逆に，どちらかが大きくなると，もう一方が小さくなる傾向がある時には，負の相関があるという。

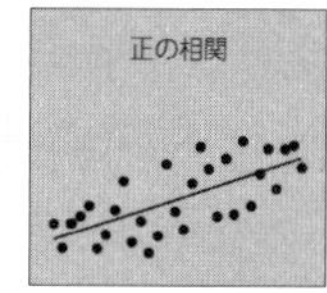

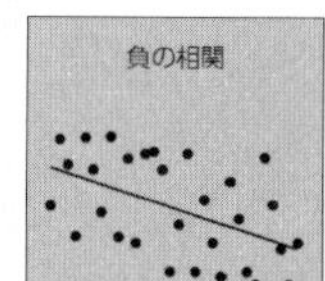

Note

練習問題

知 **1** **地球全体のCO_2濃度（全球平均値）と平均気温平年差について散布図を作成し，相関係数を求めた。次の問いに答えなさい。**

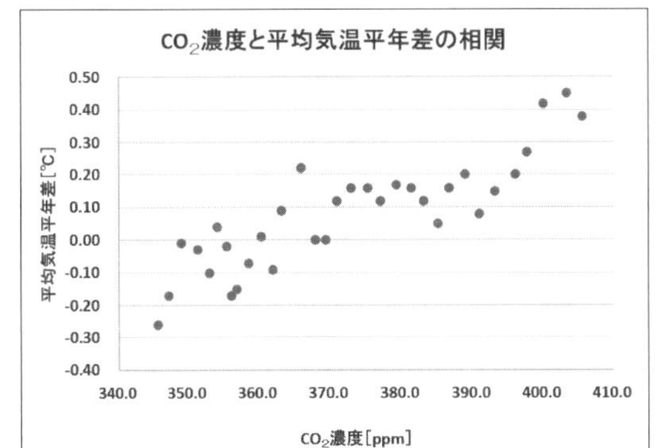

(1) 相関係数として適切なものを次のア～エの中から1つ選び，記号で答えなさい。

ア．-0.42　　イ．0.86　　ウ．0.32　　エ．1

(2) CO_2濃度と平均気温平年差には，どのような相関があるといえるか，次のア～オの中から1つ選び，記号で答えなさい。

ア．弱い正の相関　　イ．弱い負の相関　　ウ．強い正の相関

エ．強い負の相関　　オ．相関はない

(3) 表計算ソフトで，相関係数を求める関数名を答えなさい。

(4) このデータについてCO_2濃度（全球平均値）と平均気温平年差間の回帰直線式を求めると，「$y=0.0081x-2.9498$」となった。CO_2濃度が440ppmのとき，平均気温平年差は何℃になると予測できるか答えなさい。

1

(1)

(2)

(3)

(4)

知 **2** **次のグラフは，あるデータ（表）をもとにして作られた散布図に回帰直線（$y=ax+b$）を加えたものである。この回帰直線の回帰係数aとbの組み合わせとして最も適切なものを下のア～エから選び，記号で答えなさい。**

ア．$a=0.63$，$b=50$

イ．$a=0.63$，$b=86$

ウ．$a=0.36$，$b=50$

エ．$a=0.36$，$b=86$

x（横軸）	y（縦軸）
134	90
185	114
199	131
300	154
356	188
452	192
503	240
650	280

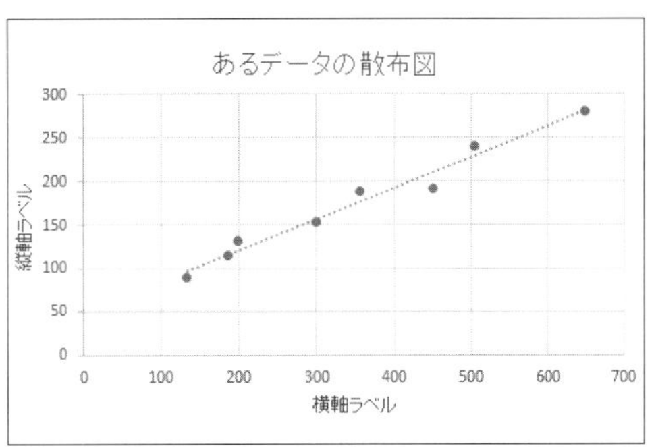

2

32 データの活用(4)

教科書p.140〜143

教科書の確認

1 データベースとその必要性／DBMS ［教 p.140-141］

ある目的のためにデータを蓄積して利用価値を高めたものを(① 　　　　)という。(①)を効率よく安全に利用できるように管理するのがDBMS((② 　　　　))である。(②)には，おもに次のような機能がある。

・データの(③ 　　　　)：複数のユーザでデータの共有・操作ができる。
・データの(④ 　　　　)：データの重複や不正なデータを防ぐ。
・データの(⑤ 　　　　)：(①)と利用するプログラムを独立して管理。
・データの(⑥ 　　　　)：アクセス権を設定したり，認証したりする。
・データの(⑦ 　　　　)：さまざまな障害時に備えてデータを回復するためのバックアップやリストア，リカバリなどをする。

2 リレーショナルデータベース ［教 p.142］

(① 　　　　)は表(テーブル)と呼ばれる形式でデータを格納している。表は行(レコード)と列(フィールド)の二次元で構成され，行と列を指定することによってデータを取得する。行を特定するのに必要な項目を(② 　　　　)と呼び，(②)のデータは重複してはならない。また，列を組み合わせて(②)となるキーを(③ 　　　　)(連結キー)という。さらに，ほかの表と関連付けをするためのキーを(④ 　　　　)という。(①)の大きな特徴は，複数の表で共通するキーにより項目を結び付け1つの表として表示する(⑤ 　　　　)，与えた条件に合う行のみを取り出して表示する(⑥ 　　　　)，表の中から一部の列だけ表示する(⑦ 　　　　)という3つの操作を行い，さまざまな形でデータを扱えることである。

3 その他のデータベース ［教 p.143］

データベースのデータを一定の形式に整理して蓄積する仕組みを(① 　　　　)という。SNSの膨大な数の投稿の管理などには(② 　　　　)と総称されるデータベース管理システムが開発されている。(②)の(①)である，(③ 　　　　)型の(①)では，項目(キー)と値(バリュー)という単純な構造からなる。(④ 　　　　)型では，列方向のデータのまとまりを効率的に扱えるように設計されており，大量のデータ処理などに適している。(⑤ 　　　　)型では，データとデータの複雑な関係を保持するのに適している。(②)は，ビッグデータを格納するために，格納するデータの変更や(⑥ 　　　　)に対応できる。

●データベース
データを一つにまとめ，複数のプログラムで共有できるようにしたもの。

●SQL
DBMSに指示をするためのデータベース言語の一つ。

●階層型・リレーショナル型の違い

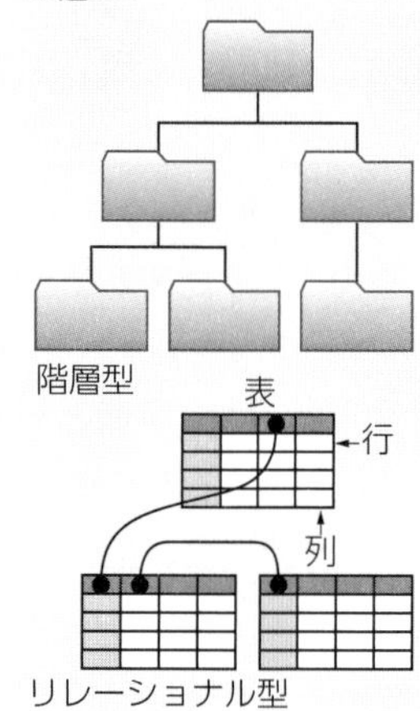

●スケールアウト

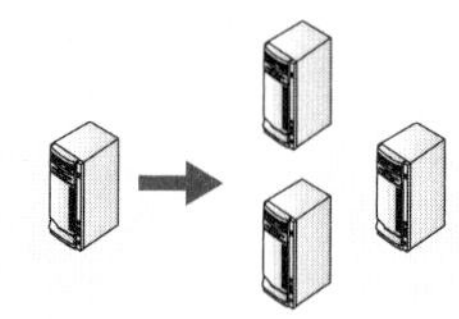

マシンを増設して，処理速度・データ格納容量を向上

●スケールアップ

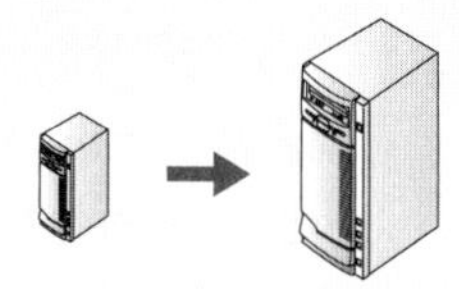

増設せずに，マシンそのものの処理速度・データ格納容量を向上

Note

練習問題

知 **1** 次のデータベースに関する(1)～(4)の名称を，次のア～エからそれぞれ１つずつ選び，記号で答えなさい。

(1) (2) (3) (4)

書籍番号	書籍名	著者名	分類コード	分類
913-36xx	走れメロス	太宰　治	910	日本文学
913-75xx	雪国	川端　康成	910	日本文学
923-13xx	西遊記	呉　承恩	920	中国文学
971-22xx	君主論	マキャベリ	970	イタリア文学
934-27xx	マクベス	シェイクスピア	930	英米文学
983-09xx	初恋	ツルゲーネフ	980	ロシア・ソヴィエト文学

ア．表(テーブル)　　イ．列(フィールド)
ウ．行(レコード)　　エ．項目

1
(1)
(2)
(3)
(4)

知 **2** 次の２つの表を用いて作成された(1)～(3)の表について，行った操作とその操作の名称を，語群からそれぞれ選び，記号で答えなさい。

書籍表

書籍番号	書籍名	著者名	分類コード
913-36xx	走れメロス	太宰　治	910
913-75xx	雪国	川端　康成	910
923-13xx	西遊記	呉　承恩	920
971-22xx	君主論	マキャベリ	970
934-27xx	マクベス	シェイクスピア	930
983-09xx	初恋	ツルゲーネフ	980

分類表

分類コード	分類
910	日本文学
920	中国文学
930	英米文学
940	ドイツ文学
950	フランス文学
960	スペイン文学
970	イタリア文学
980	ロシア・ソヴィエト文学

作成された表

(1)

書籍番号	著者名
913-36xx	太宰　治
913-75xx	川端　康成
923-13xx	呉　承恩
971-22xx	マキャベリ
934-27xx	シェイクスピア
983-09xx	ツルゲーネフ

(2)

書籍番号	書籍名	著者名	分類コード
913-36xx	走れメロス	太宰　治	910
913-75xx	雪国	川端　康成	910

(3)

書籍番号	書籍名	著者名	分類コード	分類
913-36xx	走れメロス	太宰　治	910	日本文学
913-75xx	雪国	川端　康成	910	日本文学
923-13xx	西遊記	呉　承恩	920	中国文学
971-22xx	君主論	マキャベリ	970	イタリア文学
934-27xx	マクベス	シェイクスピア	930	英米文学
983-09xx	初恋	ツルゲーネフ	980	ロシア・ソヴィエト文学

操作：
ア．書籍表と分類表とを分類コードで関連付けて１つの表にした。
イ．書籍表から分類コードが910である行を取り出した。
ウ．書籍表から書籍番号と著者名の列だけを取り出した。
名称：エ．射影　　オ．選択　　カ．結合

2
(1)【操作】
【名称】
(2)【操作】
【名称】
(3)【操作】
【名称】

▶考えてみよう

身近なもので，データベースが利用されているものにはどのようなものがあるか考えてみよう。

33 モデル化(1)

教科書p.144~146

教科書の確認

1 モデル化とシミュレーション ［教p.144］

モデル化とは，本物の形の（① ）などを「似せたもの」であるモデルを作ることである。モデル化の目的は，現象をモデルとして（② ）し，条件を変化させて（③ ）を行い，その結果を分析・活用することである。

2 モデルの分類 ［教p.145］

モデルには，表現形式や対象の特性によって次のように分類できる。

分類	モデルの種類	内容
表現形式	（① ）モデル（スケールモデル）	実物を小さくしたモデル
	（② ）モデル	対象となる現象を数学的に表現したモデル
	（③ ）モデル	対象の構造をわかりやすく図で表したモデル
対象の特性	（④ ）モデル	時間的な変化に影響されるモデル
	（⑤ ）モデル	時間の変化の影響を受けないモデル
	（⑥ ）モデル	規則的に変化する現象のモデル
	（⑦ ）モデル	不規則な動作をする現象や，偶然的な要素によって決まる現象のモデル

3 モデル化の手順 ［教p.146］

手順1　モデル化の（① ）を明確にする。
手順2　モデルの（② ）を決定する。
手順3　モデルを（③ ）などの形で表現する。

4 モデル化の手法 ［教p.146］

問題を整理したり，構造を明らかにしたりするために図的モデルを作り，この図的モデルから数式モデルを作る場合が多い。本書では，動的モデルを図で表すために，次のような記号が用いることとする。

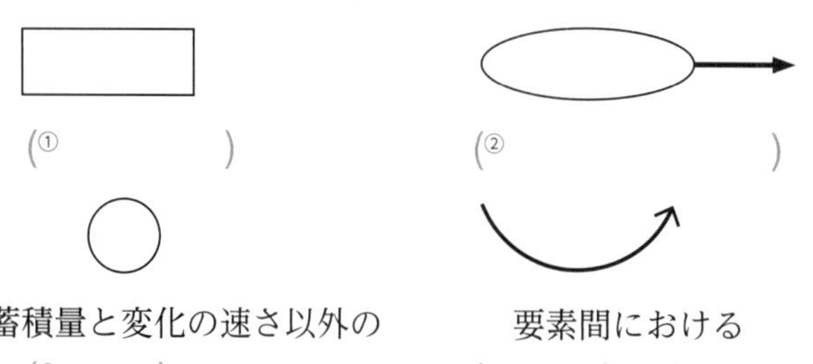

（① ）　（② ）

蓄積量と変化の速さ以外の（③ ）

要素間における（④ ）や（⑤ ）

●各モデルの例

・縮尺モデル

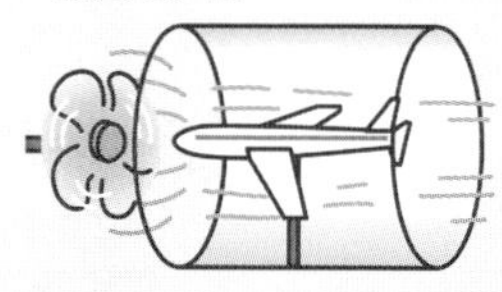

・数式モデル
変化後の水量＝現在の水量＋流入速度×時間間隔

・図的モデル

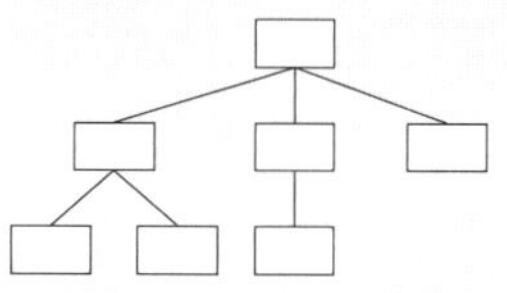

・動的モデル
プールにたまる水の量，商品の売上予測，預金残高，店舗のレジに並ぶ時間

・静的モデル
プラスチックモデル，建築図面

・確定的モデル
預金残高＝前の期間の預金残高×（1＋利率）

・確率的モデル
サイコロの出目

Note

練習問題

思 **1** **次の(1)〜(8)のものをモデル化する場合，対象の特性からア〜ウのどのモデルが最適か選び，記号で答えなさい。**

(1) 自動車の形状と空気抵抗
(2) サイコロの出目
(3) 水が流れ込んでいるタンクの水量
(4) 携帯電話基地局からの距離と電波強度
(5) スーパーマーケットのレジにできる行列
(6) 売り上げを最大にするための在庫管理
(7) 風呂をたいているときの水の温度変化
(8) ロケットの打ち上げからの時間にともなう速度の変化

ア．確定的モデル　　イ．確率的モデル　　ウ．静的モデル

1
(1)
(2)
(3)
(4)
(5)
(6)
(7)
(8)

思 **2** **次の(1)〜(5)のものをモデル化する場合，対象の特性からア〜ウのどのモデルが最適か選び，記号で答えなさい。**

(1) 新型自動車の空気抵抗（実験計測）
(2) 新型自動車の空気抵抗（理論計算）
(3) 会社の組織体制
(4) 銀行預金の利率
(5) プログラムのフローチャート

ア．縮尺モデル　　イ．数式モデル　　ウ．図的モデル

2
(1)
(2)
(3)
(4)
(5)

知 **3** **次の(1)〜(4)の記述のうち，正しいものには○を，間違っているものには×を記しなさい。**

(1) 数量を扱うモデルには，数式モデルが必要である。
(2) 時間とともに変化する対象をモデル化することはできない。
(3) モデル化は，知識や経験に基づく仮定を設定して行う。
(4) モデルの構造を決定するためには，モデル化の目的を明確にする必要がある。

3
(1)
(2)
(3)
(4)

▶考えてみよう

身のまわりでモデル化されているものには，どのようなものがあるだろうか。また，それは表現形式や対象の特性によって分類すると，どのモデルになるか考えてみよう。

34 モデル化(2)

教科書p.146〜151

教科書の確認

1 モデル化する時の注意 [教p.146]

モデル化では，モデルを何に使うかという目的に応じて（① ）を省略する。また，モデル化は，知識や経験に基づいた（② ）を設定して行うので，シミュレーションの結果も異なる場合がある。

2 モデル化する時の注意（例題2） [教p.147]

毎時一定の流入速度でプールに水を入れた時の変化後の水量を，数式モデルで表すと次の数式が成り立つ。（時間間隔は1時間）

変化後の水量は，（① ）＋増えた水量

増えた水量＝（② ）×（③ ） なので，

変化後の水量＝（①）＋（②）×（③） として表される。

3 モデル化する時の注意（例題3） [教p.148]

銀行にお金を預けたときの10年後の預金残高をシミュレーションする（時間間隔は1年）。「預金額」を蓄積量，「利息」を変化の速さとする。この時，「預金額」は「利息」によって決まり，「利息」は「預金額」に（① ）すると考えることができる。

4 モデル化する時の注意（例題4） [教p.149]

現在の室温と設定温度の差に比例して，冷暖房を行うエアコンを部屋に設置した場合を数式モデルで表してみる。

変化の速さ＝（① ）×（② ）

（①）＝（③ ）－現在の室温

変化後の室温＝現在の室温＋変化の速さ×（④ ）となり，

変化後の室温＝現在の室温＋（（③）－現在の室温）×（②）×（④）

5 モデル化する時の注意（例題5） [教p.150-151]

ある生徒が風邪のウイルスに感染した。まだ感染していない生徒がいる教室での数式モデルを考える。ただし，一度感染した後は再び感染しない。

（① ）

＝（② ）の感染者数＋（（②）の感染-（（②）の回復）×時間間隔

感染＝感染可能者数×出会い頻度×（①）×感染率

回復＝（①）／回復期間

感染可能者数＝（②）の感染可能者数－（②）の感染×時間間隔

免疫保持者数＝（②）の免疫保持者数＋（②）の回復×時間間隔

●変化の速さが一定の確定的モデルの図的モデルとその例

・一定速度で走行する自動車の走行距離
・毎月一定額を貯めている貯金箱の金額

●変化の速さが蓄積量に比例するモデルの図的モデルとその例

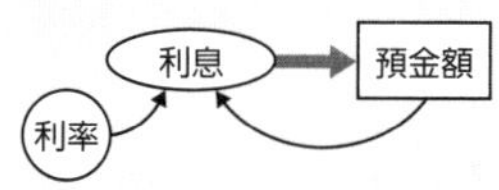

・バクテリアの増殖
・病気の流行
・銀行の利子と預金額
・人口の増加

●変化の速さが目標値と蓄積量の差に比例するモデルの図的モデルとその例

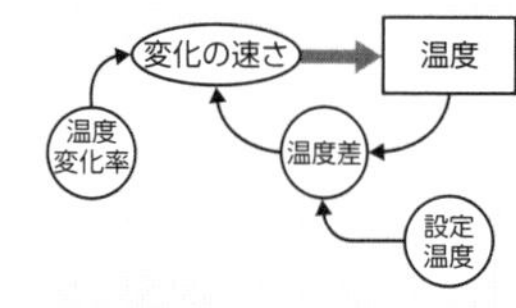

・水洗トイレのタンク水量
・エアコンの温度調節
・工場での自動制御システム

Note

練習問題

知 **1** **一定の流入速度でプールに水を入れる場合を考える。次の問いに答えなさい。**

(1) 次の図はプールの水量変化の現象を示す図的モデルである。空欄に適切な語句を答えなさい。

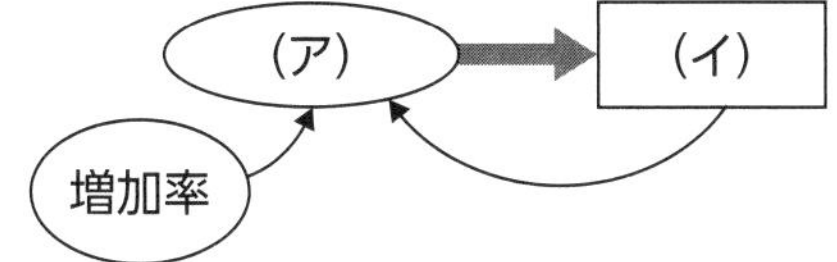

(2) プールの初期水量を1 kL，流入速度を5 kL/時とするとき，8時間後の水量は何kLになるか求めなさい。

1
(1)(ア)
(イ)
(2)

知 **2** **ある農業地域に害虫が発生した。害虫の数が増加する様子をモデル化する場合について，次の問いに答えなさい。**

(1) 次の図的モデルの空欄に，適切な語句を答えなさい。

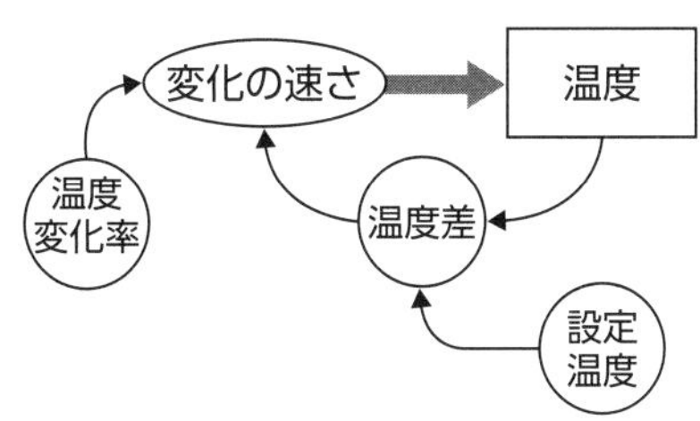

(2) 次の数式モデルの空欄に，適切な語句を答えなさい。

増加後の害虫の数 ＝（エ）＋（ウ）× 時間間隔

（ウ）＝ 増加率 ×（エ）

2
(1)(ア)
(イ)
(2)(ウ)
(エ)

知 **3** **ヒーターを自動制御する温度調節装置を用い，水を設定温度まで加熱する場合を考える。この装置は，水温が設定温度に近付くにつれ加熱を弱め，設定温度にゆるやかに近付ける。図的モデルを参考に，下のア～エをうめて数式モデルを作成しなさい。**

変化の速さ
温度
温度変化率
温度差
設定温度

変化の速さ ＝（ア）×（イ）

温度差 ＝（ウ）－（エ）

変化後の水温 ＝（エ）＋ 変化の速さ × 時間間隔

↓

変化後の水温 ＝（エ）＋（(ウ）－（エ））×（イ）× 時間間隔

3
(ア)
(イ)
(ウ)
(エ)

▶試してみよう

練習問題3について，1分間での温度変化率を0.6（一定），時間間隔を0.5分，初期温度を10℃，設定温度を100℃として，15分間の温度変化の結果をコンピュータでシミュレーションしてみよう。

35 シミュレーション(1)

教科書p.152〜155

教科書の確認

1 シミュレーションの実際 [教p.152]

作成したモデルを用いて実際の現象や実物の動作を模倣する(① 　　　　　　)を行うことがある。モデルには操作可能な(② 　　　)(パラメータ)が含まれている。コンピュータを使った(①)では，実物を使った実験と同じように，(②)を変えてその結果を繰り返し調べることができる。

・モデル化する時の注意

作られたモデルは作成者により異なり，(①)の結果も異なる場合がある。モデル化の時に立てた仮定を十分(③ 　　　)し，モデル化に使用しているデータが正確かどうかを確かめる必要がある。

・(④ 　　　　)の(③)

(①)を行う際は，その(④)について検討しなければならない。(①)では現実のすべての(②)を含める必要はなく，モデルを何に使うかという目的に応じて(②)を省略する。

・問題の(⑤ 　　　　)と結果の(⑥ 　　　)

(①)によって何を明らかにしたいのかを明確にし，どのようなモデルを使うのが適切か判断をする。また，(①)をした結果は表やグラフ，画像に出力することで，視覚的にとらえることができ，結果の(⑥)や(③)が行いやすくなる。

●一様乱数
どの値も等しい確率で出てくる乱数のこと。
RANDBETWEEN(値1，値2)の関数を使用することで，値1から値2までの一様乱数を求めることができる。

2 モンテカルロ法 [教p.153]

確率的モデルに対して乱数を適用してシミュレーションを行い，問題を解決する方法を(① 　　　　　　　　)という。

(①)で用いる乱数を発生させるには，コンピュータを用いると効率がよい。正確に作られたサイコロも乱数を発生させる道具として使われる。サイコロを何千，何万回と振って1〜6の目が出る相対度数を求めると，どの目も(② 　　　　)に近い値になる。この相対度数は，サイコロのそれぞれの目が出る確率に近い値となる。

●標準一様乱数
0以上1未満の数値が不規則に等しい確率で出てくる一様乱数のこと。表計算ソフトではRAND関数で生成できる。

Note

練習問題

知 **1** **モンテカルロ法による円周率πの計算について，次の問いに答えなさい。**

(1) 次のア～オをモンテカルロ法で円周率πの値を求めるモデル化の手順に並べ替え，Aの空欄に当てはまる式を答えなさい。

ア．半径1の四分円の内部にある点Pの個数nを数える。

イ．一辺の長さが1の正方形の中に，半径1の四分円を描く。

ウ．0以上1未満の乱数を，点P(x，y)の座標にランダムに対応させ，正方形内にN個ちりばめる。

エ．π≒(　A　)より円周率の近似値を求める。

オ．四分円の面積と正方形の面積比が，個数比n/Nに等しくなる。

(2) 正方形内に10000個の点を乱数でちりばめたところ，7854個の点が四分円の内部に存在した。πの値を，小数第4位まで求めなさい。

1

(1) → → → →

A.

(2)

思 **2** **自作のサイコロを1000回振り，目の出方の記録を取った。その記録から確率と累積確率を求め，サイコロの目に乱数を割り当ててサイコロモデルを作成した。次の問いに答えなさい。**

(1) ア～セにあてはまる数値を答えなさい。

サイコロの目	度数(回)	確率	累積確率	乱数
1	130	0.130	0.130	0.000～0.129
2	190	0.190	0.320	0.130～0.319
3	160	ア	イ	ウ ～ エ
4	150	オ	カ	キ ～ ク
5	160	ケ	コ	サ ～ シ
6	210	ス	1.000	セ～0.999
計	1000	1.000		

(2) 理想的なサイコロの目は，すべて等しく1/6の確率である。上の表の自作サイコロについて述べた次の①～③の説明のうち，正しいものには○を，誤っているものには×を記しなさい。

① 自作サイコロの目の確率は，理想的なサイコロと同じである。

② 確率の誤差が1％以内の場合を理想どおりとするとき，自作サイコロで理想どおりの確率になった目は3と5である。

③ 自作サイコロでは，理想的なサイコロより2と6の目が出にくい。

2

(1)ア.

イ.

ウ.

エ.

オ.

カ.

キ.

ク.

ケ.

コ.

サ.

シ.

ス.

セ.

(2)①

②

③

36 シミュレーション(2)

教科書p.156～159

教科書の確認

1 問題の明確化 [教 p.156]

待ち行列の問題に対し，(① 　　　　　　　　) で解消を試みる場合について，問題を明確化する。コンビニエンスストアのレジを想定し，以下の２つの条件から問題の明確化を行う。

・客一人あたりのサービス時間：レジ台数 (１台) ×時間 (30秒)

・客の到着間隔：過去のデータの (② 　　　　　) から計算

レジに客がいないとき (待ち行列がない) 場合

→サービス開始時刻＝客がレジに (③ 　　　) した時刻

前の客がレジにいるとき (待ち行列がある) 場合

→サービス開始時刻＝前の客がサービスを (④ 　　　) した時刻

●待ち行列
レジや窓口など，客がサービスを受けるために順番に並ぶ行列。

●サービス開始時刻

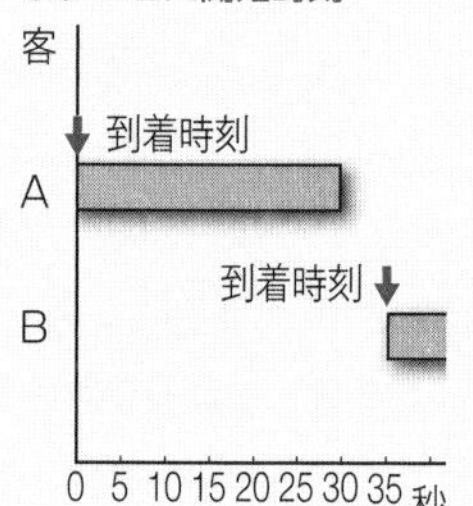

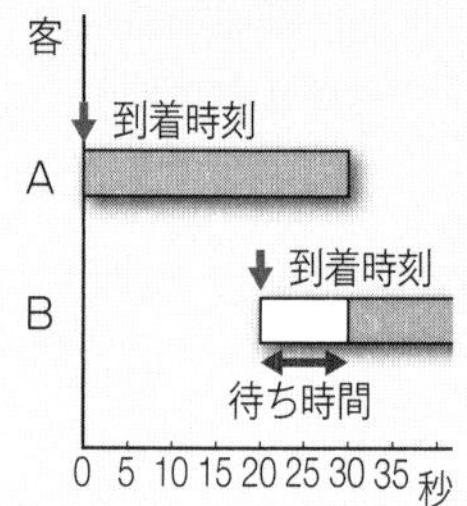

2 モデル化とシミュレーション結果の分析・検討 [教 p.157～159]

(1) 待ち行列の (① 　　　　　)

前述の店舗での待ち時間について現状のモデル化は以下のようになる。

・最初の客の到着時刻を０とし，客は５人来るものとする。

・客の到着間隔は，(② 　　　) の値と累積確率より決定する。

サービス終了時刻＝サービス開始時刻＋ (③ 　　　　　　　　　　)

待ち時間＝サービス開始時刻－ (④ 　　　　　　　)

(2) 待ち行列のシミュレーション

(1)について客の待ち時間の現状をシミュレーションする。

・１人目の客は，到着時刻は０，到着時点でレジはあき。サービス開始時刻は０，サービス終了時刻は30，待ち時間は０である。

・２人目の客は，到着時間が５秒であったとする。このとき到着時刻は (⑤ 　　)，到着時点でレジは (⑥ 　　　) なので，サービス開始時刻は前客サービス終了時刻である (⑦ 　　　) となる。よって，２人目のサービス終了時刻は (⑧ 　　　)，待ち時間は (⑨ 　　　) である。

・３人目以降の客についても，同様にして計算する。

(3) シミュレーション結果の分析・検討

シミュレーション結果に対して，行列に並んでいる (⑩ 　　　) の推移，つまり待ち行列の長さを求めることができる。

●到着時間と待ち時間

客1の到着・サービス開始
客1のサービス終了 客2のサービス開始
客2の待ち時間
客2の到着
客2のサービス終了
待ち時間は色を塗る。

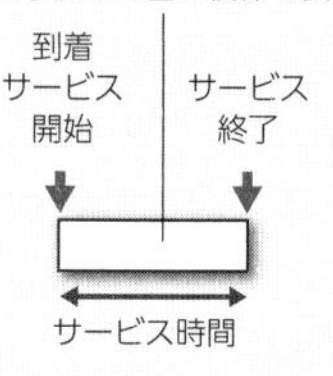

Note

練習問題

知 **1** レジの待ち行列問題に関して，過去の実績より客の到着間隔は次の表のとおりであった。確率および累積確率を計算し，ア～カに数値を入れなさい。

到着間隔（秒）	中央値	度数	確率	累積確率
0以上10未満	5	13	0.260	ア
10以上20未満	15	19	0.380	イ
20以上30未満	25	9	0.180	ウ
30以上40未満	35	6	0.120	エ
40以上50未満	45	2	0.040	オ
50以上60未満	55	1	0.020	カ
60以上		0		
	合計	50	1.000	

思 **2** レジの待ち行列問題に関して，次の問いに答えなさい。

(1) 0以上1未満の乱数と練習問題1の表から客の到着間隔を求める。乱数の値が該当する累積確率の中央値を到着間隔とすると，乱数の値が0.725であった場合，到着間隔は何秒になるか求めなさい。

(2) 5人の客について，2人目以降の到着間隔（秒）が25,35,35,5であった場合，次の表のア～コに適切な数値を，a～dに「あき」または「待ち」を入れなさい。ただし，客1人あたりのサービス時間は30秒とする。

客	到着間隔（秒）	到着時刻	窓口	サービス開始時刻	サービス終了時刻	待ち時間
1	―	0	あき	0	30	0
2	25	25	a	ア	イ	5
3	35	ウ	b	60	90	エ
4	35	95	c	オ	カ	0
5	5	キ	d	ク	ケ	コ

(3) 次の①～⑤の記述は，シミュレーション結果について述べたものである。正しいものをすべて選び，記号で答えなさい。ただし，レジでサービス中の客は，待ち行列の人数に含めないものとする。

① 5人すべての客へのサービスに要する時間は，170秒以上である。

② レジはすべての時間帯においてサービス中であり，空き時間はない。

③ 待ち行列の最大の長さは，2人である。

④ 待ち行列が発生した回数は，2回である。

⑤ 5人目の客へのサービスが終了するまでの時間帯において，待ち行列が発生していた時間は，のべ50秒間である。

1

ア

イ

ウ

エ

オ

カ

2

(1)

(2)

ア

イ

ウ

エ

オ

カ

キ

ク

ケ

コ

a

b

c

d

(3)

5章 章末問題

思 **1 8月における1週間の最高気温と，商品Aと商品Bの売り上げ数の下の表を見て，次の問いに答えなさい。** [教p.130〜135]

月日	8/1	8/2	8/3	8/4	8/5	8/6	8/7
最高気温（℃）	30	32	33	35	36	33	35
商品A（個）	200	238	261	300	319	258	301
商品B（個）	798	979	863	888	892	951	433

⑴ この1週間の最高気温の推移を表すには，何グラフを用いればよいか答えなさい。また，そのときの横軸と縦軸は何にすればよいか答えなさい。

⑵ この1週間の最高気温と，商品の売り上げ数の関係をグラフにするには，何グラフを用いればよいか答えなさい。また，そのときの横軸と縦軸は何にすればよいか答えなさい。

⑶ ⑵で答えたように横軸と縦軸をとると，A，Bのグラフはそれぞれどのようになるか描きなさい。

⑷ 最高気温と売り上げ数との間の相関関係が強いのは，商品A，Bのどちらか答えなさい。

⑸ 商品Bの1週間の売り上げを表現するのに適しているのは，平均値と中央値のどちらか答え，さらにその理由を答えなさい。

⑴	グラフ		横軸		縦軸	
⑵	グラフ		横軸		縦軸	
⑶	A			B		
⑷			⑸	【適するもの】		
⑸	【理由】					

知 **2 スカイダイビングのように空気中を物体が落下する場合，物体には重力と逆方向に空気抵抗が働く。空気抵抗の大きさは物体の速度によって決まり，物体の加速度は重力と空気抵抗から決まる。物体の落下速度について，次の図的モデルの⑴〜⑷に入る要素を下のア〜エから選び，記号で答えなさい。** [教p.146〜151]

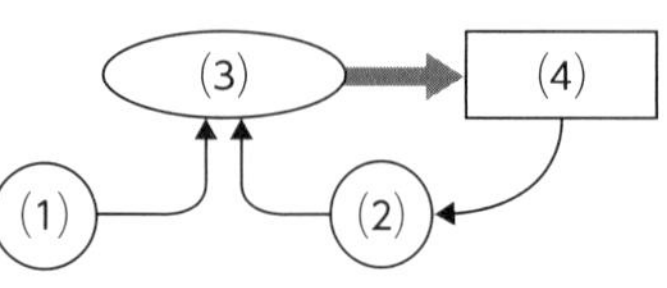

ア．落下速度　　イ．加速度　　ウ．重力　　エ．空気抵抗

⑴		⑵		⑶		⑷	

アドバイス

1

⑴⑵この1週間について考えたいので，横軸は時間の推移を表すようにする。

⑷⑶のグラフを比べ，直線的な関係があるほど相関関係が強い。

2

⑴⑵は蓄積量と変化の速さ以外の要素
⑶は変化の速さ
⑷は蓄積量
に該当するものが当てはまる。

思 **3** **あるカメラ屋で，１日あたりのデジタルカメラの売上を過去100日間調べた結果，表１のようになった。確率と累積確率を求め，今後10日間の売上数の変化をモンテカルロ法で求めることにした。次の問いに答えなさい。** [教 p.152～155]

(1) それぞれの売上個数での確率と累積確率を求め，表１に記入しなさい。

(2) 表計算ソフトで０以上１未満の10個の乱数を生成した結果，表２の結果となった。この結果と表１から10日間の売上数をモンテカルロ法で求め，表２に記入しなさい。

表１

売上(個/日)	度数(日)	確率	累積確率
0	3		
1	8		
2	13		
3	18		
4	27		
5	20		
6	11		
7以上	0		
合計	100		

表２

	①	②	③	④	⑤	⑥	⑦	⑧	⑨	⑩
乱数	0.161	0.323	0.922	0.012	0.664	0.008	0.568	0.395	0.392	0.445
売上数										

思 **4** **あるハンバーガーショップでは，会員カードをもつ常連客の売上管理をＡ図のように表計算ソフトで行っていたが，リレーショナルデータベースを用いてＢ図のような４つの表に分けて管理することにした。次の問いに答えなさい。** [教 p.142]

Ａ図

売上表

レシート番号	会員番号	名前	商品コード	商品名	数量	単価	金額
1	H005	林	101	ハンバーガー	2	120	240
1	H005	林	301	コーヒー	2	120	240

Ｂ図

売上会員表

主キー	
レシート番号	会員番号
1	H005

会員表

会員番号	名前
H005	林

売上商品表

複合キー	複合キー	
レシート番号	商品コード	数量
1	101	2
1	301	2

商品表

主キー		
商品コード	商品名	単価
101	ハンバーガー	120
301	コーヒー	120

Ｃ図

ID	レシート番号	会員番号	名前	商品コード	商品名	単価	数量
1	1	H005	林	101	ハンバーガー	120	2
2	1	H005	林	301	コーヒー	120	2

(1) Ｂ図からＣ図を作った。この操作を何というか答えなさい。

(2) 表計算ソフトを使用せずにデータベースを使用したときの利点には，どのようなことがあるか答えなさい。

(1)		(2)	

アドバイス

3

(1)確率は $\frac{度数}{合計}$ で求めることができる。

(2)10個の乱数から，累積確率の範囲にあてはめ，取り出した10個の値が10日間の売上の数に対応する。

4

結合：複数の表で共通するキーにより項目を結び付け１つの表として表示する。

選択：与えられた条件に合う行のみを取り出して表示する。

射影：表の中から一部の列だけ表示する。

37 プログラミングの方法(1)

教科書p.162~165

教科書の確認

1 アルゴリズム [教p.162]

(① 　　　　　　)とは，計算や情報処理の手順を(② 　　　　)したものをいう。(②)とは，決まった形の(③ 　)や言葉で表現することを表す。

(①)を(④ 　　　　　)が実行できるように記述したものを(⑤ 　　　　)という。(④)は(①)を指示されたとおりに，(⑥ 　　)で実行することができる。

2 アルゴリズムの表記 [教p.163]

アルゴリズムをわかりやすく表現する方法の一つとして，(① 　　　　　　)(流れ図)と呼ばれるものがある。(①)以外の表記法として，処理の流れを表現する(② 　　　　　　　)や，(③ 　　)などの状態の移り変わりを表現する(④ 　　　　　)がある。

3 基本制御構造とそのアルゴリズム [教p.164]

アルゴリズムは，順次構造，選択構造，反復構造の３つの(① 　　　　　)で表現することができる。

○順次構造

各処理が(② 　　　　)につながっている構造である。右図では，(③ 　　　　)，(④ 　　　　)の順に実行する。

処理１
処理２

○選択構造（分岐構造）

(⑤ 　　)によって実行する処理が分かれる構造である。右図では，条件がYesの場合に(⑥ 　　　)を実行し，(⑦ 　　)の場合に(⑧ 　　　)を実行する。

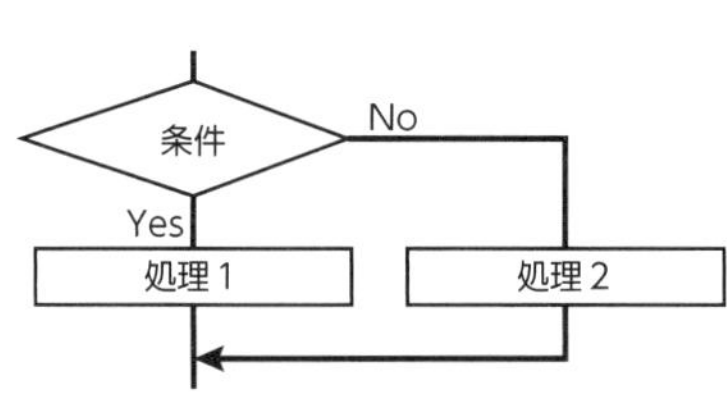

○反復構造（繰り返し構造）

(⑨ 　　　　)が満たされている間，処理を(⑩ 　　　　)実行（ループ）する構造である。(⑨)には，等号や不等号などで表現される(⑪ 　　　)を満たすか，指定した(⑫ 　　)を繰り返したか，といった条件を指定する。

ループ判定条件
処理
ループ

●アルゴリズム
計算や情報処理の手順を定式化したものをいう。

●プログラム
アルゴリズムをコンピュータが実行できるように記述したものである。

●フローチャート
アルゴリズムの処理の流れをわかりやすく表現する方法の一つである。

●アクティビティ図
処理の流れを表現する表記法の一つである。

●状態遷移図
どのような条件の時に，システムなどの状態が遷移するかを表現する。

Note

練習問題

知 **1** 次の表は，おもなフローチャート記号を整理したものである。空欄①～⑨に該当するものを下のア～ケから選び，記号で答えなさい。

名称	記号	意味
①	（角丸長方形）	開始と終了
データ	（平行四辺形）	②
③	④	演算などの処理
判断	⑤	条件による分岐
ループ始端	（上部の角を切った六角形）	⑥
⑦	（下部の角を切った六角形）	繰り返しの終わり
⑧	（両端に縦線のある長方形）	別な場所で定義された処理
線	（直線）	⑨

ア．ループ終端　イ．処理　ウ．定義済み処理　エ．端子
オ．繰り返しの始まり　カ．データ入出力　キ．処理の流れ
ク．（ひし形）　ケ．（長方形）

1
①
②
③
④
⑤
⑥
⑦
⑧
⑨

知 **2** 右のフローチャートは，ある飲料水の自動販売機において，現金で飲料水を買うためにボタンが押された時の処理を大まかに表したものである。

この自動販売機では，ボタンが押されると，投入金額が不足しているかどうかのチェック，売り切れていないかどうかのチェックをし，問題なければ飲料水を出す処理を行う。投入金額が不足していた場合や，指定された飲料水が売り切れていた場合は何も行わない。その後，釣銭が必要かどうかのチェックを行い，必要な場合は釣銭を出す処理を行い，必要ない場合は何も行わない。フローチャートの中の①～③に該当するものを，下のア～カから選び，記号で答えなさい。

ア．釣銭が必要ない　イ．釣銭が必要　ウ．何もしない
エ．飲料水を出す　オ．投入金額が足りている
カ．投入金額が足りない

2
①
②
③

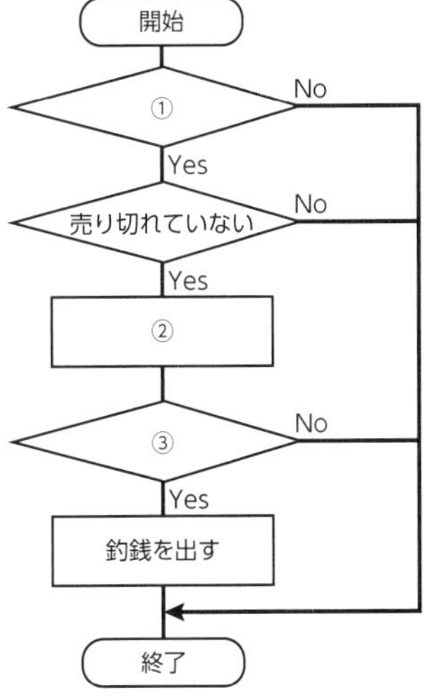

▶考えてみよう

ICカードで飲料水を買う場合は，どのようなフローチャートになるか考えてみよう。

38 プログラミングの方法(2)

教科書p.166〜167

教科書の確認

1 プログラミングの手順 [教p.166]

プログラミングは(①)→(②)→(③)という3つの手順で実行されることが多い。

(①)の手順では，主に使用する(④)を決める，(⑤)を(①)し，プログラムの流れを(⑥)などで表現する，などの作業を行う。

(②)の手順では，実際に(④)でプログラムを作成する。(④)で記述した文字列をソースコードという。

(③)の手順では，プログラムを実行し，プログラムが(①)通りに動作しているかを点検する。また，プログラムの動作する(⑦)や，(⑧)がないかどうかを点検する。

●設計
アルゴリズムの設計を行い，プログラムの流れをフローチャートなどで表現する。

●コーディング
実際にプログラミング言語でプログラムを作成する。

●テスト
プログラムが設計通りに動作しているかを点検する。

2 プログラミング言語の種類と選択 [教p.167]

コンピュータが直接理解できるプログラミング言語は，(①)という(②)だけで記されたプログラムだけである。(①)を(③)に置き換えて，人間にわかりやすくしたものが(④)である。これらをまとめて，(⑤)という。

これとは別に人間が使用している数式や言葉に近い表現にしたものを，(⑥)という。コンピュータは(①)しか理解できないため，(⑥)のプログラムは(①)に(⑦)する必要がある。(⑧)にまとめて(⑦)する言語を(⑨)，命令文を一つずつ翻訳しながら実行される言語を(⑩)という。

プログラムは，プログラムの(⑪)や計算に関する考え方により，(⑫)，(⑬)，(⑭)などに分類することもできる。(⑫)では，プログラムの手順を順番に記述する。(⑬)では，データとそのデータに対する処理をまとめて記述する。(⑭)では，プログラムを関数の集まりとして記述する。

プログラムを設計する際には，プログラミング言語の特徴と，プログラムの(⑮)や実行するコンピュータの種類などを考慮して，プログラミング言語を選択する必要がある。

●低水準言語
機械語やアセンブリ言語のように，コンピュータが直接扱える表現に近いプログラミング言語をまとめた呼び方である。

●高水準言語
人間が使用している数式や言葉に近い表現を用いるプログラミング言語をまとめた呼び方である。

●翻訳
高水準言語をコンピュータ上で実行するためには，機械語に翻訳する必要がある。

Note

練習問題

知 **1** **プログラミングの手順に関する次のア～カの記述のうち，正しいものをすべて選び，記号で答えなさい。**

ア．設計の手順では，実際にプログラミング言語を用いてプログラムを作成する。

イ．設計の手順では，プログラムの流れをフローチャートなどで表現する。

ウ．コーディングの手順では，実際にプログラミング言語でプログラムを作成する。

エ．テストの手順では，プログラムが設計通りに動作するかどうかだけを点検し，動作する速度や使いやすさについては，点検しない。

オ．テストの手順まで完了したプログラムについては，すでに完成しているので二度と修正することはない。

カ．プログラミングの手順については，コーディングの手順のみならず，設計やテストの手順も重要である。

1

知 **2** **次の(1)～(7)の記述は，何に関する説明か，下のア～ケから選び，記号で答えなさい。**

(1) 低水準言語の一つで，０と１だけで記されたプログラミング言語である。

(2) プログラムの手順を順番に記述するプログラミング言語のことを指す。

(3) 機械語を英数字に置き換え，人間にわかりやすくしたプログラミング言語である。

(4) 人間が使用している数式や言葉に近い表現を用いて記述するプログラミング言語をまとめた呼び方である。

(5) プログラムを関数の集まりとして記述するプログラミング言語のことを指す。

(6) データとデータに対する処理をまとめて記述するプログラミング言語のことを指し，代表的なプログラミング言語として，Java，JavaScriptなどがある。

(7) 高水準言語のうち，実行前にまとめて機械語に翻訳するプログラミング言語のことを指す。

ア．インタプリタ言語　イ．コンパイラ言語
ウ．高水準言語　エ．低水準言語　オ．機械語
カ．アセンブリ言語　キ．手続き型
ク．オブジェクト指向型　ケ．関数型

2

(1)

(2)

(3)

(4)

(5)

(6)

(7)

39 プログラミングの実践(1)

教科書p.168~171

教科書の確認

1 変数を使用したプログラム [教p.168]

(①)とは,メモリ上のデータ(値)を格納する領域のことをいい,その領域に付けた名前を(②)という。(①)を使用するためには,名前と(③)を宣言する必要がある。(①)に値を格納することを(④)という。(①)aに値5を(④)する時は,a=5と書く。

●変数
メモリ上のデータ(値)を格納する領域のこと。

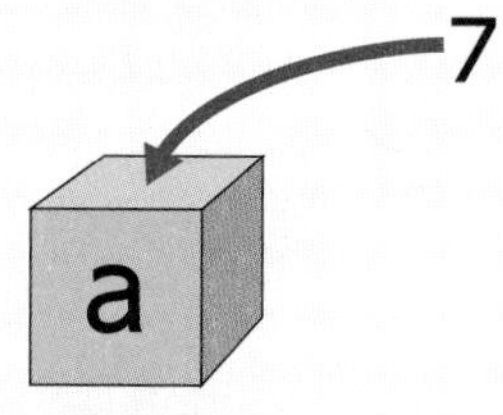

2 選択構造を使用したプログラム [教p.169]

プログラムの流れを変える命令文を(①)という。選択構造の(①)であるIf文を右のように使用する場合,(②)が成り立つ場合は(③)が実行され,成り立たない場合は,(④)が実行される。Elseと(④)は(⑤)することができる。

```
If 条件 Then
  処理 1
Else
  処理 2
End If
```

●変数名と予約語
変数名は,予約語と呼ばれる言葉を除き,自由に付けることができるが,使用する言語によって変数名に使える文字や記号が決まっているので注意する。

●制御文
プログラムの流れを変える命令文のこと。

3 反復構造を使用したプログラム [教p.170]

反復構造の制御文であるFor文を下のように使用する場合,制御変数の値が(①)から(②)になるまで繰り返す。増分を指定するStepを省略した場合,増分は(③)となる。

反復構造の制御文であるWhile文を下のように使用する場合,指定した(④)が満たされている間,Wendまでの処理を繰り返す。繰り返しの回数が決まって(⑤ いる・いない)場合に使用するとよい。

For文
For 制御変数=初期値 To 終了値 Step 増分   処理 Next 制御変数

Do While 文
Do While 条件   処理 Loop

●配列
同じ型の変数をいくつも集めて一つの名前を付けたもの。

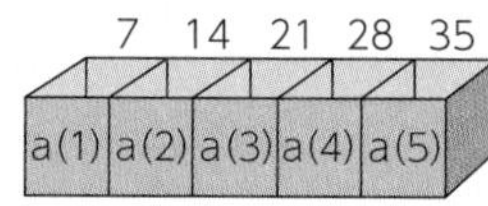

●添字
配列の要素を表す番号のこと。

4 配列 [教p.171]

(①)とは,同じ型の変数をいくつも集めて一つの名前を付けたものである。(①)の中の一つひとつの変数を(②)という。(①)の(②)は(③)と番号で表す。この番号を(④)という。

Note

練習問題

知 **1** 次のプログラムは，２つの変数どうしの四則演算の結果を表示するものである。下の①～⑥に該当するものを下のア～ケから選び，記号で答えなさい。

```
Sub main()
  ①  a As Long, b As Long  ←整数型の変数aとbを宣言
  a ② 5  ←変数aに5を代入
  b ② 8  ←変数bに8を代入
  Cells(1, 1).Value = ③  ←aとbを足し算した結果を表示
  Cells(2, 1).Value = ④  ←aからbを引き算した結果を表示
  Cells(3, 1).Value = ⑤  ←aとbを掛け算した結果を表示
  Cells(4, 1).Value = ⑥  ←aをbで割り算した結果を表示
End Sub
```

ア．Sub　イ．Dim　ウ．a&b　エ．a+b　オ．a/b
カ．a%b　キ．＝　ク．a-b　ケ．a*b

1
①
②
③
④
⑤
⑥

知 **2** 次のプログラムは，得点によって成績を判定するプログラムである。次の問いに答えなさい。

(1) 下の①～⑤に該当するものを下のア～クから選び，記号で答えなさい。

```
Sub main()
  Dim score As Long, grade As Long
  score = Cells(1, 1).Value  ←変数scoreに得点を代入
  ① score >= 50 ②  ←条件を指定
    grade = 1           ←条件が成り立った場合の処理
  ③
    grade = 0           ←条件が成り立たなかった場合の処理
  ④                     ←選択構造の終わり
  Cells(1, 2).Value = ⑤  ←成績として変数gradeの値を表示
End Sub
```

	A	B
1	45	0
2	得点	成績

プログラムの実行結果

ア．End If　イ．Else　ウ．grade　エ．score
オ．If　カ．1　キ．0　ク．Then

(2) 次の表は，このプログラムを実行した時に，入力した得点に対して出力される成績を整理したものである。空欄①～④をうめなさい。

得点	成績
0	（　①　）
49	（　②　）
50	（　③　）
100	（　④　）

2
(1)
①
②
③
④
⑤
(2)
①
②
③
④

6章
1
2

40 プログラミングの実践(2)

教科書p.172～174

教科書の確認

1 関数とは ［教p.172］

プログラムの（① ）が大きくなると，同じ処理を複数の箇所で行う必要が生じることが多い。同じ処理が複数の箇所に記述してあると，（② ）やテストの手間が多くなる。そのため，プログラミング言語には，その部分を抜き出して，別に記述することができる機能が用意されている。抜き出して記述した部分を，（③ ）と呼ぶ。

（③）は，下図のように（④ ）を受け取り，一連の処理を行って，（⑤ ）を返す。（③）を使用する側から見ると，（④）を渡して（③）を（⑥ ）し，（⑤）を受け取る，という処理となる。

プログラミング言語が扱う（③）は，数値以外の文字などを（④）や（⑤）にすることができる。

2 関数の定義 ［教p.173］

プログラミング言語で使用できる関数は，プログラミング言語によってあらかじめ用意されている関数と，プログラムの（① ）が任意に定義する（② ）に分かれる。

別の関数やプログラムから参照できない変数を（③ ）変数という。一方，どの関数やプログラムからでも参照できる変数を（④ ）変数という。

3 線形探索のアルゴリズム ［教p.174］

（① ）とは，たくさんのデータの中から目的のデータを探し出すことをいう。最も単純なアルゴリズムは，（② ）のデータから順番に1つずつ見ていく，というものである。これを（③ ）という。

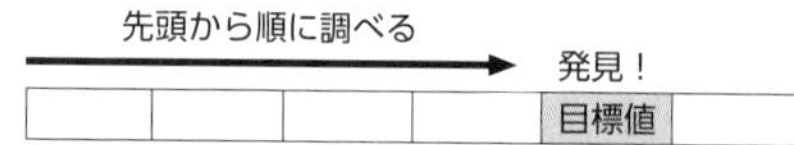

4 プログラムのコメント ［教p.174］

（① ）とは，プログラムの作成者が記述する（② ）である。おもに，後でプログラムを見る時のために記述する。（①）として記述された部分は，コンピュータは（③ ）しない。

●関数
プログラムの一部分を抜き出して記述し，プログラムのほかの箇所から呼び出して実行できるようにしたもの。

●引数
関数は呼び出される際に，引数と呼ばれる値を受け取り，一連の処理を実行する。

●戻り値
関数は処理を終える際に，呼び出したプログラムに実行結果を返す。この時に返す値のこと。

●ローカル変数
別の関数やプログラムから参照できない変数のこと。

●グローバル変数
どの関数やプログラムからでも参照できる変数のこと。

●探索
たくさんのデータの中から目的のデータを探し出すこと。

●線形探索
先頭のデータから順番に1つずつ見ていく探索のアルゴリズムのこと。

Note

練習問題

知 **1** 次のプログラムは，円の面積を計算する関数を定義したものである。また，表はその関数の引数や戻り値を整理したものである。それぞれの空欄①～⑧に該当するものを下のア～コから選び，記号で答えなさい。なお，同じ記号を複数回使用してもよい。

	名前	意味	型
引数	①	②	実数(Double)
戻り値		③	④

```
Function mysurface(radius As Double) As Double
  Dim pi As Double
  Dim s As Double
  ⑤ = 3.14                 '円周率を定義
  s  = pi * ⑥ * ⑥ '円の面積を計算
  ⑦ = ⑧           '戻り値として円の面積を戻す
End Function
```

ア．円の半径　　イ．円の面積　　ウ．整数(Long)　　エ．実数(Double)
オ．戻り値　　カ．radius　　キ．mysurface　　ク．s　　ケ．pi　　コ．3.14

思 **2** 右のフローチャートは，線形探索を行う関数のアルゴリズムを表したものである。探索する値を引数として受け取り，右図のようにセルA1～A10に格納されたデータに対して線形探索を行い，探索する値が存在した場合は，戻り値として“あり”を，存在しなかった場合は，“なし”を戻す。空欄①～⑤に該当するものを下のア～カから選び，記号で答えなさい。

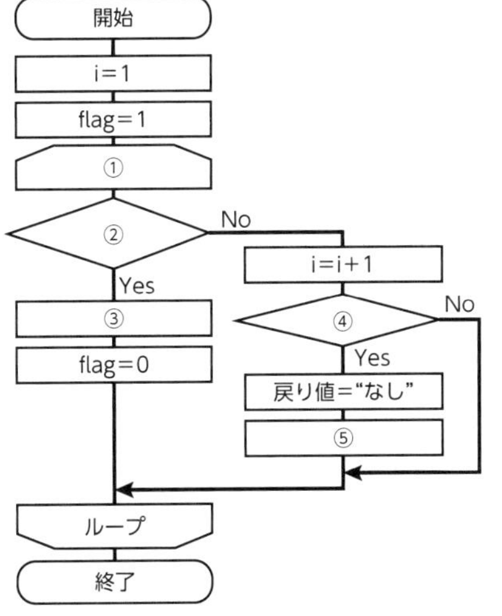

	A
1	1
2	2
3	3
4	4
5	5
6	6
7	7
8	8
9	9
10	10
11	

ア．戻り値=“あり”　　イ．戻り値=“なし”
ウ．flag=0　　エ．flag=1の間繰り返し
オ．Cells(i,1).value=引数　　カ．i>10

1
①
②
③
④
⑤
⑥
⑦
⑧

2
①
②
③
④
⑤

▶考えてみよう

関数を使う意義を考えてみよう。

6 章

1
2

41 プログラミングの実践(3)

教科書p.175~178

教科書の確認

1 二分探索のアルゴリズム ［教 p.175］

(①　　　　　)とは，(②　　　　)してあるデータを(③　　　　)に分けてどちらに探索するデータが含まれているか調べ，含まれている方のデータをさらに(③)に分ける，という手順を繰り返すアルゴリズムである。

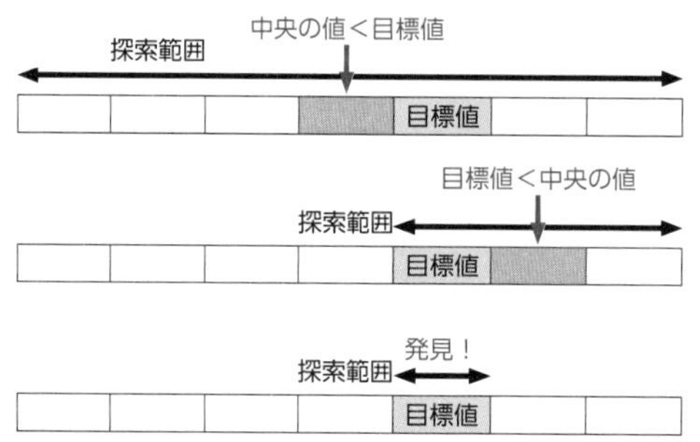

●二分探索
整列しているデータを半分に分けてどちらに含まれているか調べ，含まれている方のデータをさらに半分に分ける，という手順を繰り返す，探索のアルゴリズムである。

2 整列のアルゴリズム ［教 p.176］

データをある値に基づいて並べ替えることを(①　　　　)という。(②　　　　　　　　)とは，比較する値が最も大きいデータ(または，最も小さいデータ)から順に並び順を確定させていくアルゴリズムである。

①順番に全部と比較

10006	10006	10006	10006
10009	10009	10009	10009
10010	10010	10010	10003
10003	10003	10003	10010

②決まった最大値を除いた部分と比較

10006	10006	10006
10009	10009	10003
10003	10003	10009
10010	10010	10010

③残った分を比較

10006	10003
10003	10006
10009	10009
10010	10010

●整列
データをある値に基づいて並べ替えること。

●バブルソート
比較する値が最も大きいデータ(または最も小さいデータ)から順に並び順を確定させていくアルゴリズムである。

3 アルゴリズムの評価 ［教 p.178］

同じ結果を得られるアルゴリズムが複数ある場合，一般的には，(①　　　　)が少ないアルゴリズムが優れているといえる。例えば，探索のアルゴリズムの優劣を評価する一つの方法は，探索する対象のデータが(②　　　　)た時に，(①)がどのように(③　　　　)するか調べることである。(①)の増え方が，(④　　　　　)なアルゴリズムの方が優れていると考えられる。

データ件数をNとした時，線形探索の(①)はNに(⑤　　　　)する。二分探索の(①)は(⑥　　　　　　　)に(⑤)する。(①)に関しては二分探索の方が優れているが，線形探索はデータが(⑦　　　　)されていなくても探索できるというメリットがある。

●計算量
アルゴリズムが終了するまでに実行される命令数のこと。

Note

練習問題

知 **1** **次のような7個の要素をもつ配列aに対して二分探索を行う場合について，下の問いに答えなさい。**

要素	a(1)	a(2)	a(3)	a(4)	a(5)	a(6)	a(7)
値	14	23	46	52	88	93	99

(1) 目的のデータを46とする場合について，次の文章の空欄①～⑩に適切な語句を答えなさい。

1回目の探索において，中央のデータは(①)，値は(②)である。目的のデータは中央のデータより前に存在する。次の探索範囲は，要素(③)から(④)となる。

2回目の探索において，中央のデータは(⑤)，値は(⑥)となる。目的のデータは，中央のデータより(⑦)に存在する。次の探索範囲は，要素(⑧)となる。

3回目の探索において，中央のデータは(⑨)，値は(⑩)となる。目的のデータと一致するため，探索は終了する。

よって，3回の繰り返しで目的のデータが探索できた。

(2) 探索に必要な繰り返しの回数の最大値を答えなさい。ただし，目的のデータは配列aの中に必ず存在するものとする。

1

(1)

①

②

③

④

⑤

⑥

⑦

⑧

⑨

⑩

(2)

知 **2** **次のプログラムは，バブルソートのアルゴリズムを用いて，右図のようにセルA1～A10に格納された整数データを昇順に整列するものである。下の①～⑥に該当するものを下のア～コから選び，記号で答えなさい。**

```
Sub main()
  Dim i As Long, j As Long, temp As Long
  For i = 9 To 1 Step ①
    For j = 1 To i
      If Cells(j, 1).Value ② Cells(j + 1, 1).Value Then
        ③ = Cells(j, 1).Value
        Cells(④, 1).Value = Cells(j + 1, 1).Value
        Cells(⑤, 1).Value = temp
      End If
    Next j
  Next ⑥
End Sub
```

ア．i　イ．i+1　ウ．j　エ．j+1　オ．temp
カ．1　キ．-1　ク．>　ケ．=　コ．<

	A
1	15
2	2
3	93
4	8
5	34
6	17
7	28
8	85
9	41
10	76
11	

2

①

②

③

④

⑤

⑥

6章 章末問題

知 **1** **次のプログラムの繰り返し処理が終了した時点での，配列aの要素a(1)〜a(5)に格納されている値を答えなさい。**[教p.171]

```
Sub main()
  Dim i As Long, a(100) As Long
  a(1) = 5
  For i = 2 To 5
    a(i) = a(i - 1) + 3
  Next i
End Sub
```

配列aの要素	値
a(1)	①
a(2)	②
a(3)	③
a(4)	④
a(5)	⑤

思 **2** **次のプログラムは，255までの正の整数の10進数を8ビットの2進数に変換し，配列aに格納するプログラムである。下の問いに答えなさい。**[教p.171]

```
Sub main()
  Dim a(7) As Long, i As Long, d As Long
  d = 255  '変換する数を変数dに代入
  For i = 0 To 7     'iが0から7まで繰り返し
    a(i) = ①  'dを2で割った余りを要素a(i)に代入
    d = ②  'dを2で割った商の整数部分をdに代入
  Next i
End Sub
```

(1) 空欄に該当するものを下のア，イから選び，記号で答えなさい。

ア．Int(d / 2)　　イ．d Mod 2

①
②

(2) 変換する数が11および175のとき，配列aの各要素に格納される値を答えなさい。

変換する数	a(7)	a(6)	a(5)	a(4)	a(3)	a(2)	a(1)	a(0)
11	①	②	③	④	⑤	⑥	⑦	⑧
175	⑨	⑩	⑪	⑫	⑬	⑭	⑮	⑯

アドバイス

1
繰り返しごとに変数や配列の要素に格納されている値を書き込む表を作成し，値がどのように変化するか整理するとよい。

2
繰り返しごとに，dの値と配列aに格納される値を書き込む表を作成し，値がどのように変化するか整理するとよい。

思 **3** **次のプログラムは，３以上の正の整数が，素数かどうか判定するプログラムである。判定対象の数を２から順に割っていくことで，素数かどうかを判定する。空欄に該当するものを下のア～カから選び，記号で答えなさい。同じ記号を複数回使用してもよい。** [教p.170]

```
Sub main()
  Dim i As Long, d As Long, flag As Long
  d = 1030  '判定対象の数
  ①      '繰り返しを続けるかどうかをコントロールする変数flagの初期値を設定
  i = ②  '判定対象の数を割る数の初期値を設定
  Do While flag = 1 'flagが1の間は繰り返す
    If d Mod i = 0 Then  '判定対象の数がiで割り切れるかどうかを判定
      ③              '素数ではないことがわかったので繰り返しを終了させる
      Cells(1, 1).Value = "素数ではありません"
    Else
      i = ④          'iに1を加算
      If i = d Then        '判定対象の数と割る数が同じ大きさになった場合素数
                           と判断
        Cells(1, 1).Value = "素数です"
        ⑤              '繰り返しを終了させる
      End If
    End If
  Loop
End Sub
```

ア．1　イ．2　ウ．d　エ．i+1　オ．flag = 0
カ．flag=1

①	②	③	④	⑤

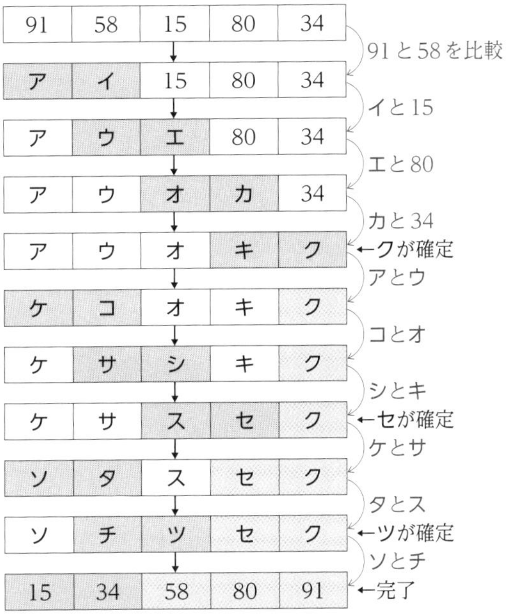

アドバイス

3
繰り返しごとに変数に格納されている値を書き込む表を作成し，どの選択肢を当てはめた時に求める結果が得られるか確かめるとよい。

4
上から順に値の並び順がどう変化するか書き出して整理するとよい。

知 **4** **右図は，次の数値データを，バブルソートのアルゴリズムにより昇順に整列させる時のプロセスを示したものである。**
91，58，15，80，34
ア～ツに数値を入れなさい。 [教p.176]

ア	イ	ウ	エ	オ	カ
キ	ク	ケ	コ	サ	シ
ス	セ	ソ	タ	チ	ツ

91	58	15	80	34	91と58を比較
ア	イ	15	80	34	イと15
ア	ウ	エ	80	34	エと80
ア	ウ	オ	カ	34	カと34
ア	ウ	オ	キ	ク	←クが確定　アとウ
ケ	コ	オ	キ	ク	コとオ
ケ	サ	シ	キ	ク	シとキ
ケ	サ	ス	セ	ク	←セが確定　ケとサ
ソ	タ	ス	セ	ク	タとス
ソ	チ	ツ	セ	ク	←ツが確定　ソとチ
15	34	58	80	91	←完了

実習 01 情報デザインの実践(1)

教科書 p.46〜53

1 「私の宝物」または「私のお気に入り」をテーマに，ほかの人に紹介する作品をワードプロセッサで制作してみよう。

手順

❶ 紹介するテーマ

❷ ページデザイン

ページデザインの例

素朴な音色　オカリナ

オカリナの写真

オカリナの音色

ミニコンサートの映像

（ひとこと紹介）

オカリナの素朴でまろやかな音色が気に入っています。オカリナ同好会に所属し，学園祭で演奏したり昼休みのミニコンサートを催したりしています。

❸ 静止画像や動画を撮影したり，音声を録音したりして文書ファイルに付ける。

❹ 説明文を入力する。

2 プレゼンテーションソフトウェアを使って，グループで「授業で習ったことで興味ある項目，印象に残っているテーマ」について作成してプレゼンテーションを行い，相互評価してみよう。なお，科目「情報Ⅰ」以外の数学，理科，社会，国語など，どの教科や科目でもよい。

❶ 各グループでテーマを考え，取り上げる項目，ストーリーを考える。

グループ構成員の名前

テーマ：

ストーリー

1コマ目：

2コマ目：

3コマ目：

4コマ目：

❷ 各グループで背景のデザイン，図，テキストの配置など，統一した書式や構図を決めながら全体のアイデアスケッチを描く。

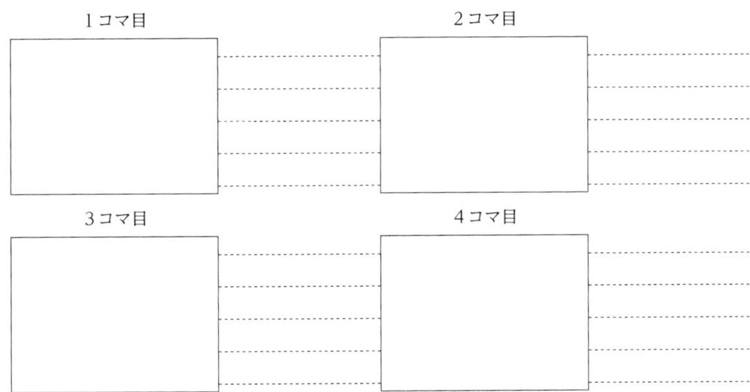

❸ 制作分担を決める。(各自で，1コマを担当する。)

(　　)コマ目　内容の説明：

❹ アイデアスケッチに基づき，各自がプレゼンテーションソフトウェアで制作する。

制作にあたって留意した点，工夫した箇所：

❺ 制作したプレゼンテーションソフトウェアのスライドを結合し，完成させる。

❻ グループ内でリハーサルを行い，チェックシートを用いてチェックする。チェックがない項目があればすぐに対処する。

対処項目：

❼ 各グループでプレゼンテーションを行い，次のような観点別シートを用いて相互評価を行う。

観点別評価シート（例）

評価項目	評価	コメント
1．プレゼンテーションの準備	○	
2．話し方	○	
3．表現の工夫や態度	△	グラフ表示に動きがないため聴き手は理解しにくい。
4．スライドの内容	○	
5．スライドの設計	○	
6．プレゼンテーションの進行	○	
<プレゼンテーション全体> スライドの内容は簡潔にまとめられたと満足している。しかし，グラフ表示は聴き手にわかりやすいようにアニメーションを付けたり，背景色の補色を使うなど別の色に変更したりすれば，よりよいプレゼンテーションとなった。次回に活かしたい。		

実習

実習 02 情報デザインの実践(2)

教科書p.54〜59

1 **学校がある地域，または，あなたが住む市区町村を紹介するWebページを作成し，相互評価をしてみよう。なお，作成に際しては，画像（静止画・動画）を表示したり，音を鳴らしたりなど，見る人に訴えるよう表現を工夫してみよう。**

❶ Webページのテーマと掲載する情報の内容を考える。

テーマ：

タイトル：

掲載する情報の内容：

❷ 作品の計画を立て，Webページのデザインを作成する。（教科書p.56を参照）

- ハイパーリンクの特長を活かして，全体の構成を考える。
- メニューの働きをするWebページを作り，ほかのWebページへのリンクを設定する。また，それぞれのWebページどうしのリンクも設定する。また，可能であれば，市町村のWebページへのリンクを設定する。ただし，リンクの設定に関しては，市町村が定める取り決めに従うこと。

❸ HTMLファイルを作成し，作品を制作する。

作成に際して注意した点，工夫した点：

資料出典先，参考URL，参考文献など：

❹ 完成したWebページは，観点別評価シートをもとに評価し，結果についてよく検討して改善する(「評価」は，○△×やABCなどで行う)。

観点別評価シート

評価の観点	評価	問題点	改善点
1．テーマや目的の到達度			
2．制作意図の伝達度			
3．文字や画像の配置			
4．表示の明瞭性			
5．操作性			
6．受信環境への配慮			
7．著作権・プライバシーへの配慮			
8．デザインや色調などの統一性			
9．ほかのブラウザでの正しい表示			
10．全体的な印象			
11．全体を通して気付いたこと，感想：			

2 **次のWebページを作成してみよう。**

・「学校紹介」(学校行事やクラブ活動の画像，動画，音声などを入れる)
・「先輩たちの大学紹介・職場紹介」(先輩に問い合わせ，まとめる)
・「地域の歴史年表」(画像，音声を入れてわかりやすくする)

実習 03 問題解決

教科書 p.116〜123

学校の施設・設備の改善案の提案

「学校の施設・設備について気付くこと」をテーマに，問題解決をしてみよう。

1 問題の発見

次の手順で問題を発見しなさい。ただし，個人で取り組むときは②を省略してよい。

① 個人で２～３つ発見する。

・ ・ ・

② グループで共有し整理する。

③ 学校の施設・設備について，解決すべき問題を１つにしぼる。

2 問題の明確化

１つにしぼった問題に対する目的をあげ，そのための手段である目標を考えてみよう。

目的	
目標	

3 解決案の検討

(1) 情報の収集

(ア) 解決案を検討するために情報を収集するが，どんな方法がよいか考えてみよう。

(イ) 情報の収集にはアンケートを利用することも有用である。そこで，コンピュータで処理をすることを前提に質問や回答項目を考えてみよう（ワードプロセッサを用いてもよい）。

(2) 情報の整理・分析

表計算ソフトを使い，情報を整理・分析するシートを作成してみよう。

4 解決案の決定

(1) メリット・デメリット表を作成してみよう（表には適宜区切り線を入れてよい）。

方法	メリット	デメリット

(2) 計画の立案

表計算ソフトを用いて，工程表をガントチャートで作成してみよう。

5 解決案の実施と評価

ワードプロセッサを用いて，外部評価のためのアンケートを作成してみよう。

実習 04 データの活用(1)

教科書p.124〜139

オープンデータを利用し，自分自身が居住する都道府県の市区町村人口データを分析してみよう。

1 オープンデータを利用し，右のような表を表計算ソフトで作成してみよう。

A列：地域（市区町村）
B列：人口（単位は人）
C列：面積（平方キロメートル）

	A	B	C	D
1	地域	人口	面積	
2	千代田区	61,420	11.66	
3	中央区	157,484	10.21	
4	港区	253,940	20.37	
5	新宿区	343,494	18.22	
6	文京区	227,224	11.29	
7	台東区	203,219	10.11	
8	⋮	⋮	⋮	

2 表のD列に「人口密度」を追加してみよう。ただし，人口密度の単位は［人／平方キロメートル］とし，D列には数式を入力する。

	A	B	C	D
1	地域	人口	面積	人口密度
2	千代田区	61,420	11.66	5,268
3	中央区	157,484	10.21	15,424
4	港区	253,940	20.37	12,466
5	新宿区	343,494	18.22	18,853
6	文京区	227,224	11.29	20,126
7	台東区	203,219	10.11	20,101
8	⋮	⋮	⋮	⋮

3 人口密度の小さい順に並べ替えをし，市区町村別（区がない場合は省略）に一番小さい地域を下の表に記入してみよう。また，それぞれの地域の人口密度が小さい理由を調べてみよう。

区市町村	地域	人口密度が小さい理由
市		
区		
町		
村		

4 人口密度について，ヒストグラムを作成してみよう。また，グラフからどのようなことがいえるか書いてみよう。

〈いえること〉

5 オープンデータを利用し，自分自身が居住する市区町村の年度ごとの人口データをもとに，右のような表を表計算ソフトで作成してみよう。

A列：年度（国勢調査のデータであれば5年おきに8つほど）

B列：人口（単位は「人」）

	A	B	C
1	年度	人口	
2	1980	54,801	
3	1985	50,493	
4	1990	39,472	
5	1995	34,780	
6	2000	36,035	
7	2005	41,778	
8	2010	47,115	
9	2015	58,406	
10			

6 横軸を年度，縦軸を人口にして，散布図を作成してみよう。また，その散布図から年度と人口にはどんな関係があるか考えてみよう。

〈関係〉

7 作成した散布図をもとに，表計算ソフトの近似曲線作図機能を用いて回帰分析をしてみよう。また，その近似曲線の書式設定から近似曲線名と近似曲線の数式（回帰式），決定係数（R^2）を求めてみよう。

〈近似曲線名〉

〈数式〉

〈決定係数〉

8 近似曲線作図機能の予測機能を用い，５年後の人口の予測をしてみよう。

〈人口の予測〉

実習 05 データの活用(2)

教科書 p.140〜143

1 **リレーショナルデータベースにより，次の２つの表を作成した。これらに以下の操作を行って表を作成してみよう。なお，作成にあたっては，表計算ソフトや手書きなど，データベースソフトを使用しなくてもよい。**

書籍表

書籍番号	書籍名	著者名	分類コード
913-36xx	津軽	太宰治	910
913-75xx	孤高の人	新田次郎	910
923-13xx	阿Q正伝	魯迅	920
934-27xx	森の生活	ソロー	930

分類表

分類コード	分類
910	日本文学
920	中国文学
930	英米文学
940	ドイツ文学

(1) 書籍表と分類表を結合した表を作成してみよう。

(2) 書籍表から分類コードが910であるものを選択した表を作成してみよう。

(3) 書籍表から書籍番号と著者名を射影した表を作成してみよう。

2 **リレーショナルデータベースの設計では，正規化という手法を用いてデータの構造を整理する。適切に正規化が行われたデータベースは，データの一貫性があり無駄がない。また，効率的にデータへアクセスできるので，一般的に処理速度も向上する。**

正規化は，次の３つのステップで行われることが多い。

① 一つの行に繰り返し現れる冗長な項目をなくす。

注文番号	取引先コード	取引先名	商品コード	販売金額	商品コード	販売金額
001	A0010	横浜支店	AC-0010	5,500	XS-0040	6,800
002	B0020	大阪支店	DB-0030	7,800	MN-0070	4,500

例では，１回の注文で複数の商品を取引しているので，「商品コード」と「販売金額」が繰り返し現れている。これをなくすと次の表のようになる。

注文番号	取引先コード	取引先名	商品コード	販売金額
001	A0010	横浜支店	AC-0010	5,500
001	A0010	横浜支店	XS-0040	6,800
002	B0020	大阪支店	DB-0030	7,800
002	B0020	大阪支店	MN-0070	4,500

② 次に，複数の項目で主キーになるとき（複合キー），主キーの一部（部分キー）から一意に特定できる項目は，もとの表から切り離す。
上記の表の場合，「注文番号」により特定できる「取引先コード」と「取引先名」を切り離す。

注文番号	商品コード	販売金額
001	AC-0010	5,500
001	XS-0040	6,800
002	DB-0030	7,800
002	MN-0070	4,500

注文番号	取引先コード	取引先名
001	A0010	横浜支店
002	B0020	大阪支店

③ 最後に，主キー以外の項目がほかの項目を特定する場合，もとの表から切り離す。
上記の表の場合，「取引先名」は「取引先コード」によって特定できるため切り離す。

注文番号	商品コード	販売金額
001	AC-0010	5,500
001	XS-0040	6,800
002	DB-0030	7,800
002	MN-0070	4,500

注文番号	取引先コード
001	A0010
002	B0020

取引先コード	取引先名
A0010	横浜支店
B0020	大阪支店

以上を参考にして，次の表を正規化してみよう。なお，作成にあたっては，表計算ソフトや手書きなど，データベースソフトを使用しなくてもよい。

売上番号	売上日	店舗コード	店舗名	商品コード	商品名	単価	数量	金額	商品コード	商品名	単価	数量	金額
20301	2020/8/1	S01	コンビニA店	A001	黒ボールペン	100	3	300	A002	消しゴム	80	2	160
20302	2020/8/2	S02	コンビニB店	A002	消しゴム	80	1	80					
20303	2020/8/2	S03	コンビニC店	A004	ハサミ	200	1	200	A003	ノート	120	2	240

ステップ①

ステップ②

ステップ③

実習 06 モデル化とシミュレーション

教科書 p.144〜159

文化祭の模擬店で，かき氷を販売することになった。損失が出た場合は，クラス全員で負担しなければならない。そこで，販売価格や販売数によって損益がどのように変化するか，表計算ソフトを使ってシミュレーションすることにした。

機械や材料費などの条件を調べてみると，次のようになった。

かき氷機（電動・レンタル） 17,500円 （文化祭期間中使用することが可能）
かき氷機（手動・レンタル） 14,500円 （文化祭期間中使用することが可能）
ブロック氷（約14kg（約4貫目）） 5,900円 （大カップだと140杯，小カップだと160杯分）
シロップ（1.8リットル・50杯分） 1,700円
カップ（大・イラスト付・50個） 650円
カップ（小・無地・100個） 800円
スプーン（50個） 300円

1 次のような表を作成してみよう。ただし，かき氷機は「電動」，カップは「大」を選んでいる。また，計算式の確認のため，販売価格のセルC9には，かき氷1個の販売価格に200を入力しておく。なお，個数（セルD4〜セルD7）は，その物品でできるかき氷の数である。

	A	B	C	D	E	F	G	H	I	J
1										
2		必要な物品	価格	個数						
3		かき氷機	17,500	−						
4		シロップ	1,700	50						
5		ブロック氷	5,900	140						
6		カップ	650	50						
7		スプーン	300	50						
8										
9		販売価格	200							
10										
11		販売数	売上金額	かき氷機	シロップ	ブロック氷	カップ	スプーン	総合経費	損益
12		100	①	②	③	④	⑤	⑥	⑦	⑧
13		105								
14		110								
15		115								
16		120								
17		125								
18		130								
19		135								
20		140								

表中の①〜⑧のセルには，次の計算式を入力する。

① =$C$9*B12　売上金額＝販売価格×販売数
② =$C$3　かき氷機の種類を変更することも想定し，セルC3を参照するようにしておく。
③ =$C$4*ROUNDUP(B12/$D$4,0)　※
④ =$C$5*ROUNDUP(B12/$D$5,0)　※
⑤ =$C$6*ROUNDUP(B12/$D$6,0)　※
⑥ =$C$7*ROUNDUP(B12/$D$7,0)　※
⑦ =SUM(D12:H12)　②〜⑥の経費を合計し，総合経費を求める。
⑧ =C12-I12　売上金額−総合経費＝損益

※③〜⑥は，例えばシロップ1本では50個のかき氷ができ，それを超えるかき氷を作るためにはもう1本購入しなければいけない。そこで，ROUNDUP関数を使用して必要本数を求めている。
=ROUNDUP（数値,0）とすると，数値は最も近い整数として切り上げられる。

計算式を入力後，オートフィル機能を使って計算式をコピーする。下記はその結果である。

	A	B	C	D	E	F	G	H	I	J
8										
9		販売価格	200							
10										
11		販売数	売上金額	かき氷機	シロップ	ブロック氷	カップ	スプーン	総合経費	損益
12		100	20,000	17,500	3,400	5,900	1,300	600	28,700	−8,700
13		105	21,000	17,500	5,100	5,900	1,950	900	31,350	−10,350
14		110	22,000	17,500	5,100	5,900	1,950	900	31,350	−9,350
15		115	23,000	17,500	5,100	5,900	1,950	900	31,350	−8,350
16		120	24,000	17,500	5,100	5,900	1,950	900	31,350	−7,350
17		125	25,000	17,500	5,100	5,900	1,950	900	31,350	−6,350
18		130	26,000	17,500	5,100	5,900	1,950	900	31,350	−5,350
19		135	27,000	17,500	5,100	5,900	1,950	900	31,350	−4,350
20		140	28,000	17,500	5,100	5,900	1,950	900	31,350	−3,350

2 **設定を変更し，シミュレーションしてみよう。なお，シート全体をコピーすると比較が便利である。**

(1) 販売価格を変更

(2) かき氷機を電動から手動へ変更

(3) カップを大から小へ変更

(4) 販売数を変更

3 **損益の変化がわかるように，またどの時点で利益となるのかがひと目でわかるようにグラフ化してみよう。その際，C列の売上金額の該当範囲とＩ列の総合経費の該当範囲を選択し，折れ線グラフを作成すること。**

	A	B	C	D	E	F	G	H	I	J
8										
9		販売価格	250							
10										
11		販売数	売上金額	かき氷機	シロップ	ブロック氷	カップ	スプーン	総合経費	損益
12		100	25,000	17,500	3,400	5,900	1,300	600	28,700	−3,700
13		105	26,250	17,500	5,100	5,900	1,950	900	31,350	−5,100
14		110	27,500	17,500	5,100	5,900	1,950	900	31,350	−3,850
15		115	28,750	17,500	5,100	5,900	1,950	900	31,350	−2,600
16		120	30,000	17,500	5,100	5,900	1,950	900	31,350	−1,350
17		125	31,250	17,500	5,100	5,900	1,950	900	31,350	−100
18		130	32,500	17,500	5,100	5,900	1,950	900	31,350	1,150
19		135	33,750	17,500	5,100	5,900	1,950	900	31,350	2,400
20		140	35,000	17,500	5,100	5,900	1,950	900	31,350	3,650

グラフの作成例

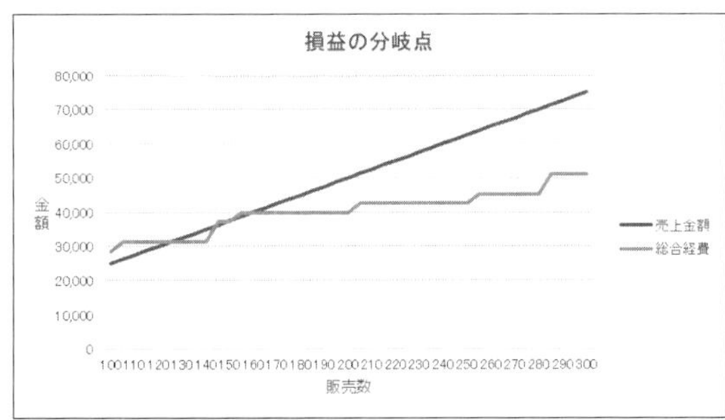

4 **実際の販売数は，さまざまな要素により増減する。どのような要素があるか考えてみよう。**

実習07 プログラミングの実践(1)

教科書p.168

1 白黒で描かれた文字や画像の標本化と符号化を，プログラムを用いて行おう。

① 右図のように，8×8のセルに文字や絵を描いてみよう。次の点に注意すること。

- A列からH列までの列の幅を調整し，セルが正方形になるようにする。
- セルの背景色を塗る色は黒とする。それ以外のセルは，白か塗りなしとする。

② セルA1の背景色を読み取り符号化するプログラムを作ろう。

- セルA1の背景色が黒なら1，黒以外なら0に符号化し，結果をセルA12に書き込む。
- セルA1の背景色は，Cells(1, 1).Interior.ColorIndex で読み取ることができ，黒の場合は値が1である。

▶プログラムを作成したら，セルA1の背景色を黒にした場合と，それ以外にした場合をそれぞれテストし，結果を下の表に書き込もう。

セルA1の背景色	予想される結果	実際の結果
黒	1	
黒以外	0	

③ ②で作成したプログラムを変更し，1行目のセルA1～H1の背景色を読み取り，符号化するプログラムを作ろう。

- 結果は12行目のセルA12～H12に書き込む。
- 回数の決まった繰り返しなので，For文を利用する。

▶このプログラムに必要な変数の変数名を定義しよう。

処理する列を表す	

▶フローチャートを右の空欄に記述してから，プログラムを作成しよう。

④ ③で作成したプログラムを変更し，セルA1～H8の背景色を読み取り，符号化するプログラムを作ろう。

- 結果は12行目のセルA12～BL12に書き込む。
- 行ごとに符号化する処理を8行分繰り返すと考え，For文のネストを利用する。

▶プログラムに必要な変数の変数名を定義し，プログラムを作成しよう。

背景色を読み取るセルの列を表す	
背景色を読み取るセルの行を表す	
符号化した結果を書き込む列を表す	

2 今度はこれまでとは逆に，0と1で表されたデータから，白黒の画像を作成するプログラムを作成しよう。

① 0と1で表したデータを，セルA22～BL22に用意しておこう。**1**④の出力結果を利用するなどして作成しよう。

② セルA22の値を読み取り画像に変換するプログラムを作成しよう。

- セルA22の値が1なら，セルA24の背景色を黒に，1以外(0)なら背景色を白にする。
- セルA24の背景色を黒にするには，Cells(24,1).Interior.ColorIndex=1とする。白にする場合は，Cells(24,1).Interior.ColorIndex=2とする。

▶プログラムを作成したら，セルA24の値を1にした場合と0にした場合をそれぞれテストし，結果を下の表に書き込もう。

セルA22の値	予想される結果	実際の結果
1		
0		

③ ②で作成したプログラムを変更し，セルA22～H22の値を読み取り，画像に変換するプログラムを作ろう。

- セルA22～H22の値をもとに，セルA24～H24の背景色を設定する。
- 回数が決まった繰り返しなので，For文を利用する。

▶このプログラムに必要な変数の変数名を定義しよう。

処理する列を表す	

▶フローチャートを右の空欄に記述してから，プログラムを作成しよう。

④ ③で作成したプログラムを変更し，セルA22～BL22の値を読み取り，画像に変換するプログラムを作ろう。

- セルA22～H22の値をもとに，セルA24～H31の背景色を設定する。
- 行ごとに画像に変換する処理を8行分繰り返すと考え，For文のネストを利用する。

▶プログラムに必要な変数の変数名を定義し，プログラムを作成しよう。

符号化した値を読み取る列を表す	
背景色を設定するセルの列を表す	
背景色を設定するセルの行を表す	

実習 08 プログラミングの実践(2)

1 **ランレングス圧縮（教科書p.89を参照）を行うプログラムを作成し，0と1の2進数で表されたデータを圧縮しよう。**

① ここでは，実習07（p.108）で作成した画像を符号化したデータを対象に，ランレングス圧縮を行うことを考える。

- セルA12～BL12に並んだ64bitのデータを圧縮し，結果をセルA13から順に書き込む。
- 圧縮結果は，符号，連続する長さの順に，右表のようにそれぞれのセルに書き込むこととする。

	A	B	C	D
12	1	1	1	0
13	1	3	0	1

右表のデータの場合，最初に1が3つ続いているので，圧縮結果の最初の符号は1で，連続する長さは3となる。次は，0が1文字だけなので，符号は0，連続する長さは1となる。

▶**データの先頭の8bitが以下の時に，ランレングス圧縮の結果を書き込もう。**

	A	B	C	D	E	F	G	H
12	1	1	0	0	0	0	1	1
13								

② ランレングス圧縮を行うプログラムを作成しよう。

- プログラムで使用する変数は以下のように定義する。型はいずれもLong型とする。

符号を読み取るセルの列を表す	k
結果を書き込むセルの列を表す	i
読み取った符号を保持する	code
符号が連続する長さ	length

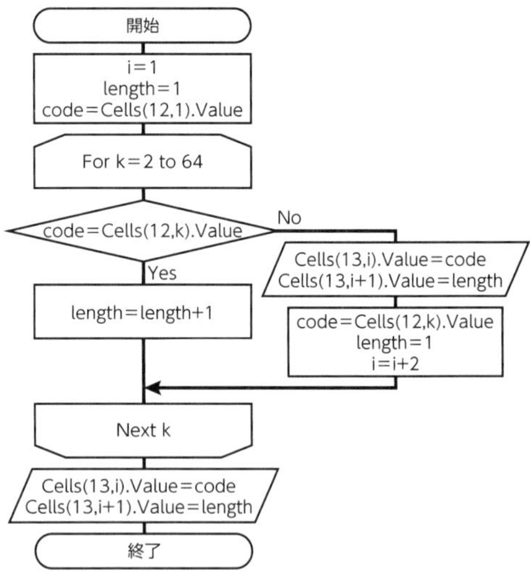

- プログラムは右の図のフローチャートで表したアルゴリズムで作成する。このアルゴリズムは，以下の考え方で作成している。

最初の符号を変数に代入し，保持しておく。次のセルの符号と比較し，同一の符号だった場合は，連続する長さを1加算する。符号が異なった場合は，符号と連続していた長さを13行目のセルに書き込む。次に結果を書き込むセルの列を2つ移動させておく。連続する長さを1に戻し，次の符号を保持し直す。これをデータの最後まで繰り返す。繰り返しの終了後，最後の符号と，連続する長さを書き込む。

▶**プログラムを作成したら，以下の場合についてテストを行い，結果を下の表に書き込もう。**

もとのデータ	予想される結果	実際の結果
すべて1		
すべて0		
0と1が交互		

2 今度は，ランレングス圧縮によって圧縮されたデータを展開するプログラムを作成しよう。

① ここでは，セルA13から順に書き込まれた圧縮データを展開し，セルA22～BL22行目に書き込むこととする。

▶圧縮データの先頭6bitが以下のようになっていた時に，展開した結果を書き込もう。

	A	B	C	D	E	F	G	H
13	1	2	0	3	1	3	・・・	・・・
22								

② ランレングス圧縮されたデータを展開するプログラムを作成しよう。

● プログラムで使用する変数は，以下のように定義する。型はいずれもLong型とする。

圧縮データを読み取る列を表す	i
符号が連続する長さをカウントする	j
展開した結果を書き込む列を表す	k

● プログラムは，右図のフローチャートで表したアルゴリズムで作成する。このアルゴリズムは以下の考え方で作成している。

最初に，1列目と2列目のセルに注目する。2列目のセルに，符号が連続する長さが格納されているため，その長さの分だけ1列目の符号をセルに書き込む処理を繰り返す。次に，3列目と4列目のセルに注目し，同じ処理を行う。これを，データがある間繰り返す。

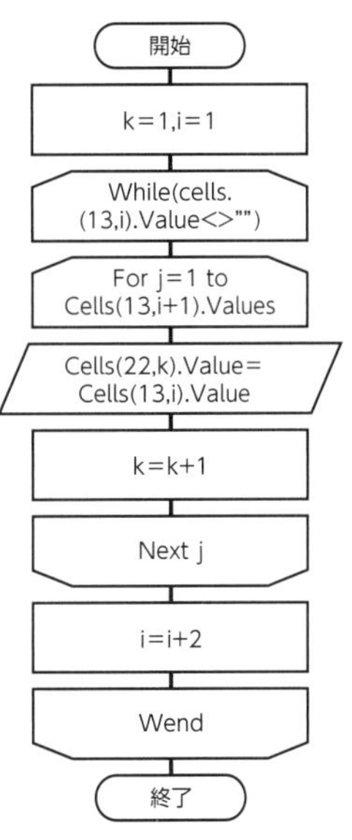

▶プログラムを作成したら，圧縮前のデータが以下の場合について，圧縮，展開を続けて実行し，もとのデータと同一に展開されるかどうか確かめよう。

元のデータ	圧縮後のデータ	展開後のデータ
すべて1		
すべて0		
0と1が交互		

3 実習07 (p.108) で作成したプログラムと，**1**，**2**で作成したプログラムを利用し，8×8のセルに書いた画像の符号化，圧縮，展開，画像の復元まで通して実行しよう。また，その結果から何がいえるか考えてみよう。

実習

総合問題　(1) 情報社会の問題解決

1　次の記述a・bの空欄 ア ～ ケ に入れるのに最も適当なものを，後のそれぞれの解答群のうちから一つずつ選べ。　　【2018年センター試験本試験　情報関係基礎　改題】

a　パソコン購入後の親子の会話

子：パソコンの電源は入ったけど，どうやってインターネットに接続するの。

親：家に無線LANの ア があるから，それに接続すると使えるよ。

子： ア の接続画面に鍵のマークがあるけど，これは何？

親：これは ア が イ に対応していることを示しているんだ。もし イ に対応していないものに接続すると，通信内容を見られることがあるから，公衆の無線LANに接続するときには注意しておこうね。

子：パソコンをインターネットに接続できたよ。じゃあ，すぐにWeb検索で調べごとをしてもいいかな。

親：その前にオペレーティングシステムとインストールされているアプリケーションソフトを ウ しておこう。

子：それって絶対しないといけないのかな。

親：するべきだね。ソフトウェアに エ があると，ウイルスに感染したり，ほかのコンピュータを攻撃するための オ にされたりするおそれがあるよ。あと，他者の不正使用を防ぐためにも，パスワードだけでなく，顔や指紋などを組み合わせた カ の設定も忘れないでしておこう。

b　インターネット上の情報の取り扱い

Web検索の結果には，偽のサイトが含まれることもあるから，Web上で情報を収集する際には情報の キ の確認が必要になる。なぜなら，情報発信者が自分にとって都合のいいように ク していたり，発信者の不完全な知識で記述されていたりするからである。ほかにも，Webページの ケ には注意を払うべきである。なぜなら，例えば，日本人のノーベル賞受賞者数のような情報は変化していくからである。

ア ～ カ の解答群
⓪　ファイアウォール　①　アップデート　②　サンドボックス　③　セキュリティホール ④　アップロード　⑤　踏み台　⑥　認証　⑦　不正アクセス　⑧　アクセスポイント ⑨　ソーシャルエンジニアリング　ⓐ　ハブ　ⓑ　暗号化　ⓒ　圧縮
キ ～ ケ の解答群
⓪　ソーシャルエンジニアリング　①　不正アクセス　②　機密性　③　アクセスカウンタ ④　情報操作　⑤　信憑性　⑥　アクセスログ　⑦　更新日時　⑧　高速性

ア（　　）　イ（　　）　ウ（　　）　エ（　　）　オ（　　）　カ（　　）
キ（　　）　ク（　　）　ケ（　　）

2 次の会話の空欄 ア ～ キ に入れるのに最も適当なものを，後のそれぞれの解答群のうちから一つずつ選べ。

【2018年センター試験追試験　情報関係基礎　改題】

Webサイトのデータに関する先生と太郎くん（生徒）との会話

先生：最近，よくコンピュータ室にいるけど，何をしているの。

太郎：市役所に協力して，市の広報に使われるWebページの原案を作っています。今は，そのページに載せる市民の写真を選んでいます。

先生：そうすると，写真を撮影した人には ア があり，写っている人には イ があるので注意が必要だね。

太郎：わかりました。ほかにも市の統計データをわかりやすく見せるグラフを作る予定です。授業で習ったように，年齢別人口の割合は， ウ で表現して工夫するつもりです。

先生：それで，太郎君が作ったグラフは，どのように公開されるのかな。

太郎：グラフは画像にして公開します。ほかの人のWebページでも使ってもらいたいのですが，どうしたらいいでしょう。

先生： ア 法では，出所を表示し，改変しないなどの エ の条件を満たせば誰でも利用できることになっているよ。

太郎：自分としては出所を表示してもらえれば， オ なしにグラフを加工してもらっても構いません。そんなときは，どうすればいいですか。

先生：君が作る画像には ア が発生するので，この画像の利用方法に関する条件をWebページに明記するか，この図（右図）のような カ のアイコンを付けてもいいと思うよ。

太郎：あと，Webページの作成で何か気を付けることはありますか。

先生：色の識別が困難な組み合わせを避けるといった， キ への配慮を意識して作ってみてくださいね。

cc BY NC ND

ア ～ ウ の解答群
⓪ 円グラフ　① 折れ線グラフ　② レーダーチャート　③ 帯グラフ　④ 開示権 ⑤ 肖像権　⑥ 商標権　⑦ 著作権　⑧ 暗号化　⑨ 再利用　ⓐ 録画　ⓑ 印刷
エ ～ キ の解答群
⓪ ファイル共有　① 模倣　② 署名　③ 仕様　④ 利用許諾　⑤ 感染 ⑥ 個人認証　⑦ 引用　⑧ アクセシビリティ　⑨ ユーザビリティ ⓐ メディア　ⓑ クリエイティブ・コモンズ　ⓒ パブリックドメイン　ⓓ 著作権マーク

ア（　　）　イ（　　）　ウ（　　）　エ（　　）
オ（　　）　カ（　　）　キ（　　）

総合問題

(2) コミュニケーションと情報デザイン

1 次の記述A～Dの空欄 ア ～ カ に当てはまる数字を記述せよ。

A 自社の35種類のそれぞれの製品に同じ長さの，異なるビット列をIDとして割り当てて管理したい。このとき一つのIDに必要な最小のビット数は， ア ビットである。

B 1フレームあたりのデータ量が12Mバイトで，1秒あたり28フレーム表示される動画ファイル形式を用いた場合，64秒間の動画のデータ量は イウ Gバイトである。ただし，1Gバイト＝1024Mバイトとし，圧縮については考えないものとする。

C サイコロの出た目1～6を3ビットのビット列001～110で表す。100回サイコロを振って出た目のすべてを示すビット列を16進法で表して記録するためには， エオ 桁が必要である。

D トランプの4つの図柄（マーク）がそれぞれついた1～13のカード52枚がある。これらを使い，これからAさんとBさんはカード当てゲームをすることにした。これは，「はい」「いいえ」で答えられる質問をしながら相手の引いた1枚のカードを当てるものである。

質問は「数字は5以上ですか？」や「数字は奇数ですか？」や「図柄（マーク）は赤ですか？」などのように対象が半分にしぼられる質問ができ，質問された側は，正直に「はい」「いいえ」で答えるものとする。Aさんが引いたカードをBさんが確実に当てるために必要な質問の最小回数は カ 回である。

ア（　　）　イウ（　　）　エオ（　　）　カ（　　）

2 工場の生産ラインでのトラブルの原因を解析するために，生産ラインの様子を録画するレコーダーがある。このレコーダーには表のような録画モードがあり，工場の稼働時間中の画像をハードディスクに記録して管理する。ある工場では，なるべく長時間の画像を記録したいので，動画のファイルサイズの小さい録画モードを選択したいと考えた。

次のⅠ～Ⅲの録画モードで撮影された1秒あたりの動画のファイルサイズを，小さい順に不等号で区切り並べたものを次の⓪～⑤のうちから一つ選べ。なお，圧縮などは考えないものとする。 ア

表1　録画モード

記号	色数	フレームレート	画像サイズ（ピクセル）
Ⅰ	16,777,216色（24bit）	100fps	1920×1200
Ⅱ	16,777,216色（24bit）	200fps	1920×780
Ⅲ	256色	400fps	960×580

ア 解答群

⓪ Ⅰ＜Ⅱ＜Ⅲ　① Ⅰ＜Ⅲ＜Ⅱ　② Ⅱ＜Ⅰ＜Ⅲ　③ Ⅱ＜Ⅲ＜Ⅰ
④ Ⅲ＜Ⅰ＜Ⅱ　⑤ Ⅲ＜Ⅱ＜Ⅰ

ア（　　）

3 次の記述a～cの空欄 ア ～ ウ に入れるのに最も適当なものを解答群のうちから一つずつ選べ。また，空欄 エオ ～ キ に当てはまる数字を記述せよ。

A君とB君は授業で情報の符号化とデータ量について学んだ。授業では，以下のようにサイコロの目の様子をビット列としてデータ化する方法が示された。

先生：サイコロの目の様子を表現するのに，縦横３×３のマス目に「●」を入れて表し，一番上の行の左から右へ，さらに一番上の行から下の行へマスを見ていき，「●」があったら「１」，なければ「０」とする。

先生：では，すべてのサイコロの目の様子を２進数で表してみなさい。

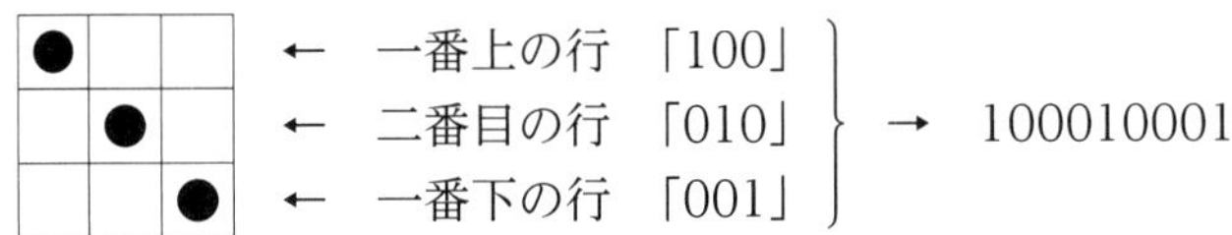

図　サイコロの目の様子（３の目）と２進数

a　A君とB君が協力してすべてのサイコロの目の様子を２進数で表してみた。するとその一覧表を見てA君があることに気が付いた。

A君：すべてのサイコロの目の様子を表す２進数について，最下位の桁から数えて１～３桁目と７～９桁目が反転した形になっているよ。

B君：そうか，サイコロの目の様子は ア になっているからそうなるのだね。

A君：すると始めにこのことを約束しておけば，一方からもう一方を求めることができるね。

B君：サイコロの３の目は「100010」と表せる。

A君：５の目なら イ だ。これで桁数が少なくなってデータ量が ウ されたことになるね。

B君：これ以上桁数を少なくできないかなぁ。

b　ここで先生がアドバイスをしてくれた。

先生：目の様子を表す２進数を３ビットずつに分けると，全部で３ビット列は何組あるかな。

A君：一つの目あたり２組の３ビット列だから全部で エオ 組です。

先生：では，それらを整理して何通りのパターンがあるか調べてごらん。

AB：はい。

c　二人は協力して，調べてみた。

B君： カ 通りでした。思ったより意外に少なかったです。

先生： カ 通りのことは２ビットで表せるから，３ビット列の組み合わせを辞書のように一対一に対応させると，どうなるかな？

A君：３ビット列が２ビットで表せます。

B君：やった，これで１つのサイコロの目の様子を キ ビットで表すことができるね。

ア ～ ウ 解答群
⓪　線対称　①　点対称　②　面対称　③　001001　④　010101
⑤　101010　⑥　圧縮　⑦　解凍　⑧　省略

ア（　　）　イ（　　）　ウ（　　）　エオ（　　）　カ（　　）　キ（　　）

総合問題

(3) コンピュータとプログラミング

1 次の文章を読み，空欄 ア ～ ウ に当てはまる数字を入れ，空欄 エ ～ キ に入れるのに最も適当なものを，解答群のうちから一つずつ選べ。【2017年センター試験追試験　情報関係基礎　改題】

表１　昨年の気温と累積気温

日付	1	2	3	・・・	31	32	33	34
昨年の気温	7	10	10	・・・	21	24	20	15
累積気温	7	17	ア	・・・	イ	395	415	430

桜は，経験則によると，３月１日からの毎日の気温の合計（累積気温）がはじめて400度以上になる日に開花するという。「日付」は，３月１日を１日として３月１日から通して数えた日数とする。例えば，４月１日の日付は32日となる。表１から予測開花日の日付は ウ 日とわかる。

図１に示すプログラムは，はるお君が日付を添字として，毎日の気温を格納した配列Kionから予測開花日を計算しようとして作成したプログラムだが，昨年の気温を使って実行したところ，34と表示され，プログラムに誤りがあることに気付いた。なお，ruisekiは累積気温，yosokuは予測開花日を表す変数である。

```
(01) ruiseki = 0
(02) yosoku = 1
(03) Do While ruiseki < 400
(04)     ruiseki = ruiseki + Kion(yosoku)
(05)     yosoku = yosoku + 1
(06) Loop
(07) MsgBox yosoku
```

図１　誤りがあるプログラム

原因を突き止めるために，繰り返しごとに行（03）の直後で変数yosokuとruisekiの値を表示させた。その結果，最初の２回の表示では，yosokuは順に1，２であり，ruisekiは順に エ であった。Kion(0)を0とすると行（03）の直後では変数ruisekiとyosokuの間に

ruiseki = Kion(0) + Kion(1) +...+ Kion(yosoku - 1)

の関係が成立する。

行（04）と行（05）の処理を考えると，これらの行の直後ではそれぞれ

行（04）直後：ruiseki = Kion(0) + Kion(1) + … + Kion(オ)

行（05）直後：ruiseki = Kion(0) + Kion(1) + … + Kion(カ)

の関係が成立することがわかる。そのため，

Kion(0) + Kion(1) +・・・+ Kion(カ) ≧ 400

を満たす最小のyosokuを表示してしまう。

プログラム中の行（07）をMsgBox キ と修正して検証したところ，最近５年間は経験則どおり，ちょうど予測開花日に開花していた。

エ の解答群

⓪ 0,1　① 0,7　② 1,2

③ 7,10　④ 7,17

オ ～ キ の解答群（複数選択可）

⓪ yosoku - 2　① yosoku - 1

② yosoku　③ yosoku + 1

ア（　　　）　イ（　　　）

ウ（　　　）

エ（　　）　オ（　　）

カ（　　）　キ（　　）

※なお，ア・ウは２桁の数字，イは３桁の数字が入る。

2 次の会話文を読み，空欄 ア ～ ク に入れるのに最も適当なものを，解答群のうちから一つずつ選べ。

表１　プログラム中で使用した変数

変数名	意味	変数名	意味
dt	時間間隔	g	重力加速度
x	水平位置	vx	水平速度
y	鉛直位置	vy	鉛直速度

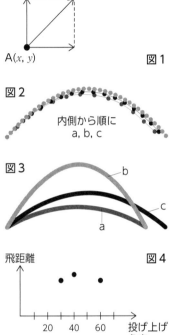

Nさんは，物体を斜めに投げ上げたときの軌跡をシミュレーションするプログラムを作成している。表１はプログラム中で使用した変数をまとめたものである。物体は，座標平面上の原点(0, 0)の位置からx，y座標ともに正となる方向へ，角度をつけて投げ上げることとする。

図１は，ごく短い時間dtの間に点Aから点Bに移動した物体の位置を示している。プログラムでは，x座標$vx*dt$，y座標に$vy*dt$を加算しながら繰り返し処理を使って点を表示している。

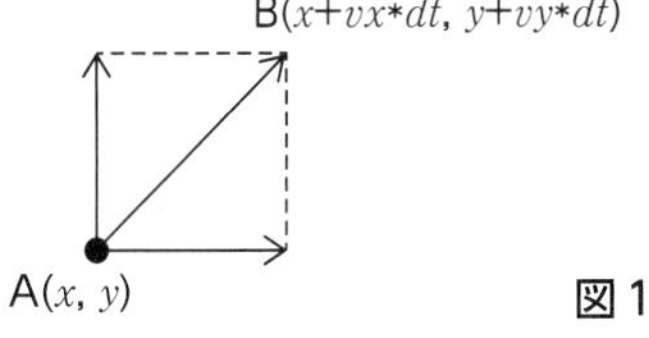

図１

Nさん：dtを0.1，0.4，0.6にして描いたけど変だな（図２）。初速度や投げ上げ角度は同じなのに，少しずつ軌跡がずれてる。

図２

Fさん：点Aから点Bまで，水平速度vxは一定だけど，鉛直速度vyは重力があるから$g*dt$だけ ア されるわ。速度が変化しているのに，時間間隔内では一定として計算していることで，ずれが出てるのよ。dt=0.1の軌跡が イ ，0.6が ウ ね。

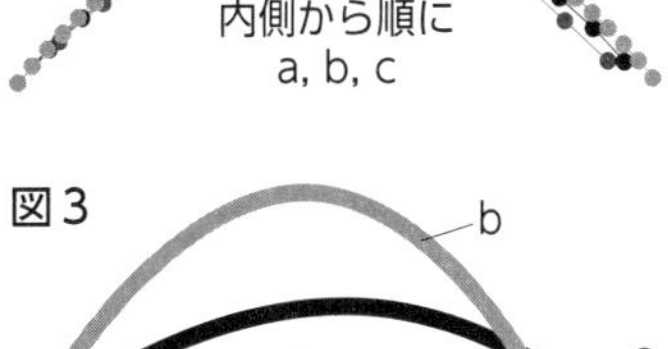
図３

Nさん：もとの高さに戻る前に点の表示を終了しているものもあるぞ。

Fさん：プログラムでは，繰り返し処理を抜ける条件を エ としてるけど，それでは最後に描く点の位置が，ぴったりy=0になるとは限らないわ。最後に描かれた点のxの値も調べてみましょう。

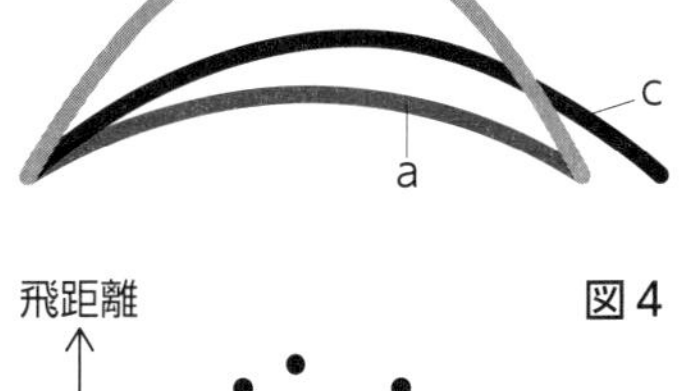

図４

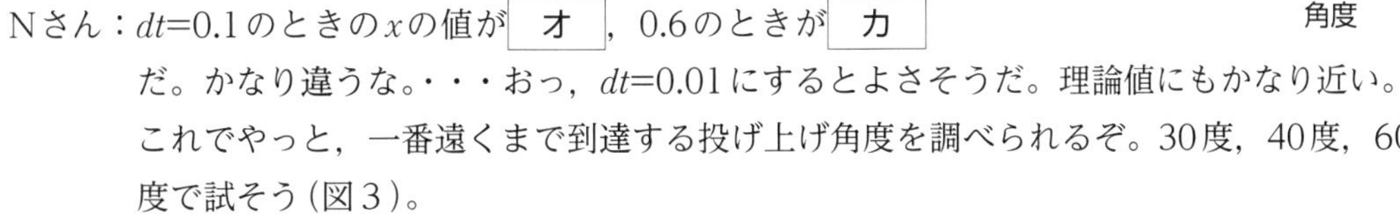
Nさん：dt=0.1のときのxの値が オ ，0.6のときが カ だ。かなり違うな。・・・おっ，dt=0.01にするとよさそうだ。理論値にもかなり近い。これでやっと，一番遠くまで到達する投げ上げ角度を調べられるぞ。30度，40度，60度で試そう（図３）。

Fさん：aとbは同じ飛距離ね。どの線が何度を表しているのかしら。

Nさん：30度，40度，60度の順に キ だよ。一番遠くまで飛ぶのは40度に決定だ。

Fさん：投げ上げ角度と飛距離をグラフ（図４）にしたけど， ク も調べたほうがよさそうよ。

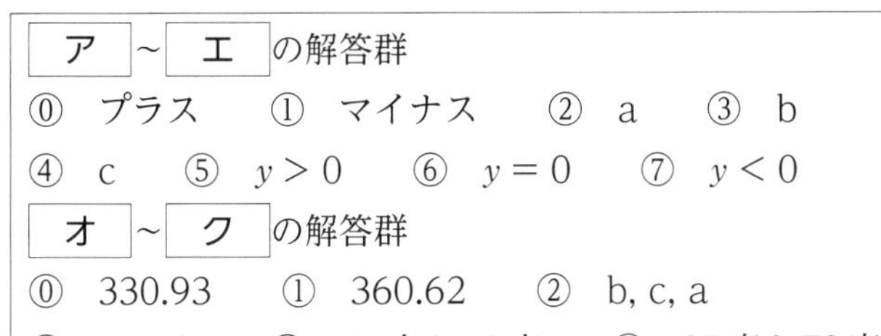
ア ～ エ の解答群

⓪ プラス　① マイナス　② a　③ b

④ c　⑤ $y>0$　⑥ $y=0$　⑦ $y<0$

オ ～ ク の解答群

⓪ 330.93　① 360.62　② b, c, a

③ a, c, b　④ 45度や50度　⑤ 25度や70度

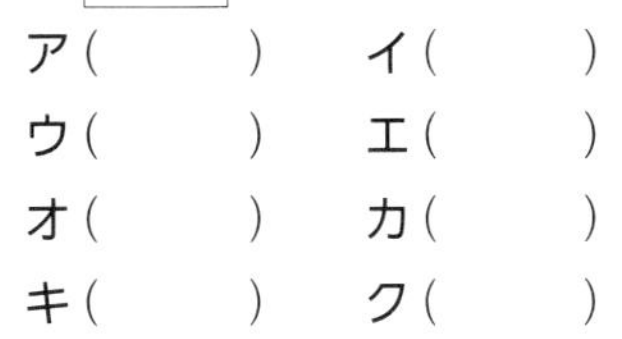
ア（　　）　イ（　　）

ウ（　　）　エ（　　）

オ（　　）　カ（　　）

キ（　　）　ク（　　）

総合問題

(4) 情報通信ネットワークとデータの活用

1 次の記述の空欄 ア ～ エ に入れるのに最も適当なものを，それぞれの解答群のうちから一つずつ選べ。また，下線部オに該当する行為をすべて選べ。

【2015年センター試験本試験　情報関係基礎　改題】

Webページに関する太郎くんと先生との会話

太郎：一般的に，Webページは ア という言語を用いて記述されているんですよね。Webページを閲覧するする仕組みを教えてください。

先生： ア で記述されたWebページを閲覧するときは， イ を用いてWebサーバと情報のやりとりをするんだよ。その際，Webサーバのホスト名からそのIPアドレスを特定するために ウ サーバへ問い合わせを行うことで閲覧ができるんだ。

太郎：そうなんですね。学校では閲覧できるWebページと閲覧できないWebページがあるのは何でですか。

先生：学校ではアクセス制限を行っているんだよ。違法な情報や有害と思われる情報を含むWebページへのアクセスを制限する技術は エ と呼ばれていて，オ<u>不正アクセスとみなされる行為</u>がないかも監視しているんだよ。

ア ～ エ 解答群

⓪ DNS　① クッキー　② フィッシング　③ POP　④ ファイアウォール
⑤ ファイル　⑥ フィルタリング　⑦ HTML　⑧ ブラウザ　⑨ HTTP

オ 解答群

⓪ 他人の不正行為を投稿サイトに書いて暴露する行為
① ネットオークションで落札者から入金されても送らない行為
② セキュリティホールを利用して遠隔のWebサーバに侵入して，管理者の許可なくWebページを書き換える行為
③ ダウンロードしたソフトウェアを，作成者に無断であたかも自分が作ったかのようにWebページで公開する行為
④ 他人のIDとパスワードを無断で使用し，SNSサイトにログインする行為

ア（　　）　イ（　　）　ウ（　　）　エ（　　）　オ（　　　）

2　Aさんはこの1年間動画投稿サイトに毎月5本ずつ動画をあげると決め，精力的にSNSを利用して，動画チャンネルの広報をしてきた。そこで，SNSの広報活動がどの程度動画投稿サイトの動画の平均再生回数への影響を与えたか調べることにした。SNSへの投稿件数と動画の平均再生回数を月別に集計したところ表1のようになった。また，この関係をグラフに表したら図2のようになった。

表1　SNSの投稿件数と動画平均再生回数

月	SNS投稿件数	平均動画再生回数
4	10	1200
5	15	1520
6	25	2102
7	22	2215
8	6	1042
9	9	1173
10	11	1231
11	20	1892
12	18	1864
1	26	2043
2	32	2417
3	16	1432
合計	210	20131

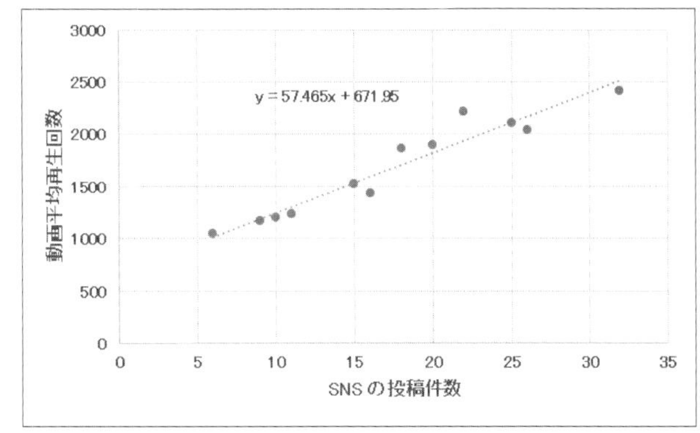

図2　SNSの投稿件数と動画平均再生回数の関係

問1　表1と図2からわかることを解答群から一つ選び，[ア]に記入せよ。

⓪　SNSで動画情報を投稿しても動画平均再生回数には影響しない
①　動画平均再生回数が増えるとSNSの投稿件数が増えている
②　SNSで投稿件数を増やすと動画平均再生回数が増える傾向がある
③　動画平均再生回数は月を追うごとに増えている
④　一年を通してSNSの投稿件数と動画平均再生回数が増える関係は一定である
⑤　SNSの投稿回数によって動画平均再生回数は決まる
⑥　7月におけるSNSの投稿件数と動画平均再生回数を示す点を図2より取り除くと，相関係数の値は小さくなる

問2　図2では，二つの関係を次のような回帰直線式で表している。

$$y = 57.465x + 671.95$$

ここから，SNSの一回の投稿に対して，動画の視聴回数が概ね何回増加していることが読み取れるか，最も適当なものを解答群から選び，[イ]に記入せよ。

[イ]の解答群
⓪　概ね672回　①　概ね57回　②　概ね614回　③　概ね729回

ア(　　　)　イ(　　　)

総合問題

本文デザイン
DESIGN+SLIM
松利江子
表紙デザイン
鈴木美里

［(情Ⅰ 705) 最新情報Ⅰ］準拠
最新情報Ⅰ　学習ノート

●編　者――実教出版編修部
●発行者――小田　良次
●印刷所――図書印刷株式会社

●発行所―――実教出版株式会社
〒102-8377
東京都千代田区五番町5
電話〈営業〉(03)3238-7777
〈編修〉(03)3238-7785
〈総務〉(03)3238-7700
https://www.jikkyo.co.jp/

002402022
ISBN 978-4-407-36062-2